21世纪高等继续教育精品教材

应用文书写作

主　编　杨文丰　方圆
副主编　郭柳华

中国人民大学出版社
·北京·

21世纪高等继续教育精品教材

总　序

21世纪，科学技术发展日新月异，发明创造层出不穷，知识更新日趋频繁，全民学习、终身学习已经成为适应经济与社会发展的基本途径。近年来，我国高等教育取得了跨越式的发展，毛入学率由1998年的8%迅速增长到2008年的23.3%，已经进入到大众化的发展阶段，这其中高等继续教育发挥了重要的作用。同时，高等继续教育作为“传统学校教育向终身教育发展的一种新型教育制度”，对实现“形成全民学习、终身学习的学习型社会”、“构建终身教育体系”的宏伟目标，发挥着其他教育形式不可替代的作用。

目前，我国高等继续教育的发展规模已占全国高等教育的一半左右，随着我国产业结构的调整、传统产业部门的改造以及新兴产业部门的建立，各种岗位上数以千万计的劳动者，需要通过边工作边学习来调整自己的知识结构、提高自己的知识水平，以适应现代经济与社会发展的要求。可见，我国高等继续教育的发展，既肩负着重大的历史使命，又面临着难得的发展机遇。

我国的高等继续教育要抓住机遇发展，完成自己的历史使命，从根本上说就是要全面提高教育教学质量，这涉及多方面的工作，但抓好教材建设是提高教学质量的基础和中心环节。众所周知，高等继续教育的培养对象主要是已经走上各种生产或工作岗位的从业人员，这就决定了高等继续教育的目标是培养能适应新世纪社会发展要求的动手能力强、具有创新能力的应用型人才。因此，高等继续教育教材的编写“要本着学用结合的原则，重视从业人员的知识更新，提高广大从业人员的思想文化素质和职业技能”，体现出高等继续教育的针对性、实用性和职业性特色。

为适应我国高等继续教育发展的新形势、培养应用型人才、满足广大学员的学习需要，中国人民大学出版社邀请了国内知名专家学者对我国高等继续教育的教学改革与教材建设进行专题研讨，成立了教材编审委员会，联合中国人民大学、中国政法大学、东北财经大学、武汉大学、山西财经大学、东北师范大学、江西师范大学、南昌航空大学、华中科技大学、黑龙江大学等30多所高校，共同编撰了“21世纪高等继续教育精品教材”，计划在两三年内陆续推出百种高等继续教育精品系列教材。教材编审委员会对该系列教材的作者进行了严格的遴选，编写教材的专家、教授都有着丰富的继续教育教学经验和较高的专业学术水平。教材的编写严格依据教育部颁布的“全国成人高等教育公共课和经济学、法学、工学主要课程的教学基本要求”；教材内容的选择克服了追求“大而全”的现象，做到了少而精，有针对性，突出了能力的训练和培养；教材体例的安排突出了学习使用的弹性和灵活性，体现“以学为主”的教育理念；教材充分利用现代化的教育手段，形成文字教材和多媒体教材相结合的立体化教材，加强了教师对学生学习过程的指导和帮助，形象生动、灵活方便，易于保存，可反复学习，更能适应学员在职、业余自学，或配合教师讲授时使用，会起到很好的教学效果。

这套“21世纪高等继续教育精品教材”在策划、编写和出版过程中，得到教育部高教司、中国成人教育协会、北京高校成人高教研究会的大力支持和帮助，谨表深切谢意。我们相信，随着我国高等继续教育的发展和教学改革的不断深入，特别是随着教育部“高等学校教学质量和教学改革工程”的实施，这套高等继续教育精品教材必将为促进我国高校教学质量的提高做出贡献。

谢国东

前　言

本书为高等继续教育应用写作课程教材。本书较好地突出了“教学性”、“教写性”和“实训性”，集理论性和实践性于一体，实训性和实用性兼备，既可作为教材，也可作为秘书职业考证或从业人员写作参考用书。

本书的主要特点有：

(1) 体系新。本书打破了应用写作教材文种写作教学先介绍理论知识、再附实例的常规编排体系，按认识规律，将各文种写作知识依次按“阅读与析评”、“必需知识”、“复习与思考”的程式体系编排。教师可采用“泛读例文”→“讲解必需知识”→“评析例文”→“课后复习”的顺序组织教学。

(2) 例文较多，针对性强，突出齐全性、示范性。

(3) 注重“写作思路”教学。思路决定着文章的内容和结构的质量。书中各例文皆附有剖析写作思路及结构的简明评语，利于读者更好地借鉴写作构思。

(4)“复习与思考”针对学生写作中普遍存在的问题，设置了循序渐进的复习与思考题，教师可从专业实际出发视需要而选用。

(5) 选编了多种常用应用文书类型，其中包括了《国家行政机关公文处理办法》规定的多种公文及法规与规章文书、信息文书、公务书信、礼仪文书、筹划总结性文书、经济文书、诉讼文书、学术文书（含毕业论文答辩）等。

(6) 内容上注重与国家秘书职业技能标准考试相对应，是国内为数不多的能囊括初级、中级、高级秘书职业资格考证全部文书类型的教材。

(7) 体现了有关专家写作理论研究的新成果。

编者

2009 年 12 月

目 录

第一部分 应用文书写作理论知识

第二部分　行政公文写作

第三部分　法规与规章文书写作

第四部分　日常事务文书写作

第五部分　专用文书写作

第六部分　学术文书写作

第一部分

The first part

应用文书写作理论知识

第一章　应用文书的含义及分类

第一节　应用文书的含义

应用文书是应用写作的表现形态。应用文书写作，是写作学的一个重要分支。所谓写作，是人们在感受、认识客观事物的过程中，用语言符号把思维结果有选择地记录、表达出来的创造性的精神劳动。应用文书写作，是以实用为目的的写作。

应用文书，又称文书，是机关、团体、企事业单位和个人，在日常工作、学习和生活中，为办理公私事务而形成并使用的、具有实用价值和一定惯用文章体式的文字信息载体。

本书的研究对象，主要是机关、团体、单位和个人由于公务、业务活动而使用的应用文书及应用文书写作。

第二节　应用文书的分类

应用文书的文章体裁，种类繁多。由于标准不同，它的分类也不尽相同。从来源上分，应用文书可分为对外文书（发文）、收来文书（收文）、内部文书。从作用上分，应用文书可分为指挥性文书、规范性文书、报请性文书、知照性文书、记录性文书。从行文关系或行文方向上分，应用文书可分为上行文、平行文、下行文、泛行文。从处理要求上分，应用文书又可作多种划分。如：从内容处理要求上分，有需办件、参阅件；从时间处理要求上分，有特急件、急件、平件；从保密处理要求上分，有机密件、普通件等。应用文书的分类对及时、准确、安全地处理和保管文书有着重要作用。

本书综合考虑应用文书的特点、作用、写作规律以及教学规律，把应用文书分成行政公文、法规与规章文书、杂体文书三大类。

一、行政公文

行政公文，又称行政机关公文，简称公文，是行政机关在行政管理过程中形成的具有法定效力和规范体式的文书，是依法行政和进行公务活动的重要工具。

根据《国家行政机关公文处理办法》的规定，行政公文分 13 种。企事业单位、人民团体也常酌情比照使用这些行政公文。

13 种行政公文，依其特点、作用，又可分为下述几个小类。

（一）领导指导性公文

这类公文包括命令(令)、意见、决定、通知、通报、批复、会议纪要七种。

以行文关系或行文方向为标准划分，领导指导性公文属于下行文。

（二）呈报性公文

这类公文包括议案、报告、请示、意见四种。

以行文关系或行文方向为标准划分，呈报性公文属于上行文。

（三）公布性公文

这类公文包括公告、通告两种。

以行文关系或行文方向为标准划分，公布性公文属于泛行文。

（四）商洽性公文

商洽性公文只有函一种。函多作平行文。

人们在工作生活中常把公文称作文件。对人们所称的文件，应从广义和狭义两个角度去理解。广义的文件实际上是应用文书的别称，包括了公务文件和私人文件。狭义的文件仅指公文。

二、法规与规章文书

法规与规章文书，常用的有条例、规定、办法、细则、章程，此外还有守则、规则、准则、制度、公约等。有关法规与规章文书的论述请见本书有关章节。

三、杂体文书

杂体文书，是指除行政公文、法规与规章文书之外的、有明确规范的、处理各种事务时使用的一切文书种类，常用的有意向书、邀请信、请柬、感谢信、求职函、计划、简报、贺信、慰问信、市场调查报告、可行性研究报告、招标书、投标书、合同及各种诉讼文书等。

【复习与思考】

一、名词解释

应用文书　公文

二、思考题

1. 本书列举了应用文书的哪些分类法？
2. 领导指导性公文、呈报性公文、公布性公文、商洽性公文，各包含哪些文种？

第二章 应用文书的格式

为便于信息的传递、接收和处理，应用文书大都有固定的书面格式和内在结构。书面格式，是应用文书的外在表现形式；内在结构，是应用文书内容的组织构造。在本章中，我们分别对三大类型应用文书的书面格式作概要介绍。

第一节 公文的格式

程式化是公文的特征之一。公文的程式化，在很大程度上通过书面文字材料形成的相对固定的格式来表现。

根据《国家行政机关公文处理办法》的规定，公文一般由发文机关、秘密等级、紧急程度、发文机关标识、发文字号、签发人、标题、主送机关、正文、附件说明、印章、成文日期、附注、附件、主题词、抄送机关、印发机关和印发日期等部分组成。

一份完整的公文，由文头、主文、文尾三部分组成，公文格式主要是这几部分内容的组成与写作规定。公文格式如图 2—1 所示。

一、文头部分

公文的文头，又称版头，包括文件名称、发文字号、签发人、秘密等级、紧急程度和份号等项内容，位于公文首页上端，一般占 A4 型公文纸的 1/3 或 2/5 的面积。

(一) 文件名称

文件名称，由发文机关全称或规范化简称后加“文件”两字组成。如“××省人民政府文件”、“××市商业局文件”。

(二) 发文字号

发文字号又称发文号、文号、文件字号，是指某一公文在发文机关一个年度内发文总号中的实际顺序号，位于发文机关标识下空两行处、间隔线上面居中位置，紧靠间隔线。发文字号使用与正文相同的字体。

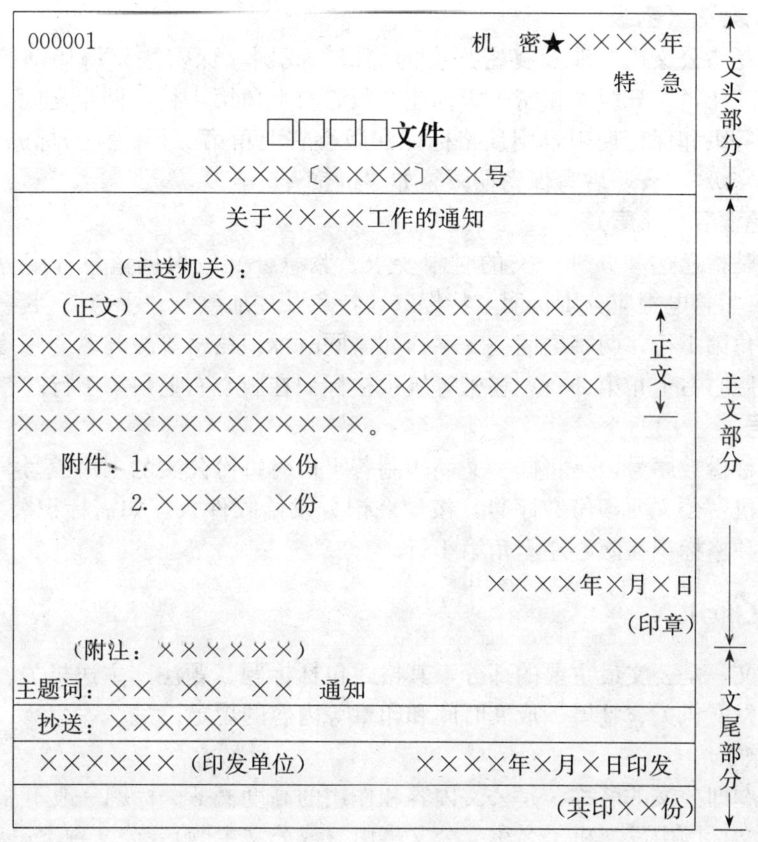

图 2—1　公文格式示例

一定范围内的最高领导机关，须对自己所辖的机关和单位的发文机关代字统一编定，以免重复、混乱。编后，要保持稳定。

发文字号由发文机关代字、年份、序号三部分组成。发文字号中三个部分的书写顺序是：先写发文机关代字，接着是年份，最后是序号。如"山科院字〔2009〕14 号"，表示是山东省科学院在 2009 年度内发的第 14 号文。

发文字号中的年份，要用阿拉伯数字完整书写，例如不能把"2009"简化为"09"，括号须用六角括号"〔　〕"，不能用小括号"(　)"。

联合行文的发文字号，只标主办机关的发文字号。

发文字号的作用主要有三个：一是便于登记；二是便于分类、归档；三是便于查找、引用。

公文文头和主文部分用一条较粗的红色横线分开，这条横线称为"间隔线"。党内文件的间隔线正中印　颗红色五角星，行政机关公文则不印。

（三）签发人

上报的公文需在首页标识签发人姓名。签发人是指批准发出公文的机关领导人。签发人姓名的位置在发文字号的右侧空两字位置处：写上"签发人"，加冒号，后写其姓名。只有上行文才需注明签发人。

（四）秘密等级（密级）

秘密等级是指公文内容涉及秘密程度的等级。我国《保密法》将秘密等级分为“绝密”、“机密”、“秘密”三级。秘密等级标注在版心右上角第1行，两字之间空1字。如需同时标识秘密等级和保密期限，则顶格标识在版心右上角第1行。秘密标志为“★”。无密不标。前标密级，“★”后写保密期限，如“机密★5年”。

（五）紧急程度（急度）

紧急程度是指送达和办理公文的时限要求。紧急公文应根据紧急程度分别标明“特急”、“急件”；紧急电报应分别标明“特提”、“特急”、“加急”、“平急”。紧急程度顶格标识在版心右上角第1行，两字之间空1字；如需同时标识秘密等级与紧急程度，则紧急程度顶格标识在版心右上角第2行，秘密等级顶格标识在版心右上角第1行。

（六）份号

份号，又称份数序号，是将同一文稿印制若干份时每份公文的顺序编号。一般件不印份号，绝密、机密公文要印份数序号，按号登记分发给收件人。如需标识公文份数序号，用阿拉伯数码顶格标识在版心左上角第1行。

二、主文部分

公文的主文，是公文最主要的部分，其格式包括标题、题注、主送机关、正文、发至级限、附件、发文机关、签署、成文时间和印章等内容的规定。

（一）标题

公文的标题即公文的名称，是公文内容和作用的高度概括。标题一般不加书名号。

完整的公文标题由发文机关名称、公文事由（或公文主题）、公文种类三部分组成。

公文标题的三个部分，有时可以省略除文种外的一个或两个部分。标题一般使用“关于……”这个介词短语结构。

公文标题的排列，也需注意两点：一是在移行排列时不要将结构紧密的词语拆开跨行排列，以保持词语的相对完整；二是要保持标题的适中、对称和醒目。

（二）题注

题注即注释、说明标题的文字。它位于标题之下、主送机关之上，一般用来注明法规性文件或经过讨论通过文件的法律程序、会议时间、地点。有的题注用括号括住，有的用破折号标识。

（三）主送机关

主送机关，又叫做“抬头”、“受文机关”或“上款”，是指公文的主要受理机关。

主送机关写在正文之前，标题之下，顶格写，尾加冒号。如主送机关不止一个，应按其性质、级别或惯例依次排列，中间用顿号（类间用逗号）断开。

普发性下行文，主送机关较多，一般使用泛称，如“校直属单位”。

上行文的主送机关一般是一个。请示、批复、意见、函的主送机关只能是一个。一些行文方向不定、没有特指主送机关的公布性公文，如公告、通告及一部分通知，则不写主送机关。

（四）正文

正文是公文的核心部分，用来表述公文的具体内容，除个别极简短的公文外，正文内容一般分开头（又称缘由或引据）、事项、结尾三部分。

正文内容较多时，可以分段写，也可以加分层序码表示各层之间的关系，分层序码的规范顺序依次是："一"、"(一)"、"1."、"(1)"、"①"。

（五）发至级限

发至级限指文件发至层次，一般写在正文后、落款的左上方，也可将其放在主题词上面、落款的左下前部附注的位置。发至级限要用小括号括上。

（六）附件

附件是公文正文附属材料的顺序和名称的标注。

附件是公文的组成部分，指随文发送的文件、报表、材料等，作为正文的补充说明或参考材料。不是所有公文都需附件，根据需要而定。

附件必须写所附内容的标题或名称，附件若不止一件，则应标序号。序号使用阿拉伯数字（如"附件：1.××××"）。附件名称后不加标点符号。

"附件"写在正文下一行，左空2字，"附件"后加冒号。

有的公文，附件只发给主送机关或部分抄报、抄送机关，若遇到此类情况，则应在附件后注明。

有的公文是专为报送 份材料或专为批转、转发、颁发某个文件而拟制的，被批转、转发的文件是公文的主体，正文只起按语或说明、批准、发布的作用，正文文本已写清这些文件、材料的名称，因此不必再写"附件"。

附件应与公文正文一起装订，并在附件左上角第1行顶格标识"附件"，有序号时还需标识序号；附件的序号和名称前后标识应一致。如附件与公文正文不能一起装订，应在附件左上角第1行顶格标识公文的发文字号并在其后标识"附件"（或带序号）。

（七）发文机关

发文机关，是公文的作者或发出单位。发文机关要写全称或规范化简称。联合行文，主办机关排列在前。

（八）签署

由签发文件的领导人在公文正文落款处的签字或盖章叫签署。签署在发文机关位置、领导人职务名称后空1字书写。签署后，公文以领导人名义向外发出。签署和印章一样，都是文件生效的标志。

签署多用在各级机关发出的命令、议案等文件上。

（九）成文时间

成文时间又称署时，以领导人签发的日期为准，联合行文以最后签发机关领导人的签发日期为准；电报以发出时间为准；会议通过的公文，以通过日期为准；法规性公文，以批准日期为准，或以专门规定的具体生效、开始执行的日期为准。

成文时间关系到公文的时效。成文时间要用汉字将年、月、日标全；"零"写为"〇"，不应用阿拉伯数字书写。成文时间一般位于正文尾发文机关名称下一行右侧位置。会议通过的文件，则标在公文标题下。

（十）印章

公文，除会议纪要和以电报形式发出的以外，都应加盖印章。印章是机关最权威的代表形式，是公文效力最权威的凭证，是发文机关对公文负责的标志。印章要盖得端正、合乎规范，上不压正文，下要压年、月、日。联合上报的非法规性文件，由主办机关加盖印章。联合下发的公文，联合发文机关都应当加盖印章。

三、文尾部分

文尾部分格式，包括主题词、抄送机关、印发机关、印发日期、印数、附注和页码等内容的规定。

（一）主题词

主题词，是经过规范处理的用来标引公文主题内容的词或词组，其主要作用在于方便电脑存储和文件检索。

《国家行政机关公文处理办法》第十条规定，公文应当标注主题词。上行文按照上级机关的要求标注主题词。

主题词的位置在抄送机关上方。标引主题词需使用主题词表。

标引主题词要注意三点：

第一，要掌握选词原则。要选用最能反映公文主题内容的词语。一份文件的主题词，一般不超过 5 个，其标引顺序是先标类别词，再标类属词。在标类属词时，先标反映文件内容的词，后标反映文种的词。各主题词之间空一格，不写标点符号。如《国务院关于加强水土保持工作的通知》，先标类别词“水利”，再标类属词“水土保持”，最后标上文种名称“通知”。一份文件如有两个以上的主题内容，先集中对一个主题内容进行标引，再对第二个主题内容进行标引。如会议纪要《听取全国财政工作会议情况和全国打击走私工作会议准备情况的汇报》，先标反映第一个主题内容的类别词“财政”，再标类属词“税务”，然后标反映第二个主题内容的类别词“公安”，再标类属词“缉私”，最后标“会议纪要”。

第二，要使用主题词表。国务院办公厅秘书局印发的《国务院公文主题词表》（1997 年 12 月修订），由 15 类1 049个主题词组成，分为主表和附表两大部分。主表有 13 类 751 个主题词，附表有 2 类 298 个主题词。词表分为三个层次。第一层是对主题词区域的分类，如“综合经济”、“财政、金融”类等。第二层是类别词，即对主题词的具体分类，如“工交、能源、邮电”类中的“工业”、“交通”、“能源”和“邮电”等。第三层是类属词。第二层和第三层统称为主题词，用于文件的标引。

第三，主题词的标引，应坚持“谁办文，谁标引”的原则。

（二）抄送机关

抄送机关，是指除主送机关外需要执行或知晓公文内容的其他机关。抄送机关的书写应当写全称或规范化简称、统称，如有多个抄送机关，可按机关性质和隶属关系情况依次排列。其位置在主题词下、印发机关之上，左空 1 字。

（三）印发机关、印发日期和印数

印发机关，即印发公文的机关，要写全称。印发日期，以公文付印的日期为准。

印发机关和印发日期在同一行。前面左空 1 字写印发机关，最后写印发日期。印发日期右空 1 字。

印数，是指公文的实际印制份数，位于印发时间的正下方，写“共印××份”，用小括号括上。

（四）附注

附注用于说明其他项目不便说明的事项。如说明有关引文的出处，解释有关名词术语。发至级限有时也以附注的形式来说明。“请示”应当在附注处注明联系人的姓名和电话。附注应当加括号标注。位置居左空 2 字，在成文时间下一行。

（五）页码

页码，即公文的页码顺序，在一页公文的最下端。

四、其他规定

（一）公文用纸规格

2000 年 4 月颁布的《国家行政机关公文格式》规定，公文用纸一般采用国际标准 A4 型纸（宽 210mm，长 297mm，版心尺寸为 156mm×225mm）。

（二）排印

公文排印，一律从左而右横排、横写。少数民族按其习惯书写和排印。字距、行距自定，眉边留空要恰当，一般是上空白宽于下空白，左空白宽于右空白。

横排的公文在左侧装订。

（三）字号

公文中印刷字号，一般按发文机关名称、大标题、小标题、正文及附件项目顺序，依次从大到小选用。

发文机关名称一般用高 22mm、宽 15mm 的黑变体字或初号宋体字。

公文标题一般用 2 号小标宋体字；主题词用 3 号黑体字；秘密等级、紧急程度用 3 号黑体字；发文字号、签发人、正文、主送机关、抄送机关、附件、印发机关、附注等项，采用 3 号仿宋体字。

第二节　法规与规章文书和杂体文书的格式

法规与规章文书和公文的格式明显不同。法规与规章文书没有文头、文尾两部分，其内容大致包括标题、题注、正文；正文表现形式则为章断条连式或条文并列式结构。

杂体文书也没有文头、文尾部分。杂体文书文种类型多，内容和形式表现不一，但总的来说，除经济文书、诉讼文书讲求一定的格式性外，其余杂体文书的内容结构，皆呈现较强的灵活性、多样性。书面的表现形式，有表格式、文章式、书信式，也有条文式。

这两大类应用文书的格式将在以后的具体章节中作专门介绍，这里不再赘述。

【复习与思考】

一、名词解释

发文字号　主送机关　发文机关　抄送机关　附件　签署　主题词

二、思考题

1. 根据《国家行政机关公文处理办法》的规定，公文一般由哪几部分组成？
2. 关于附件有哪些规定？
3. 受双重领导的机关上报公文，可能出现下列三种情况：
（1）写明两个主送机关；
（2）只写一个主送机关；
（3）既写主送机关，又写抄送机关。
问：哪种选择对？为什么？哪种选择错？为什么？
4. 公文的成文时间应如何确定？
5. 主题词的标引步骤是怎样的？
6. 主文与正文有何区别？

第三章 行文制度

行文制度是指应用文书在运行传递中应遵循的有关制度，这些制度主要包括行文关系、行文方向、行文方式和行文规则。

杂体文书的运行传递比较灵活。大多数杂体文书不存在统一的行文规则，或不存在严格的行文规则。法规与规章文书，虽然也可以单独颁发，但多数还是依附“令”、“公告”、“通知”一类公文予以发布，故相应的要遵循所依附公文的行文规则。《国家行政机关公文处理办法》对公文的行文规则作了具体的规定。因此，本章只介绍行政公文在行文制度方面的有关知识。

第一节 行文关系、行文方向、行文方式

正确地认识和选择公文的行文关系、行文方向和行文方式，是公文能够正常运行的必要条件。

一、行文关系

行文关系，是指行文时发文单位与受文单位之间的关系。当今社会上的机关单位大致可分为三大类型：一是国家政权机关，包括国家立法机关、行政机关、司法机关、军事机关等；二是政党、团体和各种社会组织的机关，如共产党、共青团、工会、妇联等社会组织所设立的机关；三是企业、事业实体单位所设立的机关，如厂矿、公司和文化教育等单位所设立的机关。这些机关的组织关系，主要表现为下述四种：

（1）上下级关系。即领导和被领导关系。如我国行政管理系统的国务院和省政府、市政府、县政府、乡(镇)政府之间，省政府内一个厅内部厅和处、科之间，都是领导和被领导的关系。

（2）平级关系。即同等级别的关系。如省政府与省政府之间、市政府与市政府之间、县政府与县政府之间、省政府下属的各个厅之间、厅下属的各处之间、处下属的各个科之

间都是平级关系。

(3) 隶属关系。指同一垂直组织系统中存在直接职能往来的上下级机关之间的关系。如省政府和它管辖范围内的市政府、县政府、乡(镇)政府之间，市政府、县政府、乡(镇)政府是隶属于省政府的，省政府则管辖市政府、县政府和乡(镇)政府；省政府内的一个厅内的厅和处、科之间，处、科是隶属于厅的，厅则管辖处、科。

(4) 非隶属关系。指不属同一垂直组织系统，不发生直接职能往来的机关之间的关系。这些机关包括平级机关或不同级别的机关。如省政府下属的各个厅所管辖的处、科之间；同一级别的各高等学校下属的各处、系之间，都属于非隶属关系。

二、行文方向

行文方向，就是以发文机关为立足点，根据工作需要和行文关系，公文向不同层次的机关单位运行的去向。

公文的行文方向有四个，即上行、下行、平行、泛行。

上行，即公文向发文机关的上级机关运行。

下行，即公文向发文机关的下级机关运行。

平行，即公文向发文机关的同级单位或不相隶属的单位运行。

泛行，即公文既向发文机关的上级单位、下级单位、平行单位运行，也向不相隶属的单位运行，其针对广泛，方向不定。

行文方向不同，所用的公文文种也不同。

三、行文方式

行文方式，是由工作需要和机关单位的组织关系所决定的行文的方法和形式。行文方式种类比较复杂，可从下述三个方面分类。

(一) 按受文机关或行文对象的范围分类

(1) 逐级行文。即行文机关向自己的直接上级上行公文或向直接下级下行公文。

(2) 越级行文。即行文机关越过自己的直接上级或直接下级，向非直接上级或非直接下级行文。

(3) 多级行文。即行文机关向直接上级并向非直接上级或者向直接下级并向非直接下级的一次性行文。

(4) 普发行文。即行文机关向所属的所有机关一次性行文。

(5) 通行行文。即行文机关向隶属机关和非隶属机关、群众一次性泛向行文。

(二) 按发文机关是否为一个来分类

(1) 单独行文。即只有一个机关署名发出的公文。

(2) 联合行文。即由两个或两个以上平行机关联合署名发出的公文。

(三) 按行文对象的主次来分类

(1) 主送。即行文机关直接针对与行文内容关系最密切、需主要负责受理或贯彻执行公文的机关单位行文。

(2) 抄送。即行文机关在主送的同时，向需执行或知晓行文内容的其他机关单位行文。

第二节　行文规则

行文规则，就是行文中应遵循的规矩、要求和原则。它实际上是机关单位的组织关系原则在公文运行过程中的具体体现。公文的行文规则有如下九个。

一、行文根据规则

行文应当确有必要，注重效用。

各级行政机关的行文关系，应当根据各自的隶属关系和职权范围确定。隶属关系前面已有说明。而职权范围，是指机关单位的职责和权力范围。“条条”（指从国务院到地方各级的业务主管部门，如国务院的各个部，省的各个厅、局，地市的各个处、局，县的各个局、科）一般不对“块块”（指各级人民政府）发指挥性公文，但可在业务管辖范围内向下行文。如，省政府各工作部门，如商业厅、高教厅等，不对各市、县政府发指挥性公文，但可以根据省政府的授权和有关规定，答复各地请示省政府的有关业务问题。属于主管部门职权范围内的具体问题，应当直接报送主管部门处理。

同属于国家政权机关的行政机关不能给军事机关发指挥性公文，同样，军事机关也不能给行政机关发指挥性公文，因为它们隶属关系不同。再有，某一级政府可以给它下属的机关、单位发指挥性公文，而下属机关单位则不能给它的上级机关发指挥性公文，因为它们虽有隶属关系，但职权范围不同。

党政要分开行文，该党行文的党行文，该政行文的政行文，该党政联合行文的就党政联合行文。党政机关一般不互相行文。这里所依据的便是“各自隶属和职权范围”的原则。

二、政府各部门行文规则

政府各部门也就是我们常说的政府的职能部门，如省政府的职能部门，一般是指××厅、局；市政府的职能部门，一般是指××局。政府各部门在自己的权限内行文，具体的规则包括：

（1）属于部门职权范围内的事务，应当由部门自行行文或联合行文。

（2）政府各部门可以互相行文，如省农业厅和省林业厅可以互相行文。

（3）政府各部门可以同下一级人民政府的有关业务部门互相行文，如省农业厅和市农业局互相行文，因为它们之间既存在对口职能业务工作上的紧密联系，又存在这方面的指导与被指导关系。

（4）政府各部门一般不得向下一级政府正式行文，但可以根据本级政府授权对下一级人民政府行文，如省农业厅或省林业厅得到了省人民政府的授权，可以对市人民政府行文。但是，没有得到本级政府的授权，任何职能部门都不能对下一级政府行文，因为，上级政府职能部门同下一级政府一般是平级关系，并且只负责管理某一方面的职能业务工作。所以，上级政府的职能部门即使得到了本级政府的授权，也只能在自己分工管理的业务范围内对下级政府行文。在行文时，还必须在正文的开头，说明授权的机关或领导人。

(5) 政府各部门可以以函的形式与下一级政府商洽工作、询问和答复问题、审批事项。

(6) 政府各部门内设机构除办公厅(室)外不得对外正式行文。

三、抄送规则

(一) 下行文抄送规则

向下级机关或者本系统的重要行文，应当同时抄送直接上级机关。所谓重要行文，是指有关撤换下级机关的主要领导人、增设重要机构、审批大型建设项目、进行重要的涉外活动的公文。规定这一条，对于下级机关来说，便于上级监督，避免在重要决策上出现差错；对于上级机关来说，便于了解和掌握下级机关的工作情况，统管全局，防止下级机关各自为政。

上级机关向受双重领导的下级机关行文，必要时应当抄送其另一上级机关。如××干部学院，既受省××厅领导，又受省××局领导，省××厅给××干部学院行文，必要时应同时抄送省××局。这样做，是为了增进了解、协调工作，不但可避免重复行文，而且可避免因不通气而造成误会、不协调甚至矛盾。

(二) 上行文抄送规则

上行文不得抄送其下级机关。受双重领导的机关向上级机关行文，应当写明抄送机关和主送机关。

四、协商一致规则

部门之间对有关问题未经协商一致，不得各自向下行文。如擅自行文，上级机关应当责令纠正或撤销。现实中，许多问题涉及一些单位的利益和处理权限。如果某个单位对某个牵涉有关单位的问题要作出处理，未和有关单位商量，或虽商量但未取得一致意见就向下行文，并要求下属单位按自己的意见办理，这实际上就是将自己的意见强加于有关单位，其结果必然是使问题的处理复杂化，增加公务办理的难度。解决的办法是，主办单位的主要负责人要主动地与有关单位协商，所有的有关单位都要按照党和国家的有关政策、法规，从实际和大局出发，耐心诚恳地协商，直到取得一致意见之后再行文。如果多次协商仍无法消除分歧，而问题的解决、事情的办理又不容许再拖延下去，主办单位可以列明各方面的理由和根据，提出建设性意见，并与有关单位会签后报请有关上级机关协调定夺，然后再行文处理。

五、联合行文规则

同级政府、同级政府各部门、上级政府部门与下一级政府可以联合行文；政府与同级党委和军队机关可以联合行文；政府部门与相应的党组织和军队机关可以联合行文；政府部门与同级人民团体和具有行政职能的事业单位也可以联合行文。

现实中，有不少事情牵涉两个或两个以上的单位或部门，需要联合行文才能解决或才能更好地解决，这就要用联合行文方式。

联合行文的好处有：

（1）可以避免分头单独行文可能在内容方面出现的不一致性；

（2）可以增强公文的权威性，提高办理公务的效率；

（3）可以减少公文的数量，减少收文单位的负担。

以下两方面是必须注意的：一是联合行文应当明确主办部门；二是联合行文的机关、单位不仅要经过协商对有关事项取得一致意见，而且必须是平级的。平级是联合行文的必要条件。不同级别的机关单位不能联合行文。

六、请示规则

（一）一般不得越级请示

各级行政机关一般不得越级请示，也就是说要逐级请示，即一级请示一级。因特殊情况必须越级请示时，应当抄送被越过的上级机关。

不得越级请示的目的，在于维护正常的公务办理程序，保证各级机关职能作用的正常发挥，避免上下级机关工作的脱节或不协调。但是，遇到特殊情况时，可以越级请示。所谓特殊情况，一般是指：重大紧急事项，不越级请示要误时误事；被直接上级机关长期搁置而又急需解决的问题；与直接上级机关意见分歧一时难以协调统一，而又急于处理的事项。遇到这些情况，在越级请示的同时，须将请示抄送被越过的上级机关。

（二）请示一般只写一个主送机关

请示一般只写一个主送机关，如需同时送其他机关，应当用抄送形式。主送机关是指公文的主要受理机关。一份请示写一个主送机关，可以使请示事项得到有关机关及时有效的批复。如果一份请示写几个主送机关，有可能出现没有一个主送机关批复的情况，也可能出现有两个或两个以上的主送机关批复的情况。如果属于前者，请示实际上是没有收效；如果属于后者，就很可能出现几个机关批复的意见不一致，甚至互相矛盾，以致难于贯彻执行。

（三）请示应当一文一事

这是因为，请示的事项，多是机关单位急于开展、处理而又需要上级明确批复的紧要工作。一文一事，内容单一，方便上级判断、批复。如果一文多事，即一份请示写入多种请示事项，从上级机关批复的角度上考虑，就很可能出现这种情况：一些可以批准，一些不能批准；一些全部可以批准，一些只能批准一部分；一些马上可以批复，一些要过一段时间才能批复。这些情况的出现，不仅会增加批复上的困难，甚至会造成请示无法批复。撰写请示的机关本想省事图快，结果却反而增加了麻烦，拖延了时日。

（四）请示不得同时抄送下级机关

凡是要请示上级机关的事项，一般都是本机关职权范围内无权、无力、无法办理的事。它们在上级机关未作批复前，只是发文机关单方的“愿望”和“要求”，还不具备执行条件和行政约束力。它可能被上级机关批准，也可能被上级机关否定或提出某种变通处

理意见。所以，将请示同时抄送下级机关，让下级机关知道还不具备执行条件和行政约束力的事情，极容易造成工作上的被动和混乱，甚至招致不应有的损失。

七、报告规则

（一）报告中不得带请示事项

报告，是用来汇报工作、反映情况、答复上级机关询问的公文文种，而一些报告的撰稿人却常常在汇报工作、反映情况完结之后，“夹带”写上请示上级机关批准或指示的事项。这些撰稿人以为这样可以省去单独写请示的麻烦，但实际情况刚好相反。因为按规定，上级机关对下级机关的报告，是不作批复的。既然不作批复，那“夹带”在报告中要求批准和指示的内容，就可能变为“泥牛入海”。当然，也可能上级机关阅读报告发现了这种“夹带”之后，会通知上送报告的单位就有关事项另以请示行文。这样的结果，虽然比前一种情况好，但这不仅没有减少麻烦，反而给上级机关和写报告单位都增加了不必要的麻烦，甚至可能会延误办事时间。可见，在报告中“夹带”请示事项，确实是不可取的做法。

（二）一般不得越级报告

倘若有紧急的工作或情况需越级汇报和反映时，在越级报告的同时，须将报告抄送被越过的上级机关。

八、报刊发表应视作正式公文的规则

经批准在报刊上全文发布的行政法规和规章，应当视为正式公文依照执行。在报刊上全文发布的行政法规、规章和法律、法令，一般都属于要求周知的不涉密的普发性下行公文。这类公文由报刊发布，当然就能以最快的速度与受文对象见面，并得到贯彻执行，从而收到精简文件、省时省力、事半功倍的效果。在报刊上发表的公文，要注明已经有关机关批准，否则无效。而受文机关对经批准在报刊上发布的公文，也应当视为正式公文贯彻执行，不必等“红头文件”了。

九、一般不得以机关名义向上级机关负责人报送请示、意见和报告

公文必须严格按照正确的渠道和程序进行处理，除上级机关负责人直接交办的事项外，不得以机关名义向上级机关负责人报送请示、意见和报告，否则可能延误公务，助长不正之风，产生误会或制造不必要的工作矛盾。

【复习与思考】

一、名词解释

行文制度　行文规则　行文关系　行文方向　行文方式

二、思考题

1. 本章中对行文方式作了几种分类？各种分类分别包括了哪些类型？
2. 行文规则有哪几条？
3. 报告中为什么不能夹带请示事项？
4. 请示规则包括了哪些具体内容？
5. 抄送规则有何必要性？
6. 何谓“条条”？何谓“块块”？

第四章　主旨与材料

应用文书内容的基本要素包括主旨与材料，而结构、语言和文章体式等，则属于文章主旨与材料赖以外现的具体形式。内容决定形式，处于主导地位，形式又服务于内容，并给内容以一定的影响。

本章介绍应用文书主旨和材料的基本知识。

第一节　主旨与材料概述

应用文书必须主旨客观、鲜明、正确，材料典型、新颖、真实、准确。

一、主旨的概念和作用

主旨，又称主题、题旨、立意等，具体地说，主旨就是通过文章的具体材料所表达的中心思想、基本观点或要说明的主要问题，是作者对客观事物的评价和态度。

主旨的作用，主要表现在下述两个方面。

（一）主旨是文章的灵魂和生命

主旨决定着应用文书质量的高低、价值的大小、作用的强弱和影响的好坏。朱光潜在《选择与安排》中写道："每篇文章必有一个主旨，你须把着重点完全摆在这主旨上，在这上面鞭辟入里，烘染尽致，使你所写的事理情态成一个世界，突出于其他一切世界之上，像浮雕突出于石面一样。"应用文书的主题一经确立，它就成了全文的中心，全篇文章因它而有了灵魂和生命。文章主题的重要性还在于其社会价值。凡有生命力的文章，除了表现形式之外，没有不因为它们积极向上的深刻内容或美好情操的表露而受到世人瞩目的。因此，主旨的正确与否、深刻与否，决定着文章的质量、作用、影响和价值。

（二）主旨是文章的统帅，支配行文

每一篇应用文书的材料取舍、布局谋篇、技巧运用，乃至拟定标题、遣词造句等，都受到主旨的制约，并服从于主旨的需要。

下笔前先确定主旨，材料取舍、结构安排、方法运用、语言调遣就有了遵循、有了依据，写起来当然就可"得举止闲暇"，从容成篇；而主旨还没有确定就动笔写作，材料取舍、结构安排、方法运用、语言调遣就无可遵循、无可依据，当然难免"手忙脚乱"，甚至无法成篇。当然，倘若主旨不好，材料再典型、结构再完善、语言再符合应用文书的要求，仍然不是好文章。

二、材料的概念和作用

应用文书的材料，是指为了写作应用文书而采取的，用于提炼、确立、表现写作主旨的事实和观念。它包括的范畴有两类：一是作者在写作前搜集、积累的各种事实、数据、意见、观点、经验、问题，以及上级有关指示精神等；二是经过选择写进文稿中的表现主旨的所有材料。

材料的作用，主要表现在下述三个方面。

（一）材料是写作的前提

材料是构成文章内容的物质基础，是写作活动的前提。

在写作学中，人们常将文章比喻成人：主题有如人的灵魂，材料有如人的血肉，结构有如人的骨骼，语言有如人的细胞，表达有如人的外貌服饰。这是很有道理的。如果没有材料或材料很少，文章必然言之无物，虚而不实，流于空泛；勉强硬写，写出来的东西必然是干巴巴的。所以，大量地占有材料，这是古今写作经验中最基本、最重要、最需要掌握的一着。只有学会了这一着，再加上懂得写作方法和技巧，才能使写出来的东西言之有物，合乎客观的要求。

（二）材料是形成主旨的基础

材料和主旨同属于文章内容，但主旨从材料中形成，材料是引发感受、提炼观点、形成主题的基础。主旨是对全部材料思想意蕴的高度概括。

（三）材料是说明主旨的支柱

材料不仅是形成主旨的基础，还是说明主旨的支柱。没有材料的支撑，主旨根本无法确立；没有恰当的、能够说明问题的材料的支撑，主旨即使树起来了也立不牢。著名科学家巴甫洛夫说过：要研究事实，对比事实，积累事实。我国宋代学者朱熹也说过："作文需是靠实……不可驾空纤巧。大要七分实，只二三分文。"这里的"事实"和"实"，所指的就是材料。如果没有材料，主旨就无从产生，也根本无法表现。

第二节　确立及显示主旨

应用文书的主旨是否正确，是否符合要求，是否能够充分地在文稿中显现，是关系到文章有无价值或价值大小的问题。

一、对主旨的要求

应用文书的主旨，一般来自三个途径：单位领导、工作实践、党政机关文件。

（一）要符合党和国家的政策、法令

主旨是应用文书的灵魂，必须与党和国家的方针、政策、法律、法令相符合。否则，就不可能在治理社会、管理国家的实践中发挥积极作用。请看下面一篇公文：

××××厂关于加强安全保卫工作的通告

近来，我厂连续发生盗窃、斗殴和小型失火事故。有数位职工被歹徒打伤，财物损失数万元，为保证工厂的正常生产秩序，特作如下通告：

一、凡是本厂职工进入厂门，均要佩戴厂徽标志，否则作违反厂纪处理，扣发奖金。

二、外来人员进入工厂时，必须持所属单位介绍信或证件登记，出厂时，应接受行李物品甚至搜身检查。

三、来客投宿，有关人员应报厂保卫科批准。在此期间，如厂内发生盗窃、失火事故，来客不准离开工厂，并要集中接受审查。

四、厂内职工离开车间或办公室，应关好门窗，以防小偷破门而入。

通告自××××年二月八日生效。凡自觉执行本通告的给予表彰，拒不执行者予以经济处罚或行政处分。

××××年二月一日

这篇通告存在违反宪法和刑法的内容，如果公之于众，必然会引发或激化社会矛盾，产生消极甚至是破坏性的作用。所以，确立主旨时，要认真自觉地考虑主旨是否符合党和国家的有关政策和法规的精神。

（二）要符合机关领导意图

机关领导意图，就是机关领导对公务活动的基本要求和基本主张。不符合领导意图的文稿，领导理所当然不会签发。

如何领会和把握机关领导的意图呢？一般来说，要做到以下两点：

(1) 在领导交代撰写任务时，一定要认真地听、记、想，对不明确或遗漏了的问题要及时问清楚，务求弄清楚领导的意图。

(2) 在收集材料和分析材料的过程中，不断地领会领导意图。若发现领导的意图存在偏颇、疏漏、矛盾甚至错误，应及时和领导一起斟酌、推敲，乃至修正。

（三）要单一、鲜明，针对性强

单一，就是一篇应用文书只有一个主旨，不能有两个或两个以上的主旨。鲜明，就是主旨肯定什么、否定什么，赞扬什么、批评什么，提倡什么、制止什么，要明确，不能含糊不清、模棱两可。有很强的针对性，就是主旨包含的意见、主张、办法、措施，是为什么人、对什么事和什么问题而提出的，要清清楚楚。具备了这些要求的主旨，才能使人们容易理解、把握、贯彻、执行，才有利于人们提高按文办事的效率。

二、显示主旨的主要方法

显示应用文书主旨，实际上是解决如何表述应用文书主旨的问题。主旨的显示方法主要有下述几种。

（一）标题点旨

用标题概括点明主旨，即题目明旨。如《××市人民政府关于加强“门前三包”责任制管理的通告》，便在标题中概括点明了主旨。

（二）开宗托旨

在应用文书中明白、准确地表达主旨的句子，叫主旨句。主旨句常以介词结构“为了……”作为特征。在正文开头用主旨句来显出写作主旨，可达开门见山、开宗明义之效。通知、通报、通告、报告、法规与规章文书等常用此方法。如《中华人民共和国教师法》第1条：为了保障教师的合法权益，建设具有良好的思想品德修养和业务素质的教师队伍，促进社会主义教育事业的发展，制定本法。

（三）篇末点旨

在应用文书正文的结尾“卒章显志”，点明写作主旨，即为篇末点旨。

（四）呼应显旨

在正文的开头和结尾前后呼应，以突出主旨。

这种写法多是开头提出与主旨相关的问题，篇末呼应之。

（五）转换揭旨

在内容重大转换处揭示主旨，即片言居要。

（六）小标题显旨

即把主旨分解成几个部分，每个部分用一个小标题来显示。也有一些主旨不是以小标题的形式出现，而是以段旨句或条旨句的形式出现。

必须说明的是，在应用文书写作中，为使写作主旨更加突出、鲜明，常常将以上显示主旨的方法加以综合使用。

第三节　对材料处理的要求

应用文书作者收集到的材料，常常真伪混杂，良莠并存。对材料的处理，有一定的要求和方法。

一、选择材料的标准

（一）确凿

确凿，即真实、准确，是指写进应用文书里的材料，必须做到一真二准、确凿无误。这是写作应用文书选择材料时必须坚持的一条基本原则。

（二）切题

切题，是指写进应用文书里的材料，一是必须有针对性，能紧扣写作主旨；二是有实用性，能具体显示或说明观点。材料是否切题的实质是观点和材料是否统一的问题，我们应当做到观点统率材料、材料表现观点。材料与观点分离是应用文书写作的大忌。

（三）典型

典型，是指写进应用文书里的材料，应该是既能深刻揭示事物的本质，又具有代表性与说服力的材料。典型的材料能以一当十，令人注目，起到支撑观点的作用。

（四）新颖

新颖，是指写进应用文书里的材料必须有强烈的时代感，能够表现客观事物的发展变化趋势，反映客观事物的最新面貌，以及现实生活中人们最关心的那些新人、新事、新思想、新成果和新问题。为此，写作者要跟上时代步伐，运用科学思维，用新的眼光考察各种现象，以高度的敏感发现新事物、新经验、新问题，以选出新颖的写作材料来。

二、材料处理的常用方法

（一）类化法

这是按材料的共同属性和特征将纷繁的材料进行梳理和归并，使之显示出“类”的特点。这种方法的关键在于确定一个能反映事物本质特征的、与分类目的相适应的、始终一贯的标准，没有这个标准的分类是没有多少意义的。应用文书写作中，用这种方法可以找出各“类”间的内在联系，从而逐渐提炼出有价值的小观点甚至全篇的主旨。经类化法处理后的材料因其具有重要的类别特征而极具使用价值。

（二）筛选法

这种方法强调对材料的选用不能停留在一般的认识上，必须像掘土找矿、沙里淘金那样，反复地多次地鉴别、筛选，力求从纷繁的材料中找到最切合主旨的切合点。

（三）浓缩法

这是把有价值但又非常详尽纷繁的材料加以压缩，使之更为凝练、更突出精华的处理材料的方法。用这种方法处理材料要采用留主干、抓要点、除细节、科学抽象等方法，以凝聚出对表现事实或说明观点最有价值的内容。

（四）截取法

即选用一个完整事件的片断，或以一个完整事物的部分去表现观点的处理材料方法。这种处理材料的方法，不求事件的连贯、事物的完整，只求能言简意赅地说明问题和阐明观点。简报、通报、调查报告中叙事性较强的部分，常用此法处理材料。运用此法要注意：

（1）要服从应用文书写作主旨的需要，从写作目的和材料本身的实际（诸如在文稿中的地位与作用、本身的构成与被读者接受的程度等方面）综合考虑。

（2）不能断章取义，扭曲原意。

（3）要注意上下文衔接过渡的自然顺畅及表述角度的前后一致。

三、材料与观点的组织形式

（一）先亮观点，后举材料

这是先用层、段、条概括出观点，然后列举理论材料或事实材料来陈述观点的方法。用这种方法安排材料的优点是观点鲜明，先声夺人，头绪清楚，引人注目。

（二）先举材料，后亮观点

这是先列举事实、数字或说明根据，然后推导出结论、归纳出观点的方法。这种方法的优点是由事到理，说服力强。叙事性应用文书或文中叙事性较强的片断写作，常用此法。

（三）边举材料，边亮观点

即夹叙夹议的方法。这种方法的优点是既摆事实又讲道理，行文层层深入，便于阅读者理解。应用文书中叙事说理较强的部分常用此法写作。

【复习与思考】

一、名词解释

主旨　主旨句　材料

二、思考题

1. 为什么在撰写应用文书之前必须确立一个明确的主旨？
2. 应用文书的主旨要符合哪些要求？

第五章　思路与结构

文章的结构和质量水准，主要取决于作者的思路。为了更好地认识和掌握应用文书的写作思路和结构的一般规律，需要将思路与结构在一章中作专门介绍。

只有充分地认识和明确应用文书写作的一般思路，才能更好地认识和掌握应用文书的一般结构形式。

提高应用文书的结构能力的根本途径，在于通过学习和训练，锻炼和开拓思路。

本章旨在通过对思路与结构的认识，为提高应用文书的成文能力打下一定的基础。

第一节　思维、思路与结构概述

在认识和处理思路与结构的关系前，必须先了解思维、思路的含义和特点等知识。

一、思维与思路的基本含义

每个正常人，都有能想会算的头脑。通俗地说：所谓的“想”和“算”，就是思维。

心理学对思维的表述为：思维，是具有意识的人脑对于客观现实的本质属性和内部规律做出的自觉、间接和概括的反映。

人的思维与语言紧密联系。语言是思维的载体，人需要借助语言进行思维。丰富我们的语言，就相当于打磨了思维的“武器”。

思路，是思维活动的运行轨迹。

文章思路，就是作者构思和写文章时，有规律、有条理、有方向、连贯的思维过程的“路线”。由于人们的思想观念、生活经历、文化素质、才情禀赋各不相同，写作目的和对文体的认识掌握存在差异，对问题之思考方法、习惯也有所区别，这些情况反映到文章里，就表现为文章的不同思路和形态。文章的思路，应当是作者整体思维、系统思考的结果。正如语言学家张志公先生在《怎样锻炼思路》一文中作的说明：作者的思路是他对客观事物怎样观察、理解、认识的反映。思路不是凭空产生的，是以客观事物为基础的。客观事物反映在作者头脑里，经过观察、理解、认识的过程，形成了他对这件事物的印象、看法、态度或感情。把这些印象、看法、态度或感情理出个头绪来，就是所谓的思路。按照这个思路写成文章，就是所谓组织结构。文章的结构组织是否严密，表明他对所写的客观事物是否形成了鲜明的印象、看法、态度或感情。这段话对我们认识思路的性质、特点及其与文章结构的关系，有极大的帮助。

二、应用文书写作的思维特点

任何写作，都是思维的艺术。思维主宰着写作的全过程。写作有其共同的思维规律，而不同门类的写作，又有其不同的思维特点。

一般说来，应用文书写作，有下述思维特点。

（一）构思行文主要运用逻辑思维

不同类型的写作，会采用不同类型的思维形式。文艺创作主要采用以形象组合为主体的形象思维，而应用文书写作则主要采用抽象思维即逻辑思维。所谓逻辑思维，是一种舍弃具体表象，依靠概念、判断、推理而进行的思维活动，它要在思维过程中实现由形象到概念、由具体到抽象的转变，并以抽象的概念来揭示事物的本质，表述认识的结果。

在应用文书写作中，选题立意的过程，主要是对材料的提炼、升华过程，要凭借逻辑思维来实现；在围绕主旨选择材料时，要判断材料有无价值，并筛选出“必然有用”的材料组织进文章，这个过程，也主要是凭借逻辑思维来完成；而安排结构，作者也是按照应用文书特定的要求、比较稳定的惯用格式和一定的逻辑顺序来组织内容的；至于下笔行文时，也主要是靠严谨的、理性的逻辑思维驱动笔端。

逻辑思维是以逻辑推导为主体的思维形式，因此，要提高应用文书写作能力，就必须学点逻辑学，懂点逻辑学。逻辑思维不像形象思维那样除凭借语言外还可凭借形象、色彩、声音来思维，它只能依靠语言来思维。因此，应用文书写作绝不是像有些人说的那样对语言的要求不如文艺创作高。恰恰相反，它对语言的要求很高，有时甚至到了“一字入文，九牛不出”、“一字千金”的地步。要提高应用文书的质量，非在语言文字上狠下工夫不可。

当然，强调应用文书以逻辑思维为主，并不排斥以形象思维为辅，而且，有时还要借助灵感思维。

（二）思维主体注重群体思维

应用文书写作客观上须注重群体思维。应用文书代机关立言，反映集体的意志、领导的意图，它构思、成文、制发的整个过程，已经集中了领导和群众的众多意见、主意，不再只是某人的个人意愿，而是集体劳动的成果、群体思维的结晶。

当然，这并不排斥应用文书的撰写要充分发挥个体思维的积极性。

（三）思维走势以定向思维为主

执笔者在起草应用文书时，通常有较强的被动性、服从性，受其制约，构思确立主旨往往是“意在笔先”；选择材料常有一定的目标、范围；安排结构，直至选用文种、确定格式，都常常事先有个大体的轮廓；语言也讲求实用、得体。这一切，都反映出应用文书写作构思行文以定向思维为主，而不是可以随意采用发散思维、求异思维等。

强调定向思维，有助于提高应用文书写作的质量和效率。

应用文书写作思维的定向，从宏观看，应服从党和国家大政方针；从微观看，要服从机关单位领导的意图、群众的意愿和工作实际。应用文书写作的构思行文以定向思维为主，但并不排斥思维的创造性。

(四）思维过程常有一个由被动思维向主动思维转化的过程

文艺创作过程，思维起点通常是作者的主动思维。而应用文书撰写者常常是“奉命而作”，思维起点常常是被动思维。倘若一味被动思维，又会缺乏写作积极性，甚至影响写作质量，贻误工作。因此，在应用文书写作中，又必须努力、尽快地实现由被动思维向主动思维的转化，即由“要我写”变为“我要写”。

三、思路对应用文书结构的作用

文章的运思路线，总的来说，存在时空线、逻辑线、情感线和意识流线等类型。应用文书写作的运思，主要沿逻辑线和时空线展开。

文章的结构，实质上是作者认识客观事物的内部规律和事物之间的相互联系的思想脉络在文章中的体现和反映。张志公先生在《怎样锻炼思路》一文中说：思路，这是关乎文章结构的最根本的东西。思路是形成结构的基础。也可以说，思路是文章的脉络，而结构是思路的外在表现，或是思路的物化。为了完整严谨、条理清楚地组织应用文书的结构，准确、明显地表达思想，就要先把思路理清理顺。应用文书，要求作者能将思路非常清晰、缜密地表现出来。

如果说，思路中包含着思想，那么，对于公文来说，其结构与作者或者行政机关领导的思想，便是相对应或相统一的。在一篇公文中，发文机关要求什么、要求做什么、怎么做这一类问题，都必须符合逻辑、符合时空地在结构中得到反映。对于法规与规章文书，其章断条连式或条文并列式结构，更是作者的思路鲜明、具体而条理化的体现。企业事务文书的结构，事实上，与作者具体的思路亦相一致。

如果文章结构杂乱无章，则表明作者的思路杂乱不清；如果文章结构不严谨、不清楚，则表明作者的思路不缜密、不清晰。要想写好文章，首先必须理清理顺思路。

第二节　应用文书写作的常用思路

应用文书写作构思主要是运用逻辑思维来进行的。不同的文种，不同的写作意图，会运用不同的逻辑思维方法来构思，而这种思路又通常体现在应用文书的结构形式上。应用文书写作常用的思路有下述几种。

一、递进思路

递进思路是运用递进思维方法形成的一种文章思路。递进思维是认识事物或事理由浅入深、由表及里、层层递进、循序渐进的一种思维方法。运用这种方法，可以深入地、清晰地阐释某些比较复杂的事理，说明某些比较复杂的关系，有助于深刻认识事物的本质属性，使文章有一定深度。一些说理性较强的应用文书常循此法形成文章思路：或者是认识问题由浅入深层层推进，或者是提出问题→分析问题→解决问题。例如，《农村文化活动设施量少质差的现状亟待改变》的调查报告，按以下思路写成：

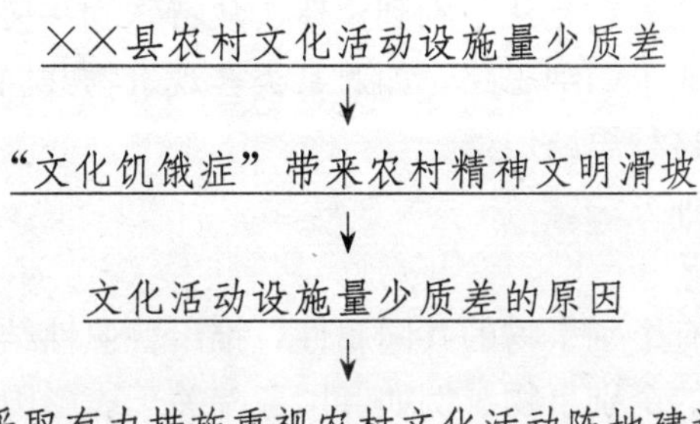

很显然，文章呈现的是典型的递进思路。

运用递进思路时，各层次间要环环扣紧，先写哪一层次，后写哪一层次，顺序不能随意调换、中断。

二、并列思路

运用平等、平行、并列的思维方式认识和对待事物或事理而形成的思路就是并列思路。并列思维认识事物或事理不存在由浅入深、由表及里的递进关系，而是将事物或事理平等看待，横向发展。如通知、决定的诸多事项以及法规与规章文书的许多同类条文，大多体现的都是并列思路。并列思路是应用文书写作的常用思路之一。

三、比较思路

比较思路是运用比较和鉴别的思维方法形成的一种文章思路。

比较大体可分时间、空间两类比较。时间比较是在历史形态上的比较，通过比较能发现同一事物或不同事物在不同时期呈现出的差异，这也叫纵向比较（纵比）、历史比较。空间比较是在现实既定形态上的比较，通过比较能鉴别出不同事物在同一时期不同空间中呈现出的异同，这也叫横向比较（横比）、现实比较。纵比能追本溯源，使思路清晰，易于看到事物的发展变化，但思路又显狭窄，拓展不开。横比思路宽阔，易于看到事物与相关事物的差距，但又可能浮于事物表面，看不到事物的发展和实质。两者各有长短，可取其长综合运用，即采用方案比较法（又称为综合比标法或优选法）。就是在同等条件下，综合考虑到时空等多方面因素，将几种方案、几种情况进行全面比较，鉴别出最佳方案、最正确的情况来。在撰写规划、方案、可行性报告、经济预测报告、决策意见等文种的构思中，常采用这种综合比标法。

任何比较都要注意事物的可比性，即比较的标准（简称比标）要一致。要注意抓住事物的本质特征进行比较，以便更深刻地认识和把握事物的异同和性质。还要注意比较的灵活性，根据实际情况和写作需要，从多角度、多方面对事物作比较，以便更全面、更准确地认识事物。

四、归纳和演绎思路

（一）归纳

归纳，是从两个以上个别的、特殊的事物或道理的共同属性中，推出同一类事物或道理的普遍性结论的推理方法。它是从个别到全体、从特殊到一般的思维方法。应用文书写作运用这种思维方法便形成了归纳思路。如对某类客观事物共同规律的探讨、对先进经验的提炼总结等，都可运用这种思路。

归纳又可采用下述几种方法。

1. 完全归纳法

即穷究同类事物中所有个别事物的共同属性，推出普遍性结论的方法。这种方法不允许漏掉任何一个性质相同的个别事物。例如《国务院关于表彰国家科委等单位长年深入基层开展扶贫工作的通报》，它概括地历数了国家科委等单位组成扶贫团(组)定点联系帮助贫困地区，使贫困地区经济、社会面貌发生了可喜变化等情况，然后强调指出："这些部门艰苦细致、卓有成效的扶贫工作，受到了贫困地区广大干部、群众的热烈欢迎，得到了社会各界高度赞扬。国务院特予通报表彰。"如不采用这种完全归纳法，就收不到应有的效果。

一般说来，运用归纳法来认识客观事物时，完全归纳法最可靠。但实际上，只有在少数情况下才能做到完全归纳。在应用文书写作中，一般较少用完全归纳法。

2. 简单枚举法

即根据对某类事物部分对象的概括，推出一般性结论的方法。这实属不完全归纳法。如《中共××县委员会关于向徐××、吴××同志学习的决定》一文，归纳出的结论是"徐××、吴××同志忠诚地为党和人民的事业奋斗了一生，他们的一生是光荣的一生。他们不愧是我党的优秀党员"。而归纳出这个结论的依据，就是选择他们一生中一些典型事迹来介绍，而没有罗列出全部事迹（那样写没有必要，也因篇幅所限而不可能）。不少调查报告、总结、情况报告、表彰或处分的文稿，都运用这种方法或思路。

简单枚举法运用起来虽然方便，但它极容易出现轻率归纳，以致以偏概全，使结论出现片面性、绝对化等错误。运用这种归纳方法，要注意两点：第一，不要轻易下结论，如果要下结论也应选择诸如"一般情况下"、"大体上"、"在一定条件下"等类限制性词语，以表明其相对性，留有余地。第二，不要仅仅注意同类事物的数量或表面相似处，而忽略了同类事物的本质属性，使结论偏离事物本质。要注意对重要的归纳对象或结论作进一步深入分析，充分考虑到时空变化后的情况，使归纳的结论更正确、更深刻。

3. 科学归纳法

即由某类事物部分对象与某种属性有必然联系，推出这类事物都具有这种属性的方法。它是以科学实验和科学分析的结果为主要依据，从研究同类事物的少数对象与某一属性之间必然的内在联系中，从探求现象之间的因果关系中，概括出普遍性结论。科学归纳法比简单枚举法可靠，但其结论仍要受实践的检验。科学归纳法考察的对象要有典型的代表性，才能使结论正确。说理性较强的应用文书常用此法展开思路。例如《××市经委关于国有大中型企业转换经营机制的调查报告》，正是通过对该市几个有代表性的国有企业的典型调查、科学分析，而得出该市国有企业转换经营机制的几条可行措施的。文章运用了科学归纳法，结论必然令人信服。

（二）演绎

演绎是从普遍性的前提推出特殊个别性结论的思维方法。它与归纳的思维方向正好相反，是从全体到个别、一般到特殊。我们根据一般原理（公理、真理、常识或人们认同的共识等）可认识到包含在这一原理中的个别事物或道理，由此可形成应用文书的演绎思路。例如《××市××局关于机关干部勤政廉政的规定》写道："廉洁奉公是党的优良传统，是党的根本宗旨的具体体现，是党取信于民的根本保证，也是机关干部应具备的职业道德。只有做到高效廉洁，党的工作才能得到群众的信任和支持，党的事业才能得到群众的关心和拥护，党和政府才有可能带领和团结大家同心同德，共渡难关，深化改革，实现'四化'。全局干部特别是党员领导干部必须'从我做起，从现在做起'，以身作则，勤政廉政。根据我局工作实际，特作如下规定……"这里采用的就是演绎思路。在说理性较强的应用文书中，较多运用演绎法。

应用文书写作运用演绎法时，作为根据、前提的一般性结论必须正确无误，才能进行直接演绎。如果作为前提的一般性结论只是相对正确，那么在推理过程中，在肯定其大多数事物或道理的同时，也要考虑到个别事物的特殊性，才能避免结论的片面性。

至于演绎法常用的推理方法，本书不作详细介绍。

（三）归纳和演绎的关系

归纳和演绎既是两种方向完全不同的对立的思维方法，又是互相依存的辩证统一体。归纳是演绎的基础，演绎的前提常常是依靠归纳而获得的。可以说，归纳的结论就是演绎的前提，离开归纳，演绎不可能进行。而归纳也离不开演绎，归纳时对个别事物的选择要达到准确、典型，得依赖演绎对这些个别事物进行检验，决定弃取。即根据尚未确定的、假设的一般去寻找、考察个别，才能正确地进行归纳；而归纳得出的一般结论，也要靠演绎去验证，去推广扩大。

应用文书写作中分别运用归纳思路或演绎思路时，一定要注意到这种联系，防止出现片面性。

五、总分思路

总分思路是运用综合和分析两种思维方法所形成的文章思路。总分思路在应用文书写作中也是常见的思路。分析就是把事物分成若干部分，分别加以研究，即是由总到分，化整为零。对实体事物进行分解，对抽象事物进行分类、剥离，就是剖析。综合则是把事物的各个部分联合起来，从整体上加以考察，也就是由分到总，集零为整。综合的过程，就是对实体事物组合、对抽象事物概括的过程。

分析和综合也是互相依存、互相联系、互相转化的。分析是综合的基础，没有分析，认识不可能具体深入，也就无从综合；综合是分析的前导，没有综合，不能统观全局，就可能只见树木不见森林，分析就缺乏方向和目标。分析重在发现事物的本质，分析不是目的，而是认识事物的手段。分析之后，还要把事物的各个部分放到事物的整体中，放到各个部分的相互联系、作用和矛盾中，放到事物的运动、变化中去考察它们的地位、作用，从而去把握其本质。而综合也不是现象的罗列，不是事物各个部分机械地相加，而是要按照事物各个部分间的有机联系，对事物各个方面作全面的、本质的反映，从而从整体上把握事物的特征。这也是分析的目的。

在应用文书写作中，文章要点面结合、铺陈展开，关键在于构思时善于分析客观对象，且善于在分析的基础上进行综合。

（一）善于分类和归类

把较为复杂的集合性事物中特征相同的类型划分在一起就是分类。从一定的写作意图出发，把散乱的材料归拢成若干并列的类别就是归类。分类、归类是综合、分析思维方法中的重要步骤。分类、归类是全面、深入分析事物的基础。善于分类、归类，有助于分析事物的条理化、系统化。例如，要就某市党政机关的后勤工作改革写个专题经验总结，如果笼笼统统地写，就会不深不透，甚至使人看后不得要领。而将机关后勤改革分为机关事务管理、财务管理、房产管理、车辆管理、膳食管理、物资管理等方面分别介绍其改革的措施、办法，那就会具体、深刻得多。

（二）学会纵剖和横断

分类是把复杂的事物分成若干相对独立的类型，分类后任何类型的事物都没有改变原来事物的性质。而剖析和分解则是对相对独立的事物进行解剖，解剖分割后的每一部分都不具有原来整体事物的性质了。运用剖析和分解，可以深入事物内部结构研究事物，从而更深刻地认识事物的本质。

纵剖就是纵向剖切，即依时间的先后，将事物的发展过程和发展情况分成若干阶段，逐段考察和分析。对于本身存在时间阶段和发展进程的事物，写作时可采用纵剖的方法。横断则是横向分析，即将事物内部的各个侧面、各种因素分成若干部分，逐一考察和分析。对各种要素处于并列关系的事物，写作时则常用横断的方法来分析。比如，要写一份做好环境保护工作大检查的总结，可采用纵剖的方法去分析各个阶段的工作，从中总结出检查工作的方法和成绩：

分析环保形势，认清检查意义

↓

加强舆论宣传，充分发动群众

↓

统筹组织力量，做好检查计划

↓

分步自查抽查，检查认真细致

↓

严肃执法执纪，奖惩等级分明

↓

总结经验教训，搞好环境保护

也可采用横断方法分析各个侧面的经验，从中探索检查工作的规律：

——领导重视，各方配合，检查力量组织落实
——广泛宣传，重视舆论，强化全民环保意识
——重点突出，方法得当，检查工作不搞形式
——体现政策，奖惩分明，树立样板促优汰劣
——依法行政，综合治理，推动环境保护工作

不难看出，用纵剖法分类，写出的总结侧重反映工作的进程、做法和成绩；而用横断法分类，写出的总结侧重探索工作中的经验和规律，两者的侧重点明显不同。实际上，写作中两种方法也可交错使用。

（三）注重定性分析与定量分析

对任何事物的分析，都离不开定性分析和定量分析。定性分析是对分析对象的各种因素及其性质做出断定和分析。定量分析是对分析对象及其各种因素间的数量关系加以判定和分析。前者注重对事物质的断定，后者注重对事物量的判定。而任何事物都是质和量的统一体，因此，要尽可能将定性分析与定量分析结合使用，这样才可以使分析更加深入、准确，在表达上也更加直观，更有说服力。比如，要反映一个地区经济和社会发展的成就，如果只有定性分析，会显得空洞，说服力不强；如果只有定量分析，又势必显得枯燥，甚至使人不得要领。只有将两种分析方法结合起来，才能更准确、深刻、生动地说明事物的性质。

六、因果思路

因果思路是运用探因和寻果的思维方法形成的文章思路。在应用文书写作中，根据写作意图和民众接受心理，较多地采用由果溯因的思路。

应用文书写作采用因果思路时，首先要全面分析导致结果或现状的原因。在诸多原因中首先抓住主要的、根本的原因，同时也不忽视次要原因。要实事求是地、全面地分析事物的内因和外因，不能只抓一点不及其余，防止片面性和绝对化。其次要深刻地分析产生结果的原因。要深入分析，从原因中去探究产生原因的原因，这就是所谓的因因分析。因为有时表面的原因也只不过是个现象，如果我们的分析浅尝辄止，只根据这个表层的原因得出结论，这个结论就可能是十分肤浅的。因此，要力求“打破砂锅问到底”，揭示出最深层的、最根本的、最起作用的原因，这样才有助于抓住事物的本质。比如，某厂生产的传统产品出现销售疲软势头，厂方要求做出调查并写出市场销售情况的调查报告。通过调查，发现销售疲软是由于广告宣传不力、营销渠道不畅、产品包装陈旧、产品式样单一、产品质量下降等多种原因造成的。经过分析研究，认定其中质量下降是关键。进一步分析，发现质量下降的原因是生产第一线工人不顾质量，检验工不负责任。又深入分析，发现造成这种状况的原因是管理不善，制度不严，职工普遍缺乏质量意识。再追本溯源，发现主要是由于厂领导班子缺乏市场优胜劣汰的竞争意识，只抓产品数量、产值，忽视产品质量。这样层层深入，抓住了深层次的根本原因，提出了“领导重视，狠抓质量，注重宣传，打通渠道”的对策，使产品销售重新出现了增长势头。

以上只是应用文书写作中的常见思路。在应用文书写作中，常常综合运用几种思路成文。

第三节　应用文书的结构

应用文书的结构具有自己独特的特点。认识应用文书的结构及其表现形态，利于提高阅读和写作能力。

一、对应用文书结构的要求

（一）要反映客观事物的本质联系和规律

客观事物本身有它的存在形式，有它的特点，有它的运动规律。文章表现的对象是客观事物，其结构形式应取决于内容，体现客观事物本身的内在本质联系。应用文书写作也是如此。如写通报，无论是用于传达重要情况，还是用于表彰或批评，都必须把事实叙述清楚。因此，应用文书作者就要依据事件发展的过程、事物的特征来安排正文结构，以反映通报对象的内在本质及规律。

（二）要服从表现主旨的需要

文章的结构安排，就是要把内容材料组合成一个统一的有机整体以表现主旨。因此，内容材料的详略先后、层次段落的划分等，都必须紧紧围绕主旨，让主旨贯穿全文始终。例如写请示，顺序上应先写理由，再叙事项，最后提出请求。详略上，理由部分应简明扼要，概括性强；请示事项部分包括意见与要求，是全文重点，要详写，要写得具体明确。最后，以模式化请求语结束。

（三）要做到层次清楚、思路清晰

层次的划分与段落的安排，具体展示作者的思路与文章的结构。应用文书写作中，要特别注意根据主旨的需要安排好层次段落，以清晰地展示作者的思路。如写事件，一般就有发生、发展、结局的过程，写问题就有暴露、认识和解决的过程，而这些都要求作者循着“开端→发展→结局”或“发现问题→分析问题→解决问题”的逻辑顺序安排层次。

（四）要适应不同文种的体式特点

凡文种都有相对稳定的结构体式，应用文书一般都具有严格的体式规范。应用文书的结构安排需适应体式的规范要求。这就要注意研究、把握公文和其他应用文书文体样式的规范。如写工作通知，要写通知的目的依据、通知的事项和执行的要求；写经济活动分析报告，要写基本情况、分析评价和建议；写法规、规章则一般要以总则、分则和附则作总体布局。

二、应用文书结构的内容及表现形式

（一）标题

应用文书的标题通常有下述三种形式。

1. 公文式标题

公文式标题程式性强，表达平直，主要用于正式公文。一般情况下，它由发文机关、事由和文种三项组成，人们把此三项称为公文标题“三要素”。

2. 新闻式标题

新闻式标题即通常说的文章题目式，它又可分单标题和双标题两种。

单标题即单行标题，通常有三种标题方式：

(1) 主旨式。标题提出应用文书的主旨，如“必须加强社会主义精神文明建设”、“药品销售中回扣现象再也不能继续下去了”。

(2) 事实式。标题陈述基本事实、情况，如“大巴山捕蛇严重导致鼠害猖獗”。

(3) 问题式。标题提出问题，规范内容走向，如“职工的归属感从何而来”、“首都钢铁公司是怎样实行经济责任制的”。

双标题即指有正题和副题的双行标题，其中正题符合单标题的要求，更多地突出应用文书的主旨，副题则对正题起补充说明的作用，通常说明应用文书写作的内容范围和文种，如“艰苦的拼搏，丰硕的成果——××省供销系统2005年工作总结”。这种标题信息量丰富，表现灵活，简报、总结、调查报告等常用这种标题。

3. 四项式标题

这是由公文式标题变通而成的一种规范的标题形式，通常由单位（或对象）、时限、事项和文种四个部分组成，如“××市××研究所2005年度科研工作总结”等。这种形式的标题，程式性强，常用于应用文书中的计划、总结以及法规、规章、经济文书等。单位（或对象）、时限，可以视具体情况而省略一项或两项。

不管是什么形式的标题，作为应用文书，标题都要能显示主旨或者显示主要内容，这是硬性的要求，也是与文学作品灵活多变、异彩纷呈的标题的不同之处。

(二) 开头

应用文书的性质和特点决定了应用文书的开头必须直截了当、开门见山，愈简洁愈好。开头应当点题或揭示应用文书的内容走向，并领起下文。常用的开头方式有：

(1) 概述情况。这种方式要求开头简明扼要、切题地介绍有关情况或背景。报告、会议纪要、总结等常用此法开头。

(2) 说明根据。这种方式开头即引用上级指示精神或有关法律、法规，常以“根据”、“遵照”、“按照”等词语领起下文，鲜明标示出行文有据，表明应用文书内容的权威性。通知、批复、规章等常用这种方式开头。

(3) 直陈目的。这种方式开头，常用“为了”、“为”等介词构成的主旨句领起下文。法规、规章、决定、通知等应用文书常用此方式。

(4) 交代原因。这种方式开头，常用“由于”、“因为”、“鉴于”等词领起下文，也可直接陈述发文原因。

(5) 阐明观点。这种方式开头先提出观点，或者点明主旨，接着加以解释说明，以引起读者的重视。

(6) 表明态度。这种方式开头直截了当地对批转、转发或发布的文件或者有关的事项、会议表明态度，做出评价，提出看法。批转、转发性通知多采用此方式开头。

(7) 引述来文。这种方式开头引述对方来文、来电的标题、文号，然后引出下文。应用文书中的复函、批复普遍使用此方式开头。

(8) 提出问题。这种方式开头提出问题，提示应用文书的主旨或主要内容，以引起阅读者的注意与思考。各类调查报告常用这种方式开头。

应用文书的开头，有时是多种方式的综合运用。

(三) 结尾

应用文书常见的结尾方式有以下几种：

(1) 作强调。正文结束时，对文中的主要问题作强调说明，以引起阅读者的重视。

(2) 作请求。正文结束时，写上请求上级批复、批转、批准或请求对方帮助之类的话语。公文中的请示、函等普遍使用此方式结尾。

(3) 作总结。正文结束时，对文中的主要观点或问题做出归纳或总结，使读者对全文有一个较完整的印象。

(4) 作要求。正文结束时，提出要求、希望或发出号召。

(5) 作补充。正文结束时，补充交代有关事宜。通知、法规、规章等常用这样的结尾。

(6) 显文种。以模式化的方式把名词性文种作动词用，并以此结尾，如"特此通告"、"特此通报"、"特此通知"、"特此报告"等。

除上述几种结尾方式外，还有祝贺、慰问式的结尾，以及主体部分意尽即文完，不再另写结尾等方式。

(四) 层次

每篇应用文书都是反映一定事理的逻辑体系，它包含着若干层次。所谓层次，是作者在表述主旨过程中形成的相对完整、相对独立的思想单位和意义单位。层次又称为"意义段"，它是作者思路的展开步骤和应用文书内容阶段性的逻辑体现。

应用文书层次划分的方式主要有下述几种。

1. 纵向推进

这种方式按时间推移或内容深化来排列层次，其思路是纵向展开的。常见的有三种情形：

(1) 直叙式。这是以时间先后为序，按照事情的发生、发展、变化过程的次序安排层次。采用这种方式，一定要体现事件的过程性特点，表达上要注意突出重点，不平均用力。直叙式头绪单一，便于将事情的来龙去脉表达清楚，常用于内容单纯、叙事性强的文种。调查报告、总结的正文常采用这种方式安排层次。

(2) 递进式。这是按事理变化、发展的顺序或对事物的认识过程来安排层次。在应用文书中，这种方式可以程式化为"叙事→说理→结论"或"提出问题→分析问题→解决问题"等。说理性较强的文种常用这种方式安排层次。

(3) 因果式。这是按前因后果或前果后因的顺序来安排层次，如应用文书中的通报，其正文结构安排一般先写通报原因，再写表彰或处理意见，行文体现由因而果的逻辑顺序。

2. 横向展开

这是按事物的不同方面或不同类别来排列的层次，其思路是横向展开的。

这种层次可具体分为两种方式：

（1）按照空间位置的变换来划分层次。

（2）按照材料的性质或内容的特点划分层次，多用于内容较为复杂、涉及面较广的应用文书。

这种横向展开的方式在应用文书中使用相当普遍。

3. 总提分承

这是一种辐射式展开的层次，鲜明地体现着领属关系或整体与部分的关系，其特点是中心突出、层次分明、条理清楚。这种层次在应用文书中，多为先总后分，也有从总到分再到总，很少是先分后总的。应用文书中的通告、通知、会议纪要等的正文结构常呈现这种层次。

4. 纵横交叉

这是将纵向推进和横向展开综合起来交叉安排层次的方式。采用这种纵横交叉方式要注意有主有从：或是以纵向为主，以横向为辅，或是以横向为主，以纵向为辅，不能平均用力。一些内容复杂、时空变换较大、篇幅较长的应用文书往往采用这种方式。

（五）段落

段落是文章布局谋篇的基本单位，是作者为了表达文章思想内容而做出的划分，习惯上称作“自然段”，一般有换行空两格的明显外在标志。应用文书正文分段的目的，在于清晰而有次序地把内容展示出来，它着眼于表达的效果。

应用文书正文写作中，划分段落的原则是必须做到单一、完整、有序与合理。单一，指在一个自然段里，只说一个意思，不把其他无关的意思混杂在一起说。完整，指一个自然段把一个意思说完全，不残缺，不留尾巴，除为了特殊的表达效果，一般不把一个意思分散在几段去说。有序，指段内的句子之间、段落之间的组合关系要合理，要有逻辑性与连贯性。合理，指段落的划分，要注意长短适度，匀称得当，既要服从应用文书内容表达的需要，又要符合应用文书阅读者的接受心理。

（六）过渡

过渡，指文章中相邻层次、段落间的衔接、转换。它的作用是承上启下，使文章内容转换更自然，联系更紧密，文气更通畅。应用文书正文写作中过渡的方式有以下四种：

（1）以词语过渡，如“为此”、“对此”、“总之”、“由此可见”、“综上所述”、“但是”、“相反”等。

（2）用总结上文、提示下文、设问句等表承上启下的句子过渡，这些句子可以放在前段的段尾，也可放在后段的段首。

（3）用一个相对独立的自然段来承转过渡。

（4）不用任何明显过渡标志，而是靠文中内容内在联系过渡。

（七）照应

照应，指文中不相邻的层次、段落间的关照与呼应。它的作用是加强文章前后内容的联系，增强文章的整体感。常见的照应方式有：

（1）首尾照应。这种照应使文章首尾圆合，结构严谨。

（2）文题照应。应用文书的标题往往体现其主旨，照应标题有突出主旨的作用。

（3）针线照应。围绕主旨或基本事件，行文中针走线行，多处照应。这种方式由于多处相互照应，可以起到强化主旨、突出中心事件的效果。

三、应用文书结构的常见类型

（一）并列式

文章中几个层次之间的关系是平行的、并列的，这样的结构方式为并列式，也称横式结构。比如对财务状况进行分析，可以从资产、负债、利润、成本、费用等诸方面展开具体分析，这几个方面的内容就是并列的关系。

（二）递进式

递进式是指或以时间的先后为顺序，或以由现象到本质、从因到果等逻辑关系为顺序，逐层深入展开的结构形式，也称纵式结构。比如，开头提出问题，而后剖析研究问题，再找出原因得出结果，最后提出解决问题的办法或建议。

递进式结构采用的是纵剖思路或因果思路。

（三）条文式

法规、规章和职能部门的一些行业文书，不少都使用了这种形式。全文从头到尾都用条文组织内容，显得眉目清楚，排列有序，简洁明了。应用文书中的条文式结构，一般可采用以下两种：

（1）章断条连式。适用于内容多、篇幅长的法规、规章。这种结构以章为序划分有关法规、规章的层次，各章下的“条”不依章断开另起开头，而是连续编号。这便于执行承办时援引有关条文。极少数还在章下分节，节下再分条。章、节、条均用小写汉字数字表示，如第一章、第一节、第一条。条下有的分款，款不带序数，一个自然段就是一款；有的列项，项冠以带小括号的汉字数码，如（一）、（二）等。项下可分目，目冠以阿拉伯数字，如1、2等。

（2）条文并列式。适用于内容不太多、篇幅不太长的法规、规章和其他应用文书。条下同样可分款或项、目。若是非法规、规章的其他应用文书，通常不用“第×条”标示，其标法形如：第一层为“一、”，第二层为“（一）”，第三层为“1.”，第四层为“(1)”；不另以其他数码为序数。若是只有一层时，则以“一、”这类数码为序数。

条下的款或项、目独立成段。段间内容具有相关性。

（四）总分式

即开头先对全文的内容作简要的概述，然后依次分别对其展开论述。如在“总结”中，先对全年生产完成的情况作简要介绍，而后对各方面生产情况作具体论述。总分式还可以分为先总后分式、先分后总式及先总后分再总的总分总式。总分总式通常适用于篇幅较长的经济文书，如“调查报告”、“经济活动分析文书”、“经济论文”等。总分式结构需采用总分思路。

（五）篇段合一式

正文全文内容包容在一个完整的自然段内，即一个段落就是一篇完整的文章。

采用这种形式的应用文书一般都内容单一。

（六）表格式

这是应用文书不同于其他文体所特有的一种结构形态。表格式应用文书通常有两种形式：

（1）事先编制成的表格式文书。表中各项之后空白，让人按规定填写。表格文书一般要注明表格的填写要求和注意事项。如申报专利、商标的有关文书，有些行业的专用文本如税务征管文书、财务会计文书等，都采用了这种形式。有时，这种文书还填写一式若干份，以利存查、验讫。随着应用文书处理过程中电子计算机等办公自动化设备的应用，表格式应用文书会越来越多。

（2）临时撰制的表格式文书。这是有关职能管理部门或者企事业单位，为反映某一地区、行业或者企事业的某些情况，根据写作目的，将有关统计数据编制成表格。

（七）不成文式

这是应用文书特别是其中的告启类文书所特有的一种外部形态。它不像一般文章那样有完整的结构内容，开头、结尾、层次、段落、过渡和照应都不一定齐备或有明显标示。通常采用图文相间的形式或者图表形式。不成文式文书多是一些广告、海报等告启文书。撰写不成文式告启文书，须注意两点：一是告启事项要周全；二是重点明确，不能因图害意，以致让图画冲淡、掩盖了主要内容。

第四节　行政公文正文基本内容模块及结构模式①

国际劳工组织研究开发出一种模块式技能培训法，其基本思想是：每个职业都可看成是由可分解的若干个被称为“模块”的工作任务构成。职工通过培训，逐个掌握各个模块所包含的知识内容之后，就能够上岗从事这一职业。这种模块式技能培训法，与我国《国家行政机关公文处理办法》规定的现行行政公文的写作，存在着一定的关系。之所以如此说，是因为公文本身就具有显著的规范化体式的特点。存在规范化体式特点，必然存在内层结构上与之相应的深层结构构成成分；每一个基本构成成分，必然包含有相对固定的构成内容，而这种包含相对固定内容的基本构成成分即可视作模块。

本节以公文具有基本构成模块为基础，探讨公文正文内容的一般结构模式。

一、公文正文基本内容模块及其界定

公文正文存在哪些基本构成模块？对公文正文基本内容构成模块的认识，同样得遵循马克思关于一般规律只有在对偶然性进行大量概括的基础上才能看到的思想而进行。唯有通过分析、研究大量的公文实例，方可概括、提炼出公文正义基本内容的构成模块。

下面是能说明公文正文基本内容模块的典型例子：

---

① 节选自杨文丰：《公文结构模块模式之建立及其教学》，载《写作》，1997（2）；杨文丰：《公文正文内容显性和隐性结构模式及教学意义》，载《秘书》，2002（2）。

关于表彰袁汉辉同学和华南师大附中等单位的决定

各市、县、自治县人民政府，省府直属单位：

袁汉辉同学在第34届国际数学奥林匹克竞赛中获得金牌，为广东省争了光。(1) 为表彰袁汉辉同学及华南师大附中等单位的突出成绩，为促进我省的数学奥林匹克竞赛活动，培养青少年热爱科学、勇于进取的精神，(2) 省人民政府决定：(3)

（一）给予袁汉辉同学颁发奖状和奖金一万元；(4)

（二）给予华南师大附中和中山市教委颁发奖状和奖金各五千元；(4)

（三）给予省数学学会和广东省数学奥林匹克业余学校颁发奖状和奖金各五千元。(4)

希望袁汉辉同学和受表彰的单位，戒骄戒躁，再接再厉，争取更大成绩。(5)

广东省人民政府

一九九三年八月十五日

注：例文中的序号（1）、（2）、（3）、（4）、（5）为本书编著者所加。

公文正文的基本内容模块一般来说有五个，即“依据”、“目的”、“文种承启语”、“事项”、“要求”。在上例中，“(1)”所标的内容为依据；“(2)”所标的内容为目的；“(3)”所标的内容为文种承启语；“(4)”所标的内容为事项；“(5)”所标的内容为要求。依托例文，阐发公文正文基本内容模块的内涵，比较便利。

一般来说，所谓“依据”，属于公文制作的缘由、现实根据或法律根据，以及有关事件的情况交代等公文制作的出发点。每一篇公文的制作皆有依据。在上例中，袁汉辉同学获奖是发文的依据。依据，体现了制发公文的根据、必要性、适时性和针对性。

“目的”，即是制发公文的目的。目的有时表现为惯用语“目的句”（或称为“主旨句”）。目的句常以带“为”、“为了”等介词的提示语句表达。每一篇公文皆有发文目的。目的，其实也包括了发文的意义。目的句的作用，主要是开宗明义，提示发文的目的、意义或动机，以引起、集中受文者的注意力。

“文种承启语”为一种承上启下、启示事项的过渡句子。之所以叫文种承启语，还由于这个句子包含着对所发公文属于何种文种的提示。如上例为“决定”，所以文种承启语便是“省人民政府决定”。

“事项”是一篇公文的重点，是公文制作者围绕或根据主旨而展开的内容、叙述的情况、分析的问题，或提出的做法、措施以及执行的方案等一类内容。事项集中体现了行政机关对某项工作具体的政务行为和态度措施。在上述例文中，事项表现为受表彰的对象、奖状和奖金。

“要求”，是文末针对或围绕事项而提出（或补充）的希望、号召、倾向，强调的问题，以及面向全局而作的指示等。在上述例文中，要求表现为对袁汉辉同学和受表彰单位的希望。

二、公文正文基本内容模块的排序及正文基本内容显性结构模式

公文正文基本内容模块构成一篇公文，必定存在特定的、内在的逻辑关系，这种逻辑关系的外在形式表现为一定的排列顺序。

“依据”既然是何以会写这一篇公文的理由、根据，为公文制作的出发点，那么，按逻辑关系，应排首位。“目的”提示在特定的背景之下制作公文的考虑，表明动机，得以依据为前提，自然与依据紧邻，且必须在依据之后。为启示达到目的而采取哪些具体措施、方法和意见的“文种承启语”，必然位于目的之后，事项之前。“事项”之后需要进一步强调、提示，或为落实具体的做法而发出希望及号召等，这些针对事项而发的意见性“要求”，只能排在事项之后的文末。前述例文所呈现的实际上便是这种排序。

依据 → 目的 → 文种承启语 → 事项 → 要求

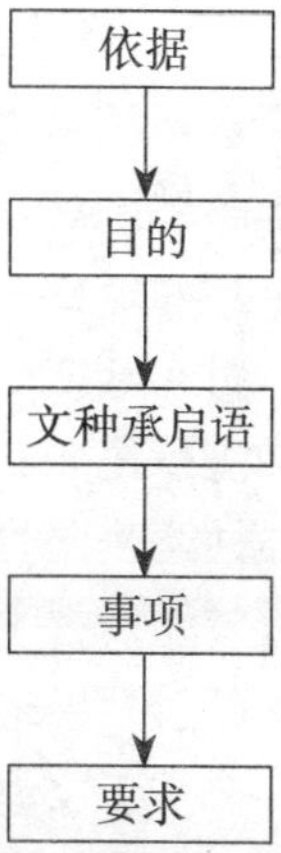

图5—1　公文正文基本内容模块的排序

根据以上的分析，公文正文基本内容模块的排序如图5—1所示。

图5—1表现的是完全式或标准式公文正文基本内容模块的排列格式，属于最规范的格式。凡是规范的格式强化到极致，都可成为模式。模式，可以来自对客观规律的发现，也可以是带有一定的人为性、理想化的规定。由于上述模式表明了构成公文正文内容基本的、完全的模块及其排序，因而，可将之定义为“公文正文基本内容显性结构模式”。

三、公文正文基本内容隐性结构模式

在现行公文中，公文正文基本内容显性结构模式是一种完全式模式。实际流通的公文，常常可省略部分结构模块。被省略的结构模块，类似于高等数学中的隐函数，是一种隐性模块。隐去了部分结构模块的公文结构模式，可以定义为“公文正文基本内容隐性结构模式”。

判断公文正文基本内容结构模块能否隐去，须遵循四个原则：一是利于突出主旨的原则；二是适应文种特点的原则；三是服从内容表达需要的原则；四是简明精练的原则。

在公文五个基本内容模块之中，事项是核心，因而绝对不能省略，也无法省略。

单一模块模式，即只有唯一不能省略的模块——事项。从理论和实例上看，只有周知性公文公告和通告能够出现这种模式。例如：

中共中央、全国人大常委会、国务院
关于宋庆龄副委员长病情的公告

（第一号）

宋庆龄副委员长患冠心病及慢性淋巴性白血病，经多方治疗，未见好转。曾多次出现发热、呼吸困难、心跳加快等症状。二月十四日晚，突发寒战高热，热度达摄氏四十点二度，有严重心力衰竭。目前病情危急，正在积极抢救治疗。

一九八一年五月十五日

一般来说，公文正文基本内容隐性结构模式有单一模块模式、二模块模式、三模块模

式和四模块模式四种类型。由于该部分内容超出了教学大纲的范围，故不作赘述。

四、认识公文正文基本内容显性、隐性结构模式的意义

（一）利于循格阅读，强化对公文内容结构的认识

认识和掌握公文正文基本内容显性和隐性结构模式，尤其是在明确了结构模式图后，由于图形直观、形象、具体，在一定程度上，能较强烈地刺激视觉，强化记忆，因而利于记牢。如果说，在未引入公文正文结构模块之前，阅读公文尚不易体现格式化的思想，那么，引入其之后，再阅读公文，就容易将公文正文基本内容结构模块与所阅读的公文内容结构进行比照，找出对应处和相异处。在阅读和析评现行公文的结构时，亦易于对之做出是显性还是隐性结构模式的分析。这样，就能将本来较被动和较混沌的学习，变成有格可循、较能发挥主观能动性的学习。

（二）利于规范撰稿思路，循格快速写作

公文正文基本内容显性和隐性结构模式的引入，可以带来写作训练的两个改进：

（1）能够将整篇公文的写作训练，改成类似于“模块式技能培训”的写作训练方式，即将整篇公文的写作训练分为两步：第一步进行各单项模块的写作训练，第二步进行组合式整体公文写作训练。各单项模块写作训练，有很强的针对性。

（2）将比较无序的谋篇布局思路变成规范性较强的撰稿思路，甚至可以在下笔前对显性结构模式的五个模块皆进行全面的考虑，然后，对符合隐性原则能够隐去的模块，都做出隐性处理。实践证明，利用这种做法能较快地循格写出较好的公文。

【复习与思考】

一、名词解释

思维　思路

二、思考题

1. 应用文书写作的思维有何特点？
2. 文章结构的实质是什么？
3. 写好文章的思路前提是什么？
4. 什么叫横断思路？它与层次的横向展开的关系是否一致？
5. 什么叫纵剖思路？它与层次的纵向展开的关系是否一致？
6. 分类、归类要注意哪些问题？
7. 对应用文书结构有什么要求？

第六章　应用文书语言的主要表达方式

应用文书的语言表达必须体现出应用文语体的特点和风格。应用文书语言具有明晰、准确、简朴、庄重、得体的特点。

语言表达方式，古人称为“笔法”，今人称为表现手段。语言表达方式是运用语言介绍情况、陈述事实、阐述观点、总结经验、探索规律、表达情感的具体方法和手段。

通常，人们使用的文章表达方式有五种，即叙述、议论、说明、描写、抒情。受应用文书作用（或写作目的）的制约，其语言的主要表达方式为说明、叙述和议论。这三种表达方式在不同的应用文书中，或交替使用，或以一种为主。

本章介绍应用文书语言的主要表达方式，即说明、叙述和议论。

第一节　说　明

说明，是用简洁明了的文字，对事物或事理的各种属性，如性质、特征、形状、成因、结构和功能等，进行客观的解释和介绍。

在应用文书中，说明是主要的表达方式之一。应用文书中的说明，常与叙述同时使用。

一、说明的种类

（一）定义说明

定义说明是对事物的本质属性做简要说明的方法，其重点是讲明事理、事物的质的规定性。例如，《现代汉语词典》给“人”下的定义：“能制造工具并使用工具进行劳动的高等动物。”

定义说明中“是”前面和后面的内容可以互换。

（二）分类说明

即对事物或问题，按同一的标准划分为不同的类别或不同的方面，逐一加以说明的方法。例如：

营业税设置了三档税率。交通运输业、建筑业、邮电通信业、文化体育业税率为3%；金融保险业、服务业、转让无形资产、销售不动产税率为5%；娱乐业多属于高消费的范围，因此规定了5%～20%的税率，各省、自治区、直辖市人民政府所属税务机关可在税法规定的幅度内实行较高的税率。

（三）举例说明

举例说明是列举具体的例子说明事物特征的方法。其作用是把比较抽象、复杂的事物和事理解说得更加具体而明晰。通常有典型举例和列举性举例两种。前者能使被说明的事物更为具体、清楚；后者能使被说明事物的范围更清楚。

举例说明要求所选例子真实、具体，有代表性，否则不能达到变抽象为具体、变复杂为简明的目的。

（四）数字说明

数字说明是用确凿的数据来说明事物和事理。

用数字来说明事物，能更科学、精确、简洁地勾勒出事物的客观面貌，给读者十分具体的印象。

（五）比较说明

比较说明是将相似或不同的事物进行类比、对比来说明事物的特征的方法。例如：

中年知识分子一般都是各单位的中坚力量，担负着较繁重的工作任务。据有关方面的统计，他们平均每天工作和上下班花在路途上的时间为9小时20分钟，比同时调查的625名其他职工多4.8%。其中，大中小学教师工作时间比工人多11.1%。据宁波市的调查，教师工作时间比工人多15.4%。教师在校加班加点，回家后还要备课、批改作业。

在应用文书中，比较说明常常与数字说明同时使用。通过数字对比反映出量的变化，将客观事物的变化特征给予鲜明的展示。

在使用比较说明时，应考虑比较的事物之间要有可比性，比较的标准应一致。

在应用文书中，除经常使用上述几种说明方法外，还常用“图表说明”、“引用说明”，在特殊情况下还使用“比喻说明”、“描写说明”等。

二、应用文书说明的特点

应用文书说明的特点主要有：

（1）应用文书行文时往往是说明与议论、叙述结合使用，只用“说明”一种表达方式的情况较少。即使是以说明为主的一些文种，也多离不开议论、叙述。各种表达方式结合使用，这样可以相辅相成，相得益彰，使表达清楚、有力。

（2）多种说明方式常常同时使用。如数字说明和比较说明结合运用，可以从定量、定性两个方面把工作、生产、经济活动情况的历史、现状和发展变化解说得更为具体、确切，增强人们对事物认识的直观感受。

（3）应用文书在使用说明时，更讲究说明的客观性、内容的科学性和语言的准确性。

第二节　叙　述

叙述是有次序地将人物的经历、言行和事件的发生、发展变化的过程叙说交代出来的一种表达方式。完整的叙述一般有六要素，即时间、地点、人物、事件、原因、结果。

叙述在写作中的使用频率很高，不论非文学作品还是文学作品都离不开它，是基本的表达方式。在应用文书中，它是表彰或处分通报、调查报告、情况报告、事故报告等文种的主要表达方式，主要用于交代背景，介绍文章涉及的人、事、单位的概况，记叙事件的发生、发展、结局，以及为议论文提供事实依据等。

一、叙述的人称

人称是指作者叙述的观察点、立足点。

选用第一人称叙述，能给读者真实、亲切的感受，这是主观性叙述。选用第三人称叙述，可不受时空和是否亲身经历的限制，因而叙述面较广较自由，属于客观性叙述。使用第二人称叙述，有直接对话的亲临感，让读者感到像在面对面地交流。

在应用文书中，三种人称大都各自单独使用。如撰写总结、拟订计划，必须采用第一人称，而调查报告主要使用第三人称。在有些文种中，有时三种人称须同时使用，如涉及第三单位的来函、去函、情况通报，会出现“我们”、“你们”、“他们”。

二、叙述的方法

(一) 顺叙

顺叙是按照人物经历或事件发生、发展的自然时序进行的叙述。

(二) 倒叙

倒叙是把事件的结局或事件中最突出的片断提到前面来叙述，然后再以顺叙的方式进行的叙述。

(三) 插叙

插叙是在叙述主要事件的过程中，因为需要，暂时中断叙述主线，插入与中心事件有关的内容的叙述。

插叙可以对人、事、景物做说明、补充和解释。

三、应用文书叙述的特点

应用文书叙述的特点主要有：

(1) 以概括叙述为主，一般不使用具体叙述。应用文书的叙述要求概括准、线条粗，着重事件的整体勾画，不要求具体、详尽，而以显示原委、表明事理为主。掌握这种叙述方法的关键在于对事件要有整体而又清晰的认识，否则难以把握好取舍详略的尺度。

(2) 以顺叙为主，讲求平铺直叙，注重事件的过程性特点，以符合人们的认识规律，

能让读者尽快了解所叙内容。

（3）常与其他表达方式结合运用。如夹叙夹议、叙事论理、叙述说明等。

第三节　议　论

议论是作者就某个问题、事件进行评论、分析，表明自己的立场、观点和态度的一种表达方式。

一、议论的构成

完整的议论由论点、论据和论证构成。

（一）论点

论点是议论价值的体现，是作者的观点、主张和态度，常常由作者直截了当地提出。如："党政领导干部选拔任用工作，是关系党和国家全局的大事。"

论点分为中心论点和分论点。中心论点是文章论述的核心，也称作基本论点、大论点。分论点是围绕中心论点、支撑中心论点的小论点。

（二）论据

论据是论点成立的理由和依据，即证明论点的材料。论据包括事实论据和理论论据。

事实论据指客观存在的情况、数据、事实等。理论论据指被实践证明了的正确的理论，如科学原理、定律、公理、格言、警句等。

论据支撑论点，论点统率论据，两者相辅相成。

（三）论证

论证是组织和运用论据证明论点成立的过程和方法。

论点是核心，论据是基础，论证是连接论点和论据的桥梁。

二、议论的类型

若从证明论点的方式来分，议论的类型有立论和驳论两种。

立论又称证明，是针对问题或事件，运用论据从正面证明自己的见解和主张。应用文书在写作时往往省略论证过程，直接写出结论、结果。例如：

> 发展社会主义民主政治，是我们党始终不渝的奋斗目标。没有民主就没有社会主义，就没有社会主义现代化。社会主义民主的本质是人民当家做主。国家一切权力属于人民。我国实行的人民民主专政的国体和人民代表大会制度的政体是人民奋斗的成果和历史的选择，必须坚持和完善这个根本政治制度，不照搬西方政治制度的模式，这对于坚持党的领导和社会主义制度、实现人民民主具有决定意义。

驳论是反驳对方观点，证明对方观点错误，从而确立自己观点正确的论证方法。

立论和驳论是相辅相成的，其划分也并不是绝对的。在立论文章中，常有驳论，要确立一个观点、主张，便意味着否定、批驳与之相对立的观点，破与立是辩证统一的，只不过在运用时有所侧重而已。

三、论证的方法

应用文书常用的论证方法有下述四种。

（一）例证法

例证法是用事实作论据，直接证明论点的方法。例如：

米糠和麸皮含有大量维生素。这一点，我国古代著名的医学家孙思邈早就注意到了，他还曾经用米糠和麸皮治疗那些患有维生素缺乏症的病人。现代科学也证明了这一点：经化学分析，米糠和麸皮中含有较多的维生素C、B和E。

用作论据的事实要典型，且量要适度。列举的事实过少显得单薄，过多又会淹没、冲淡论点。

（二）引证法

引证法是引用经典性言论、党和政府的文件、科学上的公理和定理、格言、谚语来直接证明论点的正确性的方法，具有极大的权威性和鲜明的理论性。例如：

在党的纲领中明确提出社会主义初级阶段的科学概念，这在马克思主义历史上是第一次。邓小平在谈到建设初级阶段的社会主义时特别强调："我们现在所干的事业，是一项新事业。马克思没有讲过，我们的前人没有做过，其他社会主义国家也没有干过，所以，没有现成的经验可学。我们只能在干中学，在实践中摸索。"这就是说，在中国，真要建设社会主义，那就只能一切从社会主义初级阶段的实际出发，而不能从主观愿望出发，不能从这样那样的外国模式出发，不能从对马克思主义著作中个别论断的教条式理解和附加到马克思主义名下的某些错误论点出发。

引证法在应用文书中被广泛使用，在使用这种方法时，要完整、准确地把握原义，不能断章取义。在引用原文时，要做到引用的语句、标点都完全正确。只有这样，才能使引证为文章增强表现力和说服力。

（三）对比法

对比法是将性质相反、相对或有区别的事物进行比较、对照，以证明论点的论证方法。例如：

我们党执政以后，特别是在新的历史条件下，能不能成功地解决党内监督问题，尤其是对高中级干部的监督问题，是加强党的建设需要解决的一个重要问题。从党的建设的实践看，这方面既有经验也有教训。哪个地方、部门什么时候党内监督工作抓得比较紧，民主集中制执行得比较好，个人专断、滥用职权和"有令不行，有禁不止"的情况就比较少，消极腐败现象也会受到抑制，出了问题一般也能得到及时解决。反之，监督工作薄弱，民主集中制受到破坏，权力被滥用而又得不到制止，往往就会出问题，甚至出大问题。

应用文书写作运用对比法时，要注意事物之间是否具有可比性。

（四）因果法

因果法是通过分析事理，揭示论点和论据之间的因果关系来证明论点正确的方法。例如：

使用有机肥料，是我国农业生产的优良传统。但近几年来，在农村出现了重化肥轻有机肥、重用地轻养地、重产出轻投入的倾向，不少地区农家肥的使用量减少，绿肥作物种植面积下降，大中城市的粪肥、垃圾也很少利用。出现这种情况的主要原因：一是普遍放松了对多用有机肥料工作的领导，没有把它摆到应有的位置；二是积造有机肥料工作的劳动强度大，手段落后，加上农民对土地使用存在短期行为，不愿多投入有机肥；三是没有制定相应的政策，缺乏必要的经济扶持政策。实践证明，长期单一使用化肥，不能满足农作物对多种养分的需要。各地应十分重视有机肥资源的开发和利用，鼓励农民多施有机肥料，增加对土地的投入，搞好地方建设。

因果分析是说明的重要方法，因为事物发展没有无因之果，也没有无果之因，因果联系是事物的客观联系，采用这种论证方法，便于阐明道理，说明原因，指明发展趋势。

四、应用文书议论的特点

应用文书议论的特点主要有：

(1) 常常采用不完整论证，以简化论证过程，直接表明论证结果、立场、主张等。

(2) 多以正面论证为主，旗帜鲜明地表明观点。

(3) 往往与其他表达方式结合使用，夹叙夹议是最常见的方式。这样既可以节约叙述、说明的笔墨，又能使言论适宜地突出矛盾的焦点、问题的中心，使文章的篇幅、行文节奏得到较好的控制。

【复习与思考】

一、名词解释

表达方式　定义说明　分类说明　举例说明　比较说明

二、思考题

1. 应用文书多采用概括叙述，较少选用具体叙述；叙述时力求简明，主要叙述与文章主旨、说明的问题有直接关系的部分。应用文书何以要采取这样的叙述方式？

2. 应用文书的叙述何以多采用顺叙？

3. 何谓应用文书的例证法？例证法可起什么作用？

第二部分

The second part

行政公文写作

第七章　行政公文写作理论知识

本章在学习了应用文书写作基本理论的基础上，介绍行政公文（公文）写作的有关基础知识。

第一节　行政公文的特点和作用

公文作为治理社会、管理国家的公务工具，作为一种文章体裁，具有自己独有的、鲜明的特点和作用。

一、公文的特点

（一）作者的法定性，读者的特定性

所谓作者的法定性，是指公文的作者是法定的，是能以自己的名义行使职权和承担义务的机关、团体、企事业单位。公文起草者，只是组织的代笔人。公文的读者具有特定性。有的公文的读者是特指的受文机关，有的公文的读者是社会的全体成员。

（二）作用的权威性

一般文章，写什么，怎样写，发表与否，在何处发表，是比较自由的；文章发表后，何时有人读，读后认同与否，效果如何，也可以见仁见智；文章的影响力，主要由文章的质量而定。而公文，具有代行法定职权的功能，对受文机关，在法定的时间和空间范围内，具有强制性。比如，必须强制贯彻执行、办理和复文等。

（三）效用的现实性

指公文主要用于现行工作，且效用具有一定的时间性。

（四）体式的规范性

公文的体式，必须符合《国家行政机关公文处理办法》规定的体式，即规范体式。

（五）制作的程序性

公文的制作，有严格的程序；不履行法定的程序，就无法制成公文。

二、公文的作用

公文的作用，概括地表述就是行政工具作用。公文的具体作用，可归纳为下述五个方面。

（一）领导和指导作用

上级机关发给下级机关的公文，都具有领导和指导作用。上级机关传达贯彻党和国家的方针政策、决定和规定等公文，必然要对下属机关产生领导作用。而批复等公文，则对具体工作产生指导作用。

（二）行为规范作用

相当一部分公文，体现了政府机关对人们行为的要求，要求人们坚决执行。

通过公文发布的一些法律、法令和行政法规等，同样对所辖成员起着规范和准绳作用。

（三）宣传和教育作用

一般来说，有些政策规定本身就是最好的宣传。而传达贯彻党和国家的方针政策又是公文所负的重要任务。在一般情况下，公文在传达某一方针政策、规定人们应该怎么做的同时，还要说明为什么要这样做。这无疑增强了它的宣传和教育作用。

（四）联系知照作用

许多工作是通过公文进行联系、协调而得到及时处理的，还有许多信息资料也是通过公文获得的。公文在保证各机关正常而有秩序地开展工作上，起着极大的作用。通告、通报等知照性公文，主要是告知对方有关事项，起知照作用。

（五）依据和凭证作用

公文反映了制发机关的意图，具有法定的效力，受文机关则以此作为处理工作、解决问题的依据。这是公文的依据作用。而有些公文，如会议纪要等，还具有凭证作用。事实上，应该说所有的公文都具有凭证作用。因此，公文不仅传达了发文机关的意图，同时也是证实这一意图的最好凭证。

公文的以上作用是相互联系的。一种公文并不仅仅具有单一的作用，而是可以同时兼有各种作用。

第二节　行政公文写作的特点

公文写作除具有应用文书写作的一般特点外，还具有自身的特点。具体来说，公文写作主要有以下五个特点。

一、写作的受命性

公文写作是受命写作，写作者一般较少有主动写作的愿望，大多按照领导的意图，或依照决策层和全体成员的意愿，在机关单位负责人的授意下进行“遵命”写作。公文写作过程中，表述什么观点，运用什么材料，提出什么建议，发出什么请求，都是受制于授意者的，必须“代机关立言”。写作时不能自作主张、抒发己见、随意铺排、任意发挥，这是由写作的受命性所决定的。可以说，公文写作是一种典型的遵命写作的被动行为。当然，它需要写作者具有一定的政策水平、理论素养和文字表达能力，以便准确地表述领导机关的意图。

二、目的的专指性

写作活动总有一定的目的。公文写作的目的是专一的，有特定明确的指向。撰写公文，有的是为了传达机关意图和领导的指示；有的是为了反映情况，汇报工作；有的是请求事项，表达意愿；有的则是为了沟通信息，加强联系；有的是为了交流经验，明确做法；有的是记载史实，以便查考；等等。一篇公文最终能否在社会生活中发挥效用，关键就看写作者是否对写作意图有准确的把握，是否围绕写作目的在行文中能够具体地表述。只有目的明确，写出来的公文才能真正发挥指导、凭据、传达作用。

三、读者的确定性

任何文体都有一定的读者对象。公文则有特定的读者，由“主送机关”、“抄送机关”、“阅读范围”等加以确定。正因为如此，写作公文便要考虑不同的读者对象，行文甚至要采用不同的语气。在应用性文体中，公文的读者对象是最为确定的。

四、写作的集体性

公文写作是一个集体参与的过程。有些重要文稿还要由集体讨论，指定专人执笔，初稿得在一定范围内征求意见，再由领导审阅定稿。有些简单文稿虽然由个人执笔单独完成，但最终也要经过有关领导审批。任何公文文种，都不是靠一个人单独完成的。公文写作过程是集体共同发挥智慧的过程。

五、写作的程式化

公文写作具有程式化的特点。公文已形成了相对固定的规范程式。如果公文体式千变万化，不仅写起来困难，印发、办理也将十分不便，势必难以发挥作用。国务院对公文的适用范围、格式和发文稿纸等许多方面都做出了规定，这除维护公文的严肃性外，还能起到方便起草、方便处理、利于立卷归档的作用，利于提高公文写作的质量。

第三节 对行政公文语言的要求

公文的语言，受制于公文的性质、内容、功能，有明晰、准确、简朴、庄重的鲜明特点。撰写公文时，应按公文语言的要求遣词造句，组段成篇，使公文语言更好地为表达内容服务。

一、明晰

明晰，就是意思明白、清楚，不晦涩，无歧义。

公文要在办理公务中发挥有效的作用，从语言方面看，首先是要让人看得懂，能清楚地理解所表达的意思。如果晦涩难懂、语有歧义，必然会影响公务的有效办理。

二、准确

准确，就是能恰如其分地说明情况、阐述做法、表达思想。这里有用词、造句、构段等问题，但最基本的是词语的锤炼问题。锤炼词语的目的，就是要选用最恰当、最能说明特定事物的词语入文。

三、简朴

简朴，就是要简明扼要、实事实说、直陈直叙，不冗长繁杂，不浮华藻饰。

要使公文语言达到“简朴”的要求，就应该实事求是，实话实说；叙事说理，开门见山；遣词造句，惜字如金。

四、庄重

庄重，就是端庄、郑重，这是发文单位办理公务的严正立场、严肃态度的体现，也是公文强烈的权威性和行政约束力的要求。

公文在语言的运用上要达到庄重，起码要做到两点：

(1) 要用规范的书面语言。公文的遣词造句，要符合现代汉语的规范要求。一般不要使用口语、方言、土语。

(2) 恰当地使用专用语。在长期的公务实践中，由于行文关系和处理程序的需要，公文逐渐形成了一套常用的专用语，即公文特定用语。

现代的公文特定用语，已基本规范化、定型化，具有含义的确定性，它在准确、严谨地表述公文内容及格式的同时，还能自然地强化简明、庄重的语体风格。公文常用特定用语如表 7—1 所示。

表 7—1　　公文常用特定用语简表

类别	用语名称	作用	常用特定用语
1	开端用语	主要用于文章开头，表示发语、引据	为、为了、为着、查、接、顷接、根据、据、遵照、依照、按照、按、鉴于、关于、兹、兹定于、今、随着、由于
2	称谓用语	用于表示人称或对单位的称谓	第一人称：我、我单位、本人、本公司、我们、敝单位 第二人称：你、你局、贵公司、贵方 第三人称：他、该公司、该项目
3	递送用语	用于表示文、物递送方向	上行：报、呈 平行：送 下行：发、颁发、颁布、发布、印发、下达

续前表

类别	用语名称	作用	常用特定用语
4	引叙用语	用于复文引据	悉、接、顷接、据、收悉
5	审批、拟办用语	用于审批、拟办	拟办：责成、交办、试办、办理、执行 审批：同意、照办、批准、可行、原则同意、原则批准、可办、不可
6	经办用语	用于表明进程	经、业经、已经、兹经
7	过渡用语	用于承上启下	鉴于、为此、对此、为使、对于、关于、如下
8	期请用语	用于表示期望请求	上行：请、恳请、拟请、特请、报请 平行：请、拟请、特请、务请、如蒙、即请、切盼 下行：希、望、尚望、切望、请、希予、勿误
9	结尾用语	用于结尾表示收束	上行：当否，请批示；可否，请指示；如无不当，请批转；如无不妥，请批准；特此报告；以上报告，请批转；以上报告，请审核 平行：此致敬礼；为盼；为荷；特此函达；特此证明；尚望函复 下行：为要；为宜；为妥；希遵照执行；特此通知；此复；为……而努力；……现予公布
10	谦敬用语	用于表示谦敬	承蒙惠允、不胜感激、鼎力相助、蒙、承蒙
11	批转用语	用于上级对下级来文的批转处理	批转、转发
12	征询用语	用于征请、询问对有关事项的意见、态度	当否、妥否、可否、是否妥当、是否同意、如无不当、如无不妥、如果可行

【复习与思考】

一、名词解释

作者的法定性　公文的特点　公文的作用

二、思考题

1. 如何理解公文写作是一个集体参与的过程？
2. 如何理解公文的凭证、依据作用？

第八章　决定　会议纪要

第一节　决　定

一、阅读与析评

【例文8—1】

××市人民代表大会常务委员会
关于批准××市人民政府在××区进行行政
综合执法检查和处罚试点的决定

（××××年5月15日××市第二届
人民代表大会常务委员会第二十二次会议通过）

××市第二届人民代表大会常务委员会第二十二次会议审议了××市人民政府《关于提请审议在××区试行行政综合执法的方案》。为加强城市管理，提高行政执法效率，避免多头检查和重复处罚，改善××市投资环境和生活环境，根据《中华人民共和国行政处罚法》的基本原则，结合××市的实际情况，作如下决定：

一、批准市人民政府在××区进行行政综合执法检查和处罚试点。同意××区人民政府成立行政综合执法机构。

二、××区行政综合执法机构的名称、组织机构、人员编制、执法范围、执法程序、复议管辖等具体实施方案由××区人民政府拟定，报市人民政府批准并公布实施。

三、××区行政综合执法机构具有独立的行政执法主体资格。在市人民政府确定的试点范围内，市、区相关行政机关依照法律、法规和有关规定在××辖区按各自职权范围只行使行政管理权和监督权，不再行使检查权和处罚权。

四、本决定自公布之日起生效。

［析评］

这是一篇指挥性决定，具有明显的规定性和指导性。正文有行文依据，有目的句，文种承启语引出四项决定事项。该决定事项具体，用语简练、准确，便于执行。

【例文 8—2】

全国人民代表大会常务委员会

关于惩治侵犯著作权的犯罪的决定

（××××年7月5日第×届全国人民代表大会常务委员会第八次会议通过）

为了惩治侵犯著作权和与著作权有关的权益的犯罪，对《刑法》作如下补充规定：

一、以营利为目的，有下列侵犯著作权情形之一，违法所得数额较大或者有其他严重情节的，处三年以下有期徒刑、拘役，单处或者并处罚金；违法所得数额巨大或者有其他特别严重情节的，处三年以上七年以下有期徒刑，并处罚金：

（一）未经著作权人许可，复制发行其文字作品、音乐、电影、电视、录像作品、计算机软件及其他作品的；

（二）出版他人享有专有出版权的图书的；

（三）未经录音录像制作者许可，复制发行其制作的录音录像的；

（四）制作、出售假冒他人署名的美术作品的。

二、以营利为目的，销售明知是第一条规定的侵权复制品，违法所得数额较大的，处二年以下有期徒刑、拘役、单处或者并处罚金；违法所得数额巨大的，处二年以上五年以下有期徒刑，并处罚金。

三、单位有本决定规定的犯罪行为的，对单位判处罚金，并对其直接负责的主管人员和其他直接责任人员，依照本决定的规定处罚。

四、查获的侵权复制品、违法所得和属本单位或者本人所有的主要用于侵犯著作权犯罪的材料、工具、设备或者其他财物，一律予以没收。

五、犯本决定规定之罪，造成被侵权人损失的，除依照本决定追究刑事责任外，并应当根据情况依法判处赔偿损失。

六、本决定自公布之日起施行。

[析评]

这是一篇法规性决定。这种决定具有法规性，规定明确。该决定用条款式表述，将决定事项逐条列出，语言运用十分精确、周密，没有歧义，无懈可击。

【例文 8—3】

中共中央关于恢复沈雁冰党籍的决定

（一九八一年三月三十一日）

我国伟大的革命作家沈雁冰（茅盾）同志，青年时代就接受了马克思主义，一九二一年在上海先后参加共产主义小组和中国共产党，是党的最早的一批党员之一。一九二八年以后，他同党虽然失去了组织上的关系，但仍然一直在党的领导下从事革命的文化工作，在中国现代文学运动中做出了卓越贡献。他临终前恳切地向党提出，要求在他逝世后追认他为光荣的中国共产党党员。中央根据沈雁冰同志的请求和他一生的表现，决定恢复他的中国共产党党籍，党龄从一九二一年算起。

[析评]

这份知照性党务决定不长，大部分篇幅写缘由，概括介绍了沈雁冰同志的一生，并做出评价，最后只用一句话写决定的事项，理由充分，使人信服。

【例文 8—4】

红日实业集团公司
关于表彰黎明服装分公司的决定

（××××年十一月六日）

黎明服装分公司是我集团公司 18 家企业之一。近年来，该分公司在“全国十大女杰”之一王宏明同志的带领下，始终坚持外向牵动的发展方针，加速与国际经济接轨，通过内转机制、外闯市场、开拓进取、拼搏实干，创立了产品名牌，树立了企业形象，取得了令人瞩目的成绩，从一个原有 80 余人的集体企业，一跃发展成为拥有 5 000余名员工、年销售额近 9 亿元、年利税超亿元的企业，为我集团公司的发展做出了重要的贡献。特别是今年 10 月中旬，黎明服装分公司生产的系列晚礼服参加法国高级成衣展示周活动，不但使我集团公司服装第一次进入世界顶级服装艺术展示的殿堂——巴黎卢浮宫，而且黎明系列晚礼服还获得本届展示周服装银奖，这不仅弘扬了中华民族古老悠久的服装艺术和辉煌灿烂的历史文化，而且展现出当代中国日新月异的文明成果和奋发向上的精神风貌，产生了巨大影响，受到了国际服装界的高度赞扬，为本集团公司赢得了荣誉。

为此，经本集团公司研究决定，对黎明服装分公司予以表彰，并奖励 10 万元人民币，以资鼓励。

希望黎明服装分公司再接再厉，不辱使命，勇攀高峰，为振兴我集团服装产业、服务全国、走向世界再立新功。同时，希望各分公司、各部门、各单位向黎明服装分公司学习，学习他们放眼世界、走向国际的开放思想；学习他们勇立潮头、敢超一流的争先精神；学习他们不畏风险、敢为人先的开拓气魄；学习他们努力拼搏、追求卓越的实干行为，高举邓小平理论伟大旗帜，进一步加大“创新争优”的力度，继续参与国际竞争，开拓奋进，为全面完成今年的各项工作任务，为实现发展目标而努力奋斗！

[析评]

这是一份企业表彰决定。正文首先简写被表彰者近年来取得的主要成绩和企业概况，这是表彰决定的间接缘由，继而写被表彰者生产的服装首次进入巴黎卢浮宫参展，这是行文的直接缘由，接着对参展一事进行了恰当的评价。用“为此”两字引出决定事项，之后还提出了希望。

全文层次分明，结构完整，语言简洁、流畅。末段“学习他们……”的排比句，增加了文章的气势，表现出表彰决定应有的热情。

【例文 8—5】

关于对李××同志所犯受贿错误的处分决定

李××，男，××××年×月生，汉族，××省××县人，大专文化，××××年×月参加工作，××××年×月加入中国共产党，现任××学校正处级调研员。

××××年×月至××××年×月，李××在担任该校基建办公室顾问期间，先后收受承包建设该校基建的施工队贿赂共×万元。

李××的受贿事实，已经××市××人民检察院侦查终结，查明李××已构成受贿罪，但鉴于他在案发后，能主动坦白交代自己的罪行，并积极退赃，于××××年×月×日决定，对李××免予起诉，责令其具结悔过。李××所退赃款×万元已依法没收，上缴国库。

李××同志身为国家干部、共产党员，本应遵纪守法，廉洁奉公，但他却利用工作之便，收受贿赂，触犯刑律，本应依法惩处，由于他案发后认罪态度好，主动坦白交代并退出全部赃款，司法机关已免予起诉，令其具结悔过。为严肃纪律，教育其本人及广大干部，根据《国家行政机关工作人员贪污贿赂行政处分暂行规定》第三条、第四条第三款之规定，经研究，决定给予李××同志撤销其××学校正处级调研员职务的处分。同时，工资降低两个等级，由所在单位按主任科员另行分配工作，并建议给予党纪处分。

希望广大党员干部以李××同志为鉴，忠于职守，廉洁奉公，努力工作，出色完成各项工作任务。

××省监察厅

××××年十月五日

[析评]

这是一份处理性决定。正文第1段写处理对象的个人简况。第2段简要写其受贿情况。第3段写侦查结论、个人态度以及处理结果。第4段写对当事人受贿行为的评论、处理依据、处理决定及建议。第5段指出教训、提出希望，以起警戒作用。

【例文8—6】

关于撤销××缝纫机厂“文明单位”称号的决定

××缝纫机厂××××年×月被市人民政府授予“文明单位”称号之后，放松管理，无视法规，现经查实，该厂自去年3月以来，盗用牡丹缝纫机厂“牡丹牌”注册商标，推销自己的产品，欺骗群众，侵犯了商标专用权，违反了商标法。经市府办公会议研究决定，撤销××缝纫机厂“文明单位”称号，违反商标法行为由市工商行政管理局按有关法规处理。

××市人民政府

××××年×月×日

[析评]

这是一则撤销性决定。文章开头先交代行文的缘由、背景，接着写做出撤销决定的依据和事项。该决定思路明晰，事项明确，语言准确、果断、简练。

二、必需知识

（一）决定的适用范围及特点

决定适用于对重要事项或者重大行动做出安排，奖惩有关单位及人员，变更或者撤销下级机关不适当的决定事项。

决定属于行政机关常用的具有规定性、强制性和领导指导性的公文。企事业单位、社会团体使用决定时，其内容应为本机关中相对重要的事宜。

一般来说，只有事关全局、政策性强、任务艰巨、执行时间较长的重要工作，才适合使用“决定”行文。

决定主要有两个特点：

(1) 制约性。决定是下行文，一般由领导机关制发，要求下级机关贯彻执行。决定的制约性主要表现在领导性、指挥性和强制性上。比较起来，决定的制约性没有命令那么强，但比其他公文要强，因为决定比较集中地体现了上级领导机关对重要事项和重大行动的指挥意志、处置意图和倾向，要求下级机关无条件执行。另外，决定有时是法律法规的延伸和补充，具有强制性和行政约束力。

(2) 稳定性。决定的稳定性主要表现在内容上。某个问题一旦经党政领导机关做出决定，就要求在相当长时期内贯彻执行。例如，1984 年 10 月 20 日颁布的《中共中央关于经济体制改革的决定》，一直是我国经济体制改革的主要政策依据。

(二) 决定的主要类型

(1) 指挥性决定。也叫部署性决定，多为对重要事项和重大行动做出部署的决定。这类决定政策性强，要求坚决贯彻执行。

(2) 法规性决定。指为规范人们的社会行为和国家某一方面的管理工作要求而制定的类似法规的重要决定。

(3) 知照性决定。指把决定的事项简要地传达给有关地区、单位和人员的决定。这类决定多数没有执行要求，少数兼有事项安排。

(4) 表彰与处理性决定。指对人或事进行表彰或处理的决定。

(5) 更变或撤销性决定。指对下级机关不适当的决定事项或有关事项做变更或撤销处理的决定。

(三) 决定的结构和写法

决定注重对缘由和事项写作的详略处理。对缘由和事项写作的处理方式有三种：其一，略写缘由，详写事项。这是常见的处理方式。其二，详写缘由，简写事项。这种写法要求把情况写清楚，尽可能详细，因为它是决定事项的依据、前提。其三，不写缘由，只写事项。有些缘由是法定的或众所周知的，可略。缘由省略与否，以是否影响决定事项的权威和效用为依据。

决定由标题、正文和落款三部分组成。

1. 标题

标题有以下两种写法：

(1) 发文机关＋事由＋文种，如“中共中央关于科学技术体制改革的决定”。

(2) 事由＋文种，如“关于环境保护工作的决定”。

有的标题下面标明“××××年×月×日×××会议通过”字样，并用小括号括住。

2. 正文

正文内容包括：做出决定的根据和缘由；决定的事项、处理的问题或部署的重大行动；执行决定的要求和提出号召。

指挥性决定正文的写作，一般来说，都要讲明道理，布置任务，指出原则，拟出规定，交代办法，提出要求。其决定事项往往采取分条列项式写法，把复杂的事情、众多的问题写得条理清楚，使下级机关易于把握，便于执行。

法规性决定的正文，开头一般写行文目的，其后以条款式逐条写出类似法规的决定内容。

知照性决定的正文，多数一段到底，不分条目，没有明显的两段式特征。

表彰与处理性决定的正文，实际上可分成两种：表彰决定的正文，主要写被表彰者的身份、事迹，对被表彰者的评价，表彰的决定事项，希望与号召等；处理性决定针对人和事，先说明错误事实，并分析其性质、根源、责任及后果，而后要交代被处理人对所犯错误有无认识和悔改表现，再写处理决定，最后还要指出教训、提出希望，起到警戒作用。

更变或撤销性决定的正文，一般只要写明更变或撤销有关事项的原因、依据和决定事项即可。

3. 落款

如果标题中已有发文机关名称，落款处则一般不再写发文机关名称。

决定的日期是写公布此项决定的年、月、日，其位置通常写在标题下的小括号内。如果是会议通过的决定，需要在标题下的小括号内写明这一决定是在什么时间、什么会议通过的。

有的决定，会议通过的日期与发布的日期不一致，在小括号内还要写上何时发布。有的为了给执行决定留一段准备时间，同时还要写上决定的生效日期。

也有的决定把施行日期作为决定事项的一项内容，写在最后的条文里。有的决定生效日期与公布日期一致，便通常在末尾写上一句“本决定自公布之日起施行”。有的决定在落款处发文机关名称下面写成文时间。

（四）决定写作的注意事项

（1）要有政策和法律依据，同时结合实际。在做出决定时，对所决定的事项，要有充分的依据，即贯彻落实党和国家的路线、方针、政策和法律、法令，同时要结合本地区、本系统、本行业、本部门、本单位的实际情况，这是撰写决定必须遵循的重要准则。

（2）决定事项要明确突出。决定的内容，主要是陈述决定的事项、落实的措施、解决的办法、提出的要求等，表达一定要完整、周密，尤其是所决定的事项，一定要明确突出，以利于贯彻执行。

（3）语言要准确、决断。决定的语言必须庄重、准确、严谨、精练，富有决断性，而又分寸适宜，切忌模棱两可。

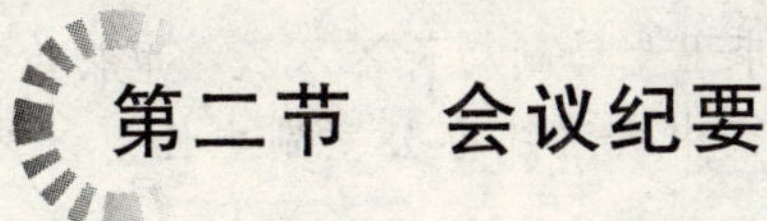

第二节　会议纪要

一、阅读与析评

【例文 8—7】

××××学院学生思想状况分析座谈会纪要

时间：××××年×月×日下午

地点：本院小会议室

主持人：主管政治思想教育工作副院长××

出席者：各系党总支书记、政治辅导员、班主任、学生会委员

现将座谈会情况纪要如下：

一、××副院长传达了省教育厅领导关于要认真加强学生思想政治工作，注重分析当前学生的思想状况的讲话精神，其后，××副院长对学生思想状况作了分析，认为当前学生的思想状况总体是健康的、向上的，但也存在一些较突出的问题，如……

二、人文系党总支书记×××同志说：当前青年学生思想比较活跃，愿意思考问题，这确是学生的主流，但当前在部分学生中也存在比较严重的拜金主义、重技能轻理论、重实用轻人文的倾向。

三、××班党支部书记在汇报学生思想状况时指出，有些同学在思想上没有处理好学习与兼职的关系，严重影响了学习成绩。

四、经贸系政治辅导员×××同志谈到个别学生存在怕露贫而不愿申请经济困难补助的心理。

…………

[析评]

这是一则摘要式会议纪要，摘录了与会者符合会议议题的发言要点。

这种写法最大的特点是把具有典型性、代表性的言论加以提要整理，按一定的排列关系排列成文。这种写法能较真实地反映会议的讨论情况和与会人员的意见，适用于写座谈会、讨论会和研究性会议纪要。这种会议纪要的观点出自个人，具体而真实，具有较大的资料价值。

【例文 8—8】

××市人民政府

会议纪要

×府纪要〔××××〕18 号

严厉打击制贩注水猪肉会议纪要

××××年 4 月 3 日下午，在市政府二会议室，××副市长主持召开了严厉打击制贩注水猪肉的专题会议。参加会议的有：市政府副秘书长×××、××，市府财办副主任×××，市技术监督局局长×××、副局长×××，市公安局副局长××，市工商局副局长×××，市卫生局副局长×××，市物价局副局长×××，市畜牧食品局纪检组组长×××和市中级法院办公室副主任×××等。现将会议议定事项纪要如下：

一、进一步提高认识，加强组织领导。目前一些不法厂商在猪肉中注水，以牟取暴利，危害人民群众身心健康，损害农民和消费者利益，扰乱正常的市场秩序，破坏××市形象，我们要站在促进经济建设和对人民负责的高度来认识这个问题。市政府要尽快调整以市府财办、市技术监督局、市工商局、市畜牧食品局、市卫生局、市公安局等职能部门组成的市“整顿猪肉市场”领导小组；市府财办负责领导小组的日常工作。领导小组人员名单由市府财办拟制后，报市政府审定行文。

二、完善制度，规范行为。责成市府财办牵头会同有关职能部门尽快制订可操作的具体管理办法。同意以市财办、市技术监督局、市工商局、市畜牧食品局、市卫生局和市公安局的名义联合发出打击制贩注水猪肉的通告。通告经市政府审定后冠以“经市人民政府同意”字样。

三、加大打击力度。由市府财办牵头组织有关部门，制订方案，抽调得力人员，组成联合行动组，于4月、5月、6月分别进行三次集中整治行动；查获一起，惩处一起。

四、加强宣传。市级各新闻单位应在近段时期内对通告广泛宣传，使群众知晓，形成社会氛围；与各有关职能部门做好衔接配合工作，对典型案件要顶住压力，坚决予以曝光，并进行跟踪报道；同时注意做好面上的宣教工作，努力提高全社会的质量意识和法律意识。

五、各级政府、各有关部门要将打击制贩注水猪肉工作纳入议事日程，加强信息交流，各尽其职，密切配合，务求将此项工作抓紧、抓实、抓出成效。

（记录整理：×××）

发：各县(市、区)人民政府，高新区管委会，市政府有关部门。

送：市委办公室，市人大常委会办公室，市政协办公室，市中级法院，市级各新闻单位。

（共印80份）

[析评]

这是一篇条项式会议纪要。正文导言部分介绍了会议主题、会议时间、地点、主持人以及出席人。文种承启语之后，分条列项写会议议定的五个主要精神。全文层次清楚，内容充实。

该文极具借鉴意义的是第一项会议议定事项的写法：复合型段旨句“进一步提高认识，加强组织领导”提领全段，此段旨句之后的一句为对“提高认识”的展开，而后为对“加强组织领导”的展开。这种写作格式可概括为“A+B=A的展开+B的展开”。该文第三段也属同样的写法。

【例文8—9】

全国旅游地区财政理论研讨会
第五届年会会议纪要

全国旅游地区财政理论研讨会第五届年会于10月6日～9日在浙江省绍兴市召开。参加这次会议的有中国财经报报社、财政部科研所、上海社会科学院、中国财政经济出版社、浙江省财政厅以及来自全国18个旅游地区的市县财政部门的专家、领导、代表共45人。本届年会共收到论文19篇，其中10篇进行了大会交流。会议期间，代表们还对绍兴市的旅游设施和鉴湖风光、古越文化进行了实地考察。绍兴市市长纪根立、副市长马忠和副秘书长赵乃兴等专程到会看望了代表，纪根立市长还发表了热情洋溢的祝酒词。期间，还召开了两次常务理事会议、一次代表预备会，就研讨会的规范、完善、提高等问题进行了深入探讨。现将本届年会及常务理事会的内容综合纪要如下：

一、关于本届年会的主要收获

从会议收到的论文和大会交流的情况看，各地都结合实际，就发展旅游与培植地方财源的关系，旅游业对贫困地区的作用，旅游地区的建设问题，市场经济条件下旅游经济的效益问题，以及如何筹措资金发展旅游、旅游财政与旅游促销等问题，进行了深入研究和探讨。会议期间，中国财经报总编程理嘉、财政部科研所项境泉教授、上海社会科学院王大悟教授等先后作了专题发言。

会议认为，旅游地区财政理论研讨会不仅在理论上做了大量的开拓性研究工作，而且在实践上对我国的经济体制改革、财税体制改革以及对外开放，推动旅游地区的财政经济发展提出了具有很强的实用性和指导性的对策意见。

会议认为，目前我国的旅游业带动了流通部门、生产生活服务部门、教科文卫和社会福利部门的事业发展，旅游业已成为新兴的特殊的龙头产业之一。我国实行分税制后，旅游业在许多省市正在成为地方财源新的增长点，它对发展民族经济、扶持贫困地区脱贫致富，具有社会的和经济的双重应用价值。

会议的收获与本届年会的东道主绍兴市财政局的组织工作是分不开的，与会代表对东道主表示衷心感谢。

二、关于研讨会的发展问题

全国旅游地区财政理论研讨会自成立至今，已经把相当部分的旅游地区财政工作者和研究工作者联合了起来，开展了旅游财政问题的广泛研究，先后召开了8次年会，并出版了5本文集，成果显著，成绩很大。现在应在已有成绩的基础上，走向进一步规范、完善、提高的阶段，以适应蓬勃发展的旅游业和财政工作的需要，当前研究会要朝着“一巩固，二扩大，三提高”的方向发展。

1. 巩固成就。（略）

2. 扩大规模。（略）

3. 扩大影响。（略）

4. 提高规格。（略）

5. 提高质量。（略）

6. 提高效果。（略）

会议决定，本次年会继续出版论文集。（略）

会议还决定，要广泛宣传本次会议的成就。为此委托绍兴市财政局撰稿，请《中国财经报》、《财政》予以报道。

三、关于第六届年会和加强研讨会的工作问题

根据第四届年会决议和本次会议与有关地区的商议，决定第六届年会在黑龙江省哈尔滨市召开，并确定新疆阜康市为第六届年会的预备举办单位。第六届年会主要是交流旅游地区财政工作的主要经验。

为了加强研讨会的工作，会议决定，请会长和副会长在近期前往北京向财政部主管外事财务司汇报研讨会的基本情况和这次年会的成就及意见、建议。在此基础上，在河北省适当的地方召开一次常务理事会，进一步研讨和确定研讨会今后的工作。

［析评］

这是一篇综合式会议纪要。导言介绍会议的基本情况。文种承启语导出文章的主体。文章主体分三大部分，第一部分写本届年会的主要收获，第二部分写研讨会的发展问题，第三部分是关于下一届年会和加强研讨会工作的有关事宜。三个部分的排序合理。

文章层次分明，行文简洁。文中两段“会议认为……”以及“一巩固，二扩大，三提高”的写法，归纳概括颇见功力，给人留下结构严谨、层次清晰的印象，值得借鉴。

二、必需知识

（一）会议纪要的适用范围及特点

会议纪要适用于记载、传达会议情况和议定事项。

会议纪要原作为内部文件使用，1987年以后，才作为正式行政公文。会议纪要根据会议、会议文件和其他会议资料分析归纳写成，它既可上呈，又可下达，被批转或被转发至有关单位遵照执行，使用广泛。它的主要作用是沟通情况，交流经验，统一认识，指导工作。

会议纪要反映的内容比较复杂，可以是会议情况、议定事项，有时也可以是议而未决的事项，以起一定的参考作用。

会议纪要主要有三个特点：

（1）纪实性。会议纪要须如实反映会议的内容和议定事项，不能把没有经过会议讨论的问题写进会议纪要。这样才能起到传达会议精神、为有关单位提供工作依据、指导有关工作开展的作用。因此，纪实性是会议纪要的基本特点，也是撰写会议纪要的基本原则。

（2）提要性。会议纪要是会议的要点，不是会议记录，不能有闻必录、平铺直叙，而是必须对会议繁杂的情况和内容进行综合、概括性的整理，即概括出主要精神，归纳出主要事项，体现出中心思想，使人一目了然，易于把握精髓。

（3）约束性。会议纪要一经下发，便要求与会单位和有关人员遵守，有的还须执行，具有一定的约束性。

（二）会议纪要的主要类型和作用

根据会议性质的不同，会议纪要可以分为两类：办公会议纪要和其他会议纪要。

办公会议纪要用以传达由机关、单位召开的办公会议所研究的工作、议定的事项和布置的任务，要求与会单位和有关方面、有关人员共同遵守、执行。

其他会议纪要指专门工作会议、专题讨论会、座谈会、学术研究会等会议形成的纪要。这类纪要，有的起通报会议情况的作用，使有关人员尽快知道会议的基本情况和主要精神；有的具有指导作用，它所传达的会议精神，对有关方面的工作有指导作用。

根据写法的不同，会议纪要又可分为条项式（决议式）纪要、综合式（概述式）纪要和摘要式纪要三种类型。

（三）会议纪要的结构和写法

会议纪要由标题和正文组成。在结构格式上与其他公文不同的是，会议纪要可没有主送单位和落款两项，成文时间多写在标题下方。会议纪要不盖公章。

1．标题

会议纪要的标题通常由会议名称和文种构成，例如“全国农村爱国卫生运动现场经验交流会纪要”。有的会议纪要的标题还可写上召开会议的单位名称，有的标题由正标题和副标题构成，正标题反映会议的主要精神和内容，副标题写会议名称和文种，例如“探讨新时期文学的发展——中国当代文学研究会第二次学术讨论会纪要”。

会议纪要的标题，常省略介词“关于”两字。

2. 正文

会议纪要的正文由导言、主体和结尾三部分组成。

(1) 导言。导言即会议纪要的开头部分，一般是概括会议的基本情况，包括会议的名称、目的、内容、时间、地点、规模、参加人员、主要议题和会议成果等。导言不能写得过长，要简明扼要，让人们读后对会议内容有个总体的了解。

(2) 主体。主体是会议纪要的核心部分。它根据会议的中心议题，按主次、有重点地写出会议的情况和成果，包括对工作的评价、对问题的分析、会议议定的事项、提出的要求，等等。主体的写法一般有以下三种：

一是条项式，即把主体内容包括讨论的问题和议定的事项，按主次一条条列出来。例如《关于加速设置广州市公用电话亭事宜的会议纪要》的主体分五条写，每一条写一个问题：第一条写电话亭的选点；第二条写电话亭的照明用电；第三条写电话亭的线路安装；第四写开展精神文明教育，爱护电话亭；第五条写广告收入的处理。内容清楚，重点突出，便于执行。

二是综合式，即把会议的内容或议定事项，进行综合概括，分成若干个部分。一般把主要的、重要的放在前面，而且尽量写得详细、具体一些，次要的和一般性的内容放在后面，可简略一些。用于批转的会议纪要，多采用这种写法。例如《××省计划生育工作会议纪要》的主体部分，分成四个部分，每部分写一个问题：第一部分，进一步深入学习、宣传、贯彻落实中央文件精神；第二部分，正确贯彻计划生育政策；第三部分，正确处理计划生育突击性工作和经常性工作的关系；第四部分，加强和健全各级计划生育机构。

三是摘要式，即把与会者的具有典型性、代表性的发言要点摘录出来，按发言顺序或按内容性质写出。这种写法的好处是，可尽量保留发言人谈话的风格，避免一般化和千篇一律，比较客观、具体。

(3) 结尾。结尾一般写对与会者的希望和要求，也有的会议纪要不写专门的结尾用语。

(四) 会议纪要的写作要求

(1) 掌握会议的全部情况。写作会议纪要首先要弄清楚会议的目的、任务、内容和形式，掌握会议的所有文件材料，参加会议的全过程，并认真做好记录，特别要注意阅读会议的主体文件和材料、领导同志的发言，掌握会议的主要精神。

(2) 抓住要点，突出会议主题。会议纪要虽然是会议情况和结果的反映，但不能面面俱到，照搬会议记录，而应该围绕会议主题，抓住要点，突出重点，把会议的主要情况简明扼要地反映出来，把会议议定的事项一一叙述清楚。

(3) 文字简洁明快。写作会议纪要应根据会议内容确定写法和篇幅，要简明扼要。在语言表达上，尽可能简短、通俗，切忌长篇大论，应以叙述为主；在层次结构、段落安排上，要条理清楚，篇幅一般不宜过长。

(4) 注意与会议记录的区别。会议纪要和会议记录既有密切联系，也有显著区别。会议纪要以会议记录为基础和依据，表现会议的主要内容；会议记录则是如实记录。另外，会议记录只作为机关单位内部存查使用的文书，不对外公布；会议纪要则在一定范围内公布传达，作为正式行政公文使用。会议纪要报送上级时，会议主办单位需另拟一份报送报告，与会议纪要一并报上。

（5）注重使用会议纪要的习惯用语。会议纪要常常以“会议”为第三人称来记述会议内容。因而，主体部分应注重使用“会议认为”、“会议提出”、“与会者一致认为”、“会议决定”、“会议要求”、“会议希望”、“会议号召”等作为层次或段落的开头语。

【复习与思考】

一、名词解释

决定　会议纪要

二、思考题

试比较撤销性决定与处理性决定在写法上的异同。

第九章　通告　通知　通报

第一节　通　告

一、阅读与析评

（一）知照性（告晓性）通告

【例文 9—1】

××市供电局通告

××××年八月二十一日

为方便群众监督，抵制以电权谋私的不正之风，××市供电局规定，凡从事营业、工程安装设计以及一切与用户有工作联系的职工均应佩戴员工证。员工证印有本人的照片、姓名、工作部门、编号。凡有不佩戴员工证而从事供电业务者，市民可视为非供电局人员。如发现供电局员工有侵犯用户利益的行为，欢迎直接向××市供电局举报。监督举报电话：8765514。

［析评］

这是一则知照性通告。正文先写发文缘由，接着写事项，最后写要求。该通告行文简洁、庄重，文字、语态与内容相统一。同公告相比，通告的发布范围具有明显的区域限制性。

【例文 9—2】

××公司　××××有限责任公司
关于兼并经营的联合通告

为了促进经营的合理化，经双方认真论证和商定，并报请有关主管部门批准，双方同意兼并，并以××公司为存续公司、××××有限责任公司为解散公司。现将有关事项通告如下：

一、兹定于××××年××月××日为兼并日。

二、自兼并之日起，××××有限责任公司的一切权利、义务和债务，悉由××

公司（存续公司）承担。

三、依公司法规定，凡××××有限责任公司的债权债务人，如有异议，请在本通告发布之日起三个月内提出，逾期提出视为无效异议。

特此通告。

××公司

××××有限责任公司

××××年××月××日

[析评]

这是一篇企业知照性通告。文章先以主旨句直陈行文目的，并对有关行文背景作了交代，然后以文种承启语导出三项通告事项。文章以通告惯用语“特此通告”作结。全文事项排列合乎逻辑，是短小精悍的优秀通告。

（二）办理性（事务性）通告

【例文 9—3】

××市建设局

关于对建筑企业进行资格年审的通告

根据《××市施工企业管理暂行办法》等有关文件规定，我局决定自××××年11月15日起，对我市建筑安装企业，装饰施工企业，建设监理单位，工程总承包单位进行××××年度企业年审工作。

凡在我局注册的上述有关单位，请于见报后5天内前来我局领取有关文件，办理年审手续。逾期不办，责任自负。

特此通告

联系人：×××　×××　×××

联系地址：××路6号××大厦九楼

联系电话：3234102　3234105　3234132

3234016　2223211—4596

××市建设局

××××年××月××日

[析评]

这篇办理性通告，文字简练，事项清楚。标题是“标准式”写法。正文第1段写了通告的根据和事项，第2段写了通告要求，第3段以“特此通告”收尾。另外还写了联系人、联系地址和联系电话，以方便联系和办理。有三点须指出：“特此通告”后应加上句号，且移至最后一段；标题已写明了发文机关，文末只标上成文时间即可，行文时还须加盖印章；第1段并列单位之间的逗号应改用顿号。

【例文 9—4】

××市建设用地起坟

通　告

因建设需要，经核准，市公安局天河区分局征用××区××镇××乡（村）土名收容所以东的土地。为便利建设工程顺利进行，上述被征用范围内的坟墓，均须于××××年二月二十日以前起葬、火化。起葬、火化工作由建设用地单位委托殡葬管理部门办理，各坟主应于××××年二月二十日前携带身份证及有效证明到××镇××村委会办理认领起葬手续。逾期不办者，作无主坟墓由殡葬管理部门按规定统一予以处理。

特此通告。

××市国土局

××××年××月××日

[析评]

这是一篇办理性通告，强制性较强。正文第 1 句为制发通告的依据。第 2 句至第 4 句为事项和规定。文章以“特此通告”作结尾。

（三）行止性通告

【例文 9—5】

关于对 107 国道东莞篁村至长安路段
行驶车辆实行单向通行的通告

为了加快 107 国道东莞篁村至长安路段的改造扩建工程进度，确保施工质量和车辆行驶的安全畅通，决定从××××年 10 月 23 日零时起至××××年3 月 23 日晚上 12 时止，对行驶 107 国道东莞篁村至长安路段的车辆实施以下疏导分流办法和交通管理措施：

1. 该路段全线实行单向行驶，即由广州往东莞篁村往厚街、虎门、长安、深圳或虎门渡口往番禺方向的车辆，可以照常通行。

2. 从深圳、长安、虎门或虎门渡口、厚街和篁村（公路施工路段内）往莞城、广州方向的车辆，不准通行。需要进入此路段沿线各镇点或经虎门渡口往番禺的车辆，可由莞长公路经四环路从篁村立交路口方向进入行驶。

3. 凡从深圳往广州方向的 5 吨以上（含 5 吨）货车，由莞龙公路分流过石碣大桥经增城进入广汕公路往广州。

4. 凡是跨此路段运输沙石泥土的车辆（除该路段公路施工经核发通行证的车辆外），行驶时间限定为晚上 10 时至次日晨 7 时止，其余时间一律不准通行。

5. 凡持有通行证的专线公共汽车，可以按原运行路线正常行驶。

其余营运客车一律按规定改道行驶。

特此通告。

东莞市人民政府

××××年十月十九日

[析评]

这份通告的标题是省略式的，它省略了发文机关，因此落款署上了发文机关的名称。正文的第 1 段主要写通告的目的、决定采取的有关办法和措施，然后分列 5 条叙述对车辆实施的疏导分流办法和交通管理措施。该通告条理清楚，简洁明了。

二、必需知识

（一）通告的适用范围及特点

通告适用于公布社会各有关方面应当遵守或者周知的事项。

通告是机关单位广泛使用的公文，是泛行文。

与公告相比，通告主要有四个特点：

（1）内容具体，业务性强。公告的内容通常是重要事项或法定事项。通告内容的重要程度一般比不上公告，而且多是业务工作方面的，使用频率比公告高。

（2）有限制的行文对象。公告的告知对象是广泛的，是“向国内外宣布”；通告的告知范围就小得多，为社会各有关方面。

（3）广泛的发文机关。通告的内容是一般事项，所以发文单位比较广泛。党政机关、企业事业单位、人民团体都可发布通告。公告的发文机关级别较高，多由国家机关发布。

（4）独特的发布方式。一般来说，公文是用文本形式印发的，通告除可用文本形式印发外，还可采用张贴或登报的形式发布。

（二）通告的主要类型

（1）知照性通告。即告知应当知道或需要遵守事项的通告。如例文9—1、例文9—2。

（2）办理性通告。即办理一些例行事项的通告，其内容多为注册、登记、年检等。如例文9—3、例文9—4。

（3）行止性通告。即公布一些令行禁止类事项的通告，其内容如查禁淫秽书画、收缴非法枪支、加强交通管理、查处违禁物品等。如《××市公安局关于查禁赌博的通告》。

（三）通告的结构和写法

通告由标题、正文、署名与日期三部分组成。

1. 标题

通告标题的写法有四种：

（1）发文机关＋事由＋文种，如“××大学关于实行夏季统一作息时间的通告”。

（2）发文机关＋文种，如“中国农业银行东莞分行、东莞信用社通告”。

（3）事由＋文种，如“关于税收财务大检查实行持证检查的通告”。

（4）只写文种。

2. 正文

通告的正文包括缘由、事项、结尾三部分。

缘由，是发布通告的原因、根据，说明为什么发此通告。

事项，即通告的具体事项或规定。内容比较简单、单一的，可不分条写；如果内容比较多，则应分条列项地写。

结尾，也叫结语，一般为“特此通告”之类的用语，以示强调，提起注意。有些通告干脆不用结语，意尽而言止，干净利落。

通告是对公众的，一般不用写抬头。

3. 署名和日期

标题已有发文机关，并在标题下署上了日期的，可不用落款。如果标题没有发文机关，也没有日期，则落款处必须署上发文机关名称和日期。

（四）通告与公告的区别

（1）发文内容不同。公告旨在宣布重要事项和法定事项；通告则是公布应当遵守或周知的事项，而且业务性强。通告的使用频率也比公告高。

（2）行文范围不同。公告的告晓对象广泛，即国内外；通告的告知范围限制在一定范围内，即社会的有关方面。

（3）制发单位级别不同。公告的发文机关级别高，一般由国家一级机关发布；通告的发文机关级别较低，多由业务主管部门发布。一般来说，行止性通告、办理性通告，多由政府机关发布；知照性通告则任何行政机关、团体、单位均可发布。党务机关一般较少发布公告、通告。

（4）发布方式不同。公告多用登报、广播的方式发布；通告可用文件形式印发，也可采用登报、广播或张贴的方式发布。

（五）写作通告应注意的问题

（1）不要把“通告”写成“通知”。“通告”与“通知”是两种不同的公文，其特点、作用和受文对象范围都不相同。有的单位往往把握不准它们的特点和作用，以为让人们知晓的事项都可用通告行文，结果把一些该用通知的错用了通告，该用通告的又错用了通知。例如：

回迁通知

原住××区××街的动迁户，于明年6月底前回迁。请所有回迁户持动迁证、动迁协议书以及交款单据，于明年5月底前，到我公司办理回迁手续。

具体办理时间：上午8时至12时，下午2时30分至5时30分。

特此通知。

×××房地产开发公司

××××年×月×日

这份公文用错了文种。告知回迁户办理回迁手续一事，属社会有关方面或人士应周知和遵守的事项，应用通告行文。此外，文中也存在行文不严密等毛病。

（2）发文目的要明确。发布通告的目的或原因，一般要在缘由部分扼要地交代清楚，让人们一看就知道为什么要发此通告。有的通告在缘由部分没有写明目的，或表达不清，有的通告甚至不写缘由部分，一般来说这些都是不规范的。

（3）通告事项要符合法规政策规定。通告的事项，应该符合法律、法规和有关政策规定，不能违反法规政策。如有一家房地产公司发出通告，告知回迁户在一定期限内前来办理手续，在通告中写道“限期于××月××日前来我公司办理进住手续，否则，视为已有住房，不予安置”。这是不符合有关政策规定的。公文作者必须注意学习法律、法规和有关政策。

（4）通告语言要通俗简洁。通告是一种周知性公文，多用张贴和登报的方式发布。因此，写通告要注意语言的通俗和简洁，应简单明了、一看就懂，篇幅也不宜过长，以便于张贴和阅读。

第二节　通　知

一、阅读与析评

（一）指示性通知

【例文 9—6】

深圳市人民政府
关于宝安龙岗两个市辖区有关税收政策问题的通知
（××××年1月1日）

各区人民政府、市府直属各单位：

为了贯彻统一税法、公平税负、平等纳税的原则，以利于建立市场经济体制，促进经济的发展，现就宝安县撤县后的有关税收政策问题通知如下：

一、设在宝安、龙岗两区的所有企事业单位（含个体工商业户，下同），对其生产、经营的收入，统一征收产品税、增值税和营业税，具体政策按深圳经济特区现行有关规定执行。

二、设在宝安、龙岗两区的所有企事业单位，按照深圳经济特区的规定，一律按15%的税率征收企业所得税，免征地方所得税和地方附加税；统一执行《深圳经济特区企业所得税计税标准的暂行规定》。设在宝安、龙岗两区的所有内资企业，一律实行税利分流、税后还贷、税后承包、税后分成。

三、设在宝安、龙岗两区的所有企事业单位和个人，按照深圳经济特区的规定，统一征收房产税、车船使用税、城市维护建设税、印花税、特别消费税。

四、宝安、龙岗两区按照深圳经济特区的有关规定，征收个人所得税和个人收入调节税。

五、宝安、龙岗两区的各项税收优惠政策，除对地产地销产品减免税的规定不能执行外，其余均按照深圳经济特区的有关优惠政策执行。

六、深圳经济特区没有开征的税种，宝安、龙岗两区同样不予开征。

七、上述通知，从××××年一月一日起执行，过去的规定与本通知有抵触的，以本通知为准。

[析评]

这是一篇指示性通知，正文第1段写通知缘由，其后7段为通知事项，内容具体明确，语气肯定，条理清晰。须指出的是：成文时间应用汉字书写。

（二）处理文件性通知（批转、转发、印发和发布性通知）

【例文 9—7】

××市人民政府批转市科委
关于加快我市软件产业发展实施意见的通知

各区、县人民政府，各委、局，各直属单位：

市人民政府同意市科委《关于加快我市软件产业发展的实施意见》，现转发给你们，望遵照执行。

××市人民政府（公章）

××××年××月××日

[析评]

这是一份批转下级机关文件的通知。仅一句话，由批转的文件和批示语组成，批转的文件即需执行的内容，批示语简洁明确，具有行政约束力。

【例文 9—8】

国务院办公厅转发工商局等部门
关于严厉打击传销和变相传销等非法经营活动意见的通知

各省、自治区、直辖市人民政府、国务院各部委、各直属机构：

工商局、公安部、人民银行《关于严厉打击传销和变相传销等非法经营活动的意见》已经国务院同意，现转发给你们，请认真贯彻执行。

最近一个时期，一度被禁止的传销活动又以各种名目在全国各地重新抬头，其表现形式多种多样，具有更大的隐蔽性、欺骗性和危害性，严重损害了人民群众的合法权益，扰乱了正常的经济秩序，并引发了一些社会问题，成为社会治安的巨大隐患。地方各级人民政府一定要本着对人民高度负责的精神，切实加强领导，组织工商行政管理、公安、银行等有关部门采取强有力的措施，严厉打击传销和变相传销等非法经常活动，切实保护公民的合法权益，维护正常经济秩序和社会稳定。同时，要加大宣传力度，公开揭露传销和变相传销的欺骗性和严重危害性，及时将查处的典型案件予以曝光，教育广大人民群众提高认识，自觉抵制此类非法经营活动。

国务院办公厅

二〇〇〇年八月十三日

[析评]

这是一则转发文件的通知。第 1 段简明扼要地交代了转发对象，说明转发的态度和要求；第 2 段为批示内容，首先概括说明了转发文件的背景，以表明所发文件的重要性，接着，对贯彻执行文件精神做了工作指示。文章格式规范，语言简洁、果决，与内容极为协调。

（三）事项性通知

【例文 9—9】

关于做好“五一”黄金周期间安全生产工作的通知

公司各部门、各单位：

“五一”节即将到来，为认真做好“五一”黄金周期间各项安全工作，保持公司安全生产的稳定形势，确保大家度过安全健康、欢乐祥和的佳节，贯彻落实××××集团和上级主管部门的通知精神，按照公司领导的指示要求，现将做好“五一”长假期间安全生产工作的有关事项通知如下：

一、机关各部门、下属各单位的一把手，是安全生产的第一责任人，必须牢固树立“安全第一，预防为主”的思想，认真抓好节前对全体员工的安全教育，在节日期间应亲自检查值班人员的落实情况，切实突出一个“防”字。

二、机关职能部门要加强对船舶动态的跟踪，及时掌握安全生产动态；及时识别安全风险，发生险情和突发事件及时启动应急预案，妥善处理，按规定向有关领导和上级机关报告；各类安全监督员要恪尽职责，对节日期间抵国内港口的船舶按计划做好登轮检查指导工作，确保我司船队节日期间安全生产工作的顺利进行。

三、海监、船管部门要对重点船舶（老旧船、大型船）、重点区域（大风浪区域、复杂航区、狭水道、进出港）、重点货物（危险品货物、重大件、特殊物资等）、重点人员（新任船长、第一次跑的航线和港口的船长）进行重点跟踪指导。切实做好船舶防火、防爆、防风、防碰撞、防搁浅、防污、防恐、防海盗等安全工作。

四、加强内部管理，落实值班制度。节日期间各单位办公楼和场院实行封闭管理，值班人员要配合保安和门卫人员工作，进入单位，应主动出示证件，进行登记。值班人员禁止携带家属和孩子到办公室。特别是要遵照公司的有关规定，加强对现金、贵重物品及有价证券的妥善保管，严防丢失。个人贵重物品及现金不要存放办公室。

五、各部室、各单位要严格值班制度，做到尽职尽责，不脱岗、不离岗、不醉岗，做好值班记录，严格请示报告制度，出现问题及时报告。要加强内部管理，对财务室、仓库、机房、电站等重点部位要加强值班力量，严守工作岗位，认真搞好监督检查和夜间巡逻检查，圆满完成节日期间安全生产工作任务。

六、节日期间，各下属单位要安排专人昼夜值班，同时保证有一名领导同志在岗带班。值班人员要坚守岗位，尽职尽责，避免在位不到位；具体要求由陆产公司负责布置和检查，报公司安委办。

七、为确保节日期间道路交通行车安全，总务中心要组织对所管车辆进行一次全面的安全检查，杜绝带病车上路。强调遵章守法，严禁超速行驶和酒后驾车。节日期间公司车辆要实行严格的调派管理，并充分做好车辆的防火防盗工作。对车辆重点部门和单位，总务中心可制定进一步的预防措施，指导、监督各单位安全行车。

八、为确保应急情况指挥系统畅通，各单位请将节日期间值班人员名单及联络电话，于4月27日前报公司安委办。

××××公司

××××年四月二十五日

［析评］

这是一篇事项性通知。正文先写行文背景，目的句之后用文种承启语引出应做的各项工作或应完成的事项。因事项较多，故采用分条列项的写法。

【例文9—10】

关于筹建××省××系统文学艺术联合会

及五个协会有关事宜的通知

各××管理局、××企事业单位：

为进一步推动××系统企业文化建设的发展，繁荣林区文艺创作活动，总局决定成立××系统文联及文学、书法美术、摄影、音乐舞蹈、剧作五个协会。现将有关事宜通知如下：

一、各××管理局按文学、书法美术、摄影、音乐舞蹈、剧作五个门类，分别推荐五名理事会候选人。总局直属企事业单位推荐一名。候选人要求思想品质好，有一定的组织能力，在地市级以上报刊发表过文艺作品。

二、各××局按上述五个门类，各组织推荐5名首届文代会代表候选人，事业单位推荐2名。

三、要求各××管理局、××局成立上述相应协会。

以上三项事宜，请于×月×日前上报总局宣传部。

××省××总局

××××年三月十二日

[析评]

这是一篇事项性通知。正文部分先写发文的缘由、目的和依据，承启语后写具体的事项和要求，直截了当，具体明确。

【例文9—11】

关于解决两家特殊困难企业问题的通知

县经委、县化纤丝绸企业集团公司、县财政局、税务局、工商局、审计局、监察局、各银行：

现将县政府关于解决县丝织二厂、丝织三厂两家特殊困难企业（下称“两厂”）问题的决定通知如下：

一、实行企业兼并。由县糖纸集团公司兼并县丝织二厂，县涤纶厂兼并县丝织三厂。兼并后，“两厂”仍是独立核算单位，其所有财产归属兼并企业管理。兼并企业分别有权对“两厂”实行技术改造、安排生产计划、调整产品结构和人员调动等，并按管理权限报上级主管部门审批。

二、整顿调整“两厂”现任的领导班子。迅速派得力干部，包括由县经委、主管公司、审计、监察、税务、工商等部门组成的工作组帮助“两厂”进行整顿。对厂领导班子进行审计。查处企业领导自办或挂靠的个体企业；查处企业领导、技术骨干以权谋私，搞“第二产业”的问题。突出解决厂领导班子建设和企业内部管理上的混乱状况。

三、从县糖纸集团公司、县化纤丝绸企业集团公司、县涤纶厂和本县工业系统中抽调干部前去“两厂”任职或挂职。从外单位抽调到“两厂”工作的干部，其工资、奖金、福利待遇在一定时期内按照就高不就低的原则，不低于原单位的水平；不足部分由主管公司予以补贴。对成绩显著，在期限内能改变面貌者，予以重奖。

四、从兼并开始，两年内对“两厂”生产用电的费用减收40%（不包括生活用电）。减收的电费由县办电协调小组负责处理。

五、从兼并开始，两年内县涤纶厂每年按保本价调拨1 200吨织造原材料交县化纤丝绸企业集团公司安排给有关被扶持的企业。其保本价与销售价的差额部分视同企业利润计提工效工资奖金。

六、为了促使“两厂”转化，可参照整顿华海公司的做法，原有的旧账先挂后处理，实行“新人新财务”。同时，要建立制度，组织力量，清理债权债务，追收欠款，处理积压物资，减少不必要的损失。

七、要求财税、金融等有关部门尽最大努力对“两厂”给予支持和照顾。一是继续贷款还旧债，处理现有高利率贷款。二是银行贷款执行几种利率，尽量按基准利率计算，计息挂账，两年内不计复息，其中第一年挂息的资金用作企业的启动资金，第二年起实行还本挂账计算的办法。三是近期内贷给相应的低息企业启动资金和流动资金，由兼并单位负责担保。四是“两厂”尚欠的税款，先挂起来，直到企业出现转机再作处理，或待后争取办理减免手续。

八、在实施兼并整顿期间，“两厂”的职工、干部必须坚守生产和工作岗位，维护正常的生产和工作秩序，杜绝发生各类事故，确保兼并整顿工作的顺利进行。

九、“两厂”兼并和整顿工作，由县政府派出的工作组负责全面领导和协调。兼并整顿中的情况及问题请及时反映。

××县人民政府办公室

××××年九月十九日

［析评］

这是一份处理具体问题的通知。问题牵涉多个方面，比较复杂，但内容写得条理清楚，主次有序，内容比较具体，文句也较通畅。

如果精益求精，本通知中个别段落和句子还可以写得更准确、更简练。正文第三条，把“本县工业系统”同句子前部所列两个公司和一个厂相并列，犯了属种不当并列的逻辑错误。这一条其余两个句子的内容和文字也有瑕疵。

(四) 知照性通知

【例文 9—12】

关于公布我省国家级、省级
文物保护单位保护范围和建设
控制地带的通知

各市、县、自治县人民政府，省府直属有关单位：

根据《中华人民共和国文物保护法》有关规定，省人民政府同意省文化厅、文物管理委员会办公室制定的《××省国家级、省级文物保护单位保护范围和建设控制地带》(共 154 处)，现予公布，请认真贯彻执行。

附件：××省国家级、省级文物保护单位保护范围和建设控制地带

××省人民政府

××××年三月二十八日

［析评］

这是一则知照性通知。××省人民政府根据《中华人民共和国文物保护法》的规定，公布××省国家级、省级文物保护单位保护范围和建设控制地带，要求下属各单位认真贯彻执行。正文文字简练，阐明了行文的依据、发文单位态度、事项和要求。

【例文 9—13】

××移动通信有限公司关于成立客户服务中心的通知

公司各科室：

为增进与客户的联络，进一步做好客户服务工作，适应公司日益发展的新形势，经

公司研究决定，在原客户联络室的基础上成立客户服务中心，主任由×××同志兼任。

××××年五月十六日

[析评]

这是一篇知照性通知。通知正文篇段合一，依次写了目的、依据和事项，文字简练，明白晓畅。

（五）会议通知

【例文 9—14】

关于召开全省社会主义精神文明建设工作会议的通知

各市、县(区)党委和人民政府，省直有关单位：

省委、省政府决定召开广东省社会主义精神文明建设工作会议，会议定于 11 月 24 日至 26 日在广州召开。现将有关事项通知如下：

一、会议的议题。

总结交流在深化改革、扩大开放，发展社会主义市场经济条件下，加强精神文明建设，促进两个文明建设协调发展的新经验；表彰一批在精神文明建设中取得显著成绩的文明单位和文明户标兵；研究在发展社会主义市场经济的新形势下，进一步加强社会主义精神文明建设的任务、对策和措施。

二、参加会议的人员。

1. 各地级市来 4 人，其中：市委或市政府主管精神文明建设工作的负责同志 1 人，市文明办或市委宣传部主管精神文明建设工作的负责同志 1 人，文明单位和文明户标兵代表各 1 人。

2. 各县(市、区)党委或政府主管精神文明建设工作的负责同志 1 人。

3. 省精神文明建设委员会成员。

4. 省直有关单位负责同志，省直文明单位代表和新闻记者（名单附后）。

三、请各市以地级市为单位，省直机关以省委机关工委、省府机关工委、省委高校工委、省军区、省农垦总局、民航中南管理局、广州铁路（集团）公司为单位，将参加会议同志的姓名、职务、性别于×月×日前用书面或电传送省委办公厅第二秘书处。参加会议的同志请于×月××日到××宾馆××号楼报到。

四、各市可来一辆工作用车。其余自带车辆司机食宿自理，大会不予安排。

五、需接车接机和需要购买回程车、机票的同志，请于×月×日在报名单时一并告知，亦可电话告知省委办公厅行政处。

中共广东省委办公厅

广东省人民政府办公厅

××××年×月×日

[析评]

这是一篇会议通知。正文先写依据、开会时间、地点。文种承启语后的事项部分，具体、周到地写了会议的议题、与会人员及有关问题。为与会人员赴会考虑得比较周到是该会议通知的一大特点，值得借鉴。

【例文 9—15】

关于召开全省民政工作会议的通知

各市人民政府、行政公署，省直各单位：

为了贯彻全国民政工作会议精神，省政府决定召开全省工作会议。会议的主要议题是：传达学习全国民政工作会议的主要文件和领导讲话，讨论研究贯彻的意见和措施，请你们提前做好准备。

参加会议人员：各市人民政府、行政公署分管民政工作的领导同志和各市、行署的民政局局长，省直各单位的负责同志。

会议拟开五天，地点××宾馆，于×月××日前来报到。

××省人民政府办公厅

××××年×月×日

［析评］

仔细分析这份会议通知，至少有三个毛病：一是内容不够明确。会议的名称、议题都不够具体明白，没写明研究的具体问题，也没有写明与会人员需做什么准备。二是参加会议人员不够具体明确。省直单位包括的范围很广，包括党、政、工、群、公、检、法等，要求哪些单位参加写得不够清楚。一般要写清楚有关单位，同时还要附上单位名单。还有，省直单位负责同志一般不止一位，是要求只来一个还是要求都来，也没有写清楚。三是报到时间不明确。“×月××日前来报到”，是指×月××日之前还是×月××这一天报到？可见，通知虽强调简短，但也要按要求将有关问题写得具体、清楚。

（六）任免通知

【例文 9—16】

关于任免××市建筑公司经理的通知

××市建筑公司：

你公司上报选举的过程和结果我局已收悉。经局务会议研究决定：

任纪××为经理，主持全面工作；

任吴××为副经理，主持施工工作。

免去蒋××的经理职务和刘××的副经理职务，由公司安排其他工作。

特此通知。

××市建设局

××××年×月×日

［析评］

任免通知的正文一般分两部分，第一部分说明任免的依据，如“经××××研究决定”，“根据×××××，经××××研究决定”，后面加上冒号，领起文中第二部分。第二部分是具体的任免事项，每个事项单独为一个段落，以达到醒目的效果。该例文简明扼要，直陈其事，一目了然，符合一般任免通知的写法。

二、必需知识

（一）通知的适用范围及特点

通知适用于：批转下级机关的公文，转发上级机关和不相隶属机关的公文，发布文件；传达要求下级机关办理和需要有关单位周知或者执行的事项；任免人员。

通知是各级党政机关、人民团体、企事业单位在公务活动中最常用的一种公文，使用范围相当广泛。

通知具有以下三个特点：

(1) 使用范围具有广泛性。通知不受发文机关级别高低的限制；对通知的行文路线限制不严，主要作上级机关对下级机关、组织对所属成员的下行文，但平行机关之间、不相隶属的机关之间，有时也可使用通知知照有关事项；通知写作灵活自由，使用比较方便。

普发性、周知性强的通知，可不写主送机关。

(2) 文种功用多具有指导性。上级机关和组织向下级机关、组织用通知行文，都明显体现出指导性。特别是部署和布置工作、批转和转发文件等，都需明确阐述处理某些问题的原则和方法，说明需要做什么、怎样做、达到什么要求等。一部分通知对下级或有关人员有约束力，起指挥、指导作用；另一部分通知则主要起知照作用。

(3) 有明显的时效性。通知事项一般都要求立即办理、执行或知晓，不容拖延。有的通知如会议通知，只在指定的一段时间内有效。

(二) 通知的主要类型

根据内容与作用，通知可分为以下几种类型：

(1) 指示性通知。有关行政法规和规章、办法，在不成熟之前，或未出台前，可形成指示性通知行文。指示性通知带有较强的强制性、指挥性和决策性。

(2) 处理文件性通知（批转、转发、印发和发布性通知）。用于印发、发布某些行政法规，转发上级、同级或不相隶属机关的公文以及批转下级机关的公文。

(3) 事项性通知。即要求下级机关办理某些事项，除交代任务外，通常还提出工作要求，让受文单位贯彻执行，具有行政约束力的通知。

(4) 知照性通知。用于告知某一事项或某些信息的通知，诸如庆祝节日，成立、调整、合并、撤销机构，启用新印章，更改电话，更正文件差错等，都可用这种通知行文。

(5) 会议通知。即告诉有关单位或个人参加会议的通知。

(6) 任免通知。即告知有关单位或个人有关人事任免的通知。

(三) 通知的结构和写法

各种类型的通知各有不同的写法。以下介绍各类通知标题和正文的一般写法。

1. 标题

通知的标题有完全式和省略式两种。完全式标题是发文机关、事由、文种齐全的标题，省略式标题则根据需要省去除文种“通知”之外的其中的一项或两项。省略式标题有如下三种情况：

(1) 省略发文机关。如果标题太长，可省略发文机关。如“关于县级市经济管理权限的通知”，这个标题便省略了发文机关。省略发文机关的标题很常见。如果是两个单位以上联合发文，不能省略发文机关。

(2) 省略多余的“关于”和“通知”字样。发布、批转、转发性通知的标题由“发文机关＋发布（批转、转发）＋被发布文件标题＋通知”构成。被发布、批转、转发公文为法规、规章时，一般应加上书名号，有时由于被批转、转发公文标题中已有“关于”和

“通知”字样，或者被批转、转发的公文标题比较长，这时，通知的标题一般可保留末次发布（批转、转发）文件机关和始发文件机关，省略去多余的“关于”和“通知”字样。否则，就会出现一个标题中有多个“关于”和“通知”的现象，显得很长，读起来也拗口。如：“××县人民政府关于转发《××市人民政府关于转发〈××省人民政府关于转发人事部关于×××同志恢复名誉后享受××级待遇的通知〉的通知》”。这个标题有四个层次，用了三个“关于转发”，两个“的通知”，很不顺口。可把这个标题简化为“××县人民政府转发人事部关于×××同志恢复名誉后享受××级待遇的通知”。至于被省、地区等转发过的内容，可在转发意见中交代清楚。

（3）省略发文机关和事由。如果通知发文范围很小，内容简单，往往只用于张贴，这样的通知标题便可以省略发文机关和事由，只写文种“通知”二字。

值得指出的是：批转性通知标题须注明“批转”文件字样；转发性通知标题须注明“转发”文件字样。

2. 正文

通知的正文主要包括缘由、事项、要求三部分。主体在事项部分。下面分别介绍几种通知正文的写法：

（1）指示性通知的写法。指示性通知的正文，一般先写发文的缘由、背景、依据；在事项部分，写具有强制性、指挥性、决策性的意见和工作要求等。

指示性通知的事项，一般具有影响面较大、比较紧急和有一定的政策性等特点。

（2）处理文件性通知（批转、转发、印发和发布性通知）的写法。批转与转发性通知正文写法大体相同。可以把这两种通知称为“批语”，把被批转、转发的文件看做通知的主体内容。批语的内容主要有如下三个方面：一是说明批转的目的或陈述转发的理由；二是对受文单位提出贯彻执行的具体要求；三是根据具体情况做出补充性的规定。

用通知批转或转发下级机关、不相隶属机关和上级机关的公文时，对被批转和转发的文件已起到了一种公布、认可或推荐的作用。从构成上看，这种通知由批语部分和批转或转发文件组成，批语和被批转或转发文件都不能单独作为一份文件。如果批语脱离被批转或转发文件，没有实际依托内容，不能单独行文；如被批转或转发文件离开批语则不能纳入通知的内容，不能体现发文单位的意图，没有批语予以的权威性和合法地位。

印发和发布性通知正文一般在写清楚印发或发布的文件之后，还要写印发或发布文件的目的和要求。

（3）事项性通知的写法。事项性通知正文的写作，要使受文单位明确通知的内容（即事项），以及做什么，怎样做，有什么要求。正文一般分三部分：

第一部分是开头，一般是说明为什么要发此通知，目的是什么。

第二部分是主体，即事项部分，将通知的具体内容一项一项地列出，把布置的工作或需周知的事项，阐述清楚，并讲清要求、措施、办法等。这类通知多数用于布置工作，因此也称之为“工作通知”。

第三部分是结尾，多提出贯彻执行要求，可用“请遵照执行”、“请认真贯彻执行”、“请研究贯彻”等习惯用语，也有的通知结尾不写习惯用语。

写事项性通知，要开门见山，忌转弯抹角。在叙述事项时，要突出重点，把主要的、重要的写在前面。根据需要，主要的内容可详写，讲清道理，讲明措施，次要的内容则尽量简略，扼要交代即可。在语言表达方面，通知主要以叙述为主，对下级单位提出要求。有时可以适当做一些分析、说理。但通知中的说理不像议论文的说理那样要有严密的逻辑性，只要抓住关键问题，用简洁的语言把道理阐述清楚即可。

（4）知照性通知的写法。知照性通知的正文，只要写清楚行文的依据、目的和事项即可。要求文字简练、明白。

（5）会议通知的写法。会议通知依据其不同类型，有不同的写法：通过文件传递渠道发出的会议通知，一般应写明召开会议的原因、目的、会议名称、主要议题、到会人员、报到时间及地点、需要的材料等，通常采用条文式写法，要求内容周密、语言清楚、表述准确，不产生歧义；供机关、单位内部张贴或广播的周知性会议通知，正文开头可不写受文对象，应在通知事项中说明会议时间、地点、内容、准备材料及出席人员等，语言力求简短、明白。

（6）任免通知的写法。任免通知的写法比会议通知更为简单，一般的固定格式是：在任免决定依据之后，写上任免人员姓名及职务。

第三节　通　报

一、阅读与析评

（一）表彰通报

【例文 9—17】

××省化工总公司党委
关于授予张××“优秀共产党员”荣誉称号的通报

各分公司党委、总公司党委各部门、各直属机构：

张××同志是××分公司所属天宏化工厂管道维修工人，共产党员。今年 8 月 12 日上午 8 时 30 分，该厂成品车间后处理工段油气管道突然爆炸起火。正在利用公休日清理夜间施工现场的张××被爆炸气浪猛烈推倒，头部、右臂和大腿等多处受伤，鲜血直流，鞋子也被甩出很远。在这危急关头，张××强忍剧痛，迅速爬起来，顾不得穿鞋和查看伤势，踩着玻璃碎片，冲入烈火之中，迅速关闭了喷胶阀门、油气分层罐手阀、蒸汽总阀。接着先后用了 10 余个干粉灭火器扑救颗粒泵、混胶罐等处的大火，在随后赶来的保安人员的援助下，共同英勇奋战十余分钟，最终将大火全部扑灭，避免了火势的蔓延。

张××同志在身体多处受伤、火势凶猛并随时可能发生更大爆炸的万分危急关头，将个人生死置之度外，果断处理突发事件，为遏制火势蔓延，防止事故扩大，减少国家财产损失，做出了突出的贡献。他的行为体现了为保护国家财产和人民利益而置个人生命安危于度外的崇高精神品质，谱写了一曲保持共产党人先进性的正气之歌。

为了表彰张××的英雄行为和崇高的革命精神，总公司党委研究决定：授予张××“优秀共产党员”荣誉称号，将张××奋力灭火的英勇事迹通报全公司，晋升二级工资，并颁发灭火奖励10 000元，以资鼓励。

希望各分公司党委、各直属机构组织广大共产党员和干部职工以张××为榜样，落实安全生产责任，努力做好本职工作，为化工行业的改革与发展作出更大的贡献。

××省化工总公司党委（印）

××××年八月二十日

[析评]

这是一份表彰通报。正文叙述张××的先进事迹，对该同志的行为作了恰当的分析、评议，目的句之后写决定事项，最后提出发文单位的希望号召。全文结构合理，格式规范，注重将英勇行为上升到恰当的高度予以分析、评议，语言通俗流畅。美中不足的是对事件过程的叙述稍显啰唆。

【例文 9—18】

梅州市商业局文件

梅商〔××××〕4号

关于表彰五华县商业局××××年
商业工作成绩显著的通报

各县商业局、局直属各公司：

去年五华县商业局认真落实经营责任制，强化企业管理，在市场竞争激烈、商业工作难度较大的情况下，团结广大干部职工，鼓足干劲，扎扎实实做好各项工作，取得了显著的成绩。

一、购销利税全面增长。去年，五华县商业系统商品总购销实绩××××万元，比上年增长27.6%，其中总购进××××万元，比上年增长111.7%，总销售实绩××××万元，比上年增长36.74%，其中纯销售××××万元，比上年增长50%；实现利润×××万元（不包括批发税），比上年增长16.6%；上交国家税收×××万元，比上年增长1.8倍，实现了购、销、利润、税收同步增长。

二、亏损大户食品行业扭亏为盈。五华县商业系统按省政府规定，加强生猪购销管理，端正业务指导思想，落实生猪经营和扭亏责任制。全年收购生猪××万担，比上年增长31.4倍，占全县生猪总上市量的70%，完成商品总销售××××万元，比上年增长2.08倍，实现利润××万元，比上年亏损××万元，增盈××万元，35个食品核算单位中，有30个盈利，亏损单位从上年的32个减为5个。

三、加强网点建设，更好地发挥国有商业主导作用。近几年来，五华县以少花钱多办事的精神，加强商业网点建设，去年扩建了34间门店，到目前为止，营业面积6 437平方米，比改造前的3 871平方米，增加2 566平方米，改造后的门店，美观大方，既增加了服务项目，扩大了经营范围，方便了群众购买，又占领了市场阵地，在市场竞争中，发挥了国有商业的主导作用。

鉴于五华县××××年商业工作成绩显著，市商业局决定予以通报表扬，希望我市各级产业部门在新的一年中，要学习五华县商业局的先进经验，坚持四项基本原则，深入改革，开拓经营，繁荣市场，把商业工作提高到一个新的水平，为发展我市的经济建设做出应有的贡献。

××××年一月二十二日（公章）

抄报：省商业厅、市财办、市府办

抄送：五华县财办、五华县府办

[析评]

这是一则表彰通报。

正文分三个层次：一是概括介绍五华县商业局的先进事迹，简洁清楚地交代了时间、人物（单位）、事件（事迹）。二是介绍具体的先进事迹材料，即：购、销、利、税收全面增长；亏损大户食品行业扭亏为盈；加强了网点建设，更好地发挥了国营商业的主导作用。三是写表彰决定，并发出号召。文章使用绝对数、百分数、对比数等各种不同的数字形式，精确地说明成绩显著的程度，给人以深刻印象。

（二）批评通报

【例文 9—19】

××市食品酿造公司
关于××食品厂司机×××私自开车到北戴河游玩的通报

公司所属各单位：

今年8月8日晚，××食品厂司机×××以磨合汽车为借口，擅自驾驶“630”食品防尘车并带上五人从××分厂去北戴河游玩。10日8点抵达北戴河，至12日夜间12点才返回公司。行程600多公里。

×××的行为，违反组织纪律，错误实属严重。车队负责人在问题发生后未及时向公司汇报，这种做法也是错误的。为了严肃纪律，维护公司利益，同时教育×××本人，经公司研究决定：对司机×××予以通报批评，扣发三个月奖金，并责令其上交全程所用汽油费。

望各单位接此通报后，组织员工们及时学习、讨论，从中吸取教训，把各项工作提高到一个新水平。

[析评]

这是一篇批评通报。正文第1段写当事人的错误事实和经过，具体交代了时间和地点。第2段对当事人的错误进行了分析评价，同时做出了处理。第3段对各单位提出了希望、要求。

全文层次分明，语言明晰，分析评价到位，行文思路清晰。标题中的“私自”若改为“擅自”则更好。

（三）情况通报

【例文 9—20】

中华人民共和国教育部
关于××大学处理一个学生侮辱教师的问题的通报

各省、市、自治区高教（教育）厅（局），全国重点高等学校：

最近××大学对一个学生在实验课中不遵守学习纪律和侮辱教师的问题，给予处分，并将校委会的决定正式公布。这样处理是对的。一切学校要提高教学质量，一方面是教师必须根据党的教育方针和学校的培养目标，认真地教好课程，关心和爱护学生，对学生提出严格的要求；另一方面是学生必须按照教学计划的要求，尊重教师的指导，遵守学习纪律，认真地学好功课。现将××大学的布告全文印给你们，供参考，希望引起大家的注意。

中华人民共和国教育部（印）

××××年×月×日

附：××大学布告一份。（略）

[析评]

这篇情况通报，从内容看，类似一则按语。第一部分为从开头至“这样处理是对的”，说明通报的事由并肯定和同意校委会的处理决定；第二部分为从“一切学校要提高教学质量”至“认真地学好功课”，是对学校和老师提出正面要求，对学生进行正面教育；第三部分即最后一句话，提出印发通报及其目的，即警惕类似事件的发生。值得提出的是，校方公布对学生的处理决定，应用通报；附件的位置不对。

二、必需知识

（一）通报的适用范围及特点

通报适用于表彰先进，批评错误，传达重要精神或者情况。

通报具有两个特点：

（1）内容的真实性。真实是通报的生命。通报的任何情况、事实都必须是真实的，不能有任何差错，更不能编造假情况。因此，写通报，对正反两方面的事实都要认真核实，做到准确无误，没有水分。例如，对先进事迹的通报表扬，要实事求是地反映，不要拔高，更不能借贬低群众，来抬高先进人物。

（2）目的的晓谕性。表彰先进的通报，行文目的首先是告晓有关单位和人员，有谁或何事受到了表彰。同时，对被表彰单位是一种鼓舞、激励；对其他单位是一种教育，引导其找差距，学先进；对后进单位是一种鞭策，激励他们学习先进，迎头赶上。批评性通报的目的，是让人们知道错误，认识错误，吸取教训，改正错误，引以为戒。交流情况的通报，是让人们了解通报的事项。

（二）通报的主要类型及行文方向

根据通报的作用和应用范围，可将通报分为三类：

（1）表彰通报。用于在一定范围内表扬好人好事。

（2）批评通报。用于在一定范围内批评错误，纠正不良倾向。

批评通报和表彰通报都是下行文，制发单位没有级别限制。

（3）情况通报。多用于向有关方面知照应该掌握和了解的信息、动态，以供工作参考。情况通报多作下行文，也兼作平行文。

（三）通报的作用

通报对下级和有关方面的指导作用重于指挥作用，主要是起到倡导、警戒、启发、教育和沟通情况的作用，具体来说有以下两点：

(1) 嘉奖和告诫的作用。在一定范围内对具体的人和事予以表扬或批评，借以达到鼓励先进、弘扬正气或批评错误、打击歪风邪气的目的。表彰通报和批评通报对当事人的奖励或惩罚，具有行政约束力。

(2) 交流作用。传达重要情况和知照事项的通报，能及时交流信息，上情下达，并能促进上下级之间、有关部门之间的相互了解。

(四) 通报的结构和写法

1. 标题

通报的标题通常由发文机关、事由和文种三个要素构成，有时可省略发文机关和事由，只写“通报”二字。但比较重要的通报则不能省略。

通报的签署和时间也可以在标题下方，这样则不需再落款；通报也可以有抬头、落款，时间则写在发文机关下面。

2. 正文

(1) 表彰通报正文的一般写法。

1) 叙述先进事迹，包括时间、地点、人物、事迹、怎么做、结果。

2) 对上述事件进行分析、评议，指出其典型意义，或概括其主要经验。语言要简明概括。

3) 提出表彰或发出号召。

如果是转发式的表彰通报，正文部分需先对下级机关所发的文件进行评价，加上批语，即对被表彰者进行评议等，再发出号召或提出要求。

(2) 批评通报正文的一般写法。

1) 通报缘由，即将事故或错误事实的经过情况、时间、地点、事故、后果等交代清楚。

2) 对事故进行分析评议，重点分析事故发生的原因，指出事故的性质及其危害，并提出处分决定。

3) 写明防止此类事故的措施，要对症下药，提出告诫，或重申某一方面的纪律。

(3) 情况通报的一般写法。

情况通报正文的撰写，需基于对情况掌握得确实、全面和充分。其一般写法为：

1) 叙述情况；

2) 分析情况，阐明意义；

3) 提出指导性意见。

(五) 通报与通知的区别

从通报与通知的特点和作用，可以看出它们的主要区别有：

(1) 内容范围不同。通知可以发布行政法规和规章，批转和转发公文，传达需办理和周知的事项等；通报则是表扬先进，批评错误，传达、交流重要的情况、信息。两者虽然都有告知的作用，但通知告知的主要是工作的情况，以及须共同遵守执行的事项；通报则是告知正反面典型，或有关的重要精神或情况。

(2) 目的要求不同。通知的目的是告知事项，布置工作，部署行动，内容具体，要求受文机关了解要办什么事，该怎样办理，不能怎样办理，有严格的约束力，要求遵照执行；通报的目的主要是或交流、了解情况，或通过正反面的典型去教育人们，宣传先进的思想和事迹，提高人们的认识。

(3) 表现方法不同。通知的表现方法主要是叙述，告知人们做什么、怎样做，叙述具体，语言平实；通报的表现方法则常兼用叙述、说明、分析和议论，有较强的感情色彩。

(六) 通报的写作要求

(1) 注意时效性。发通报要抓住时机，及时将先进典型和经验向社会宣传推广，对反面典型予以揭露，引起警戒，或对某些重大事项和重要情况，及时予以通报，以起到交流情况、信息，指导工作的作用。错过时机的通报，就失去了它的时效性，没有行文的意义了。

(2) 注意指导性。不能事无巨细都发通报，要选择对工作有普遍指导意义的事项来发通报。通报要有普遍的指导意义，就应选择典型。先进的典型要能反映事物的本质特征，能揭示时代的本质，体现时代的精神。反面的典型，应有一定的代表性，能体现鉴戒的作用。所以，只有选准、选好典型，通报才能起到激励教育、推动工作和批评警戒的作用。

(3) 注意真实性。通报中所涉及的事例，必须是客观存在的，经过反复调查，确认是真实可靠的，绝不允许捏造和虚构。同时，对事例的反映要准确，不能夸大或缩小，要实事求是。通报在结尾提出的希望和号召，也必须切合实际，有一定的针对性，使读者能够接受或受到启示。

【复习与思考】

一、名词解释

通告　通知　通报

二、思考题

1. 写作通告要注意什么问题?
2. 批转、转发性通知的标题可作何种格式化省略?
3. 通报与通知的区别表现在哪些方面?
4. 通报何以多数不写主送机关?
5. 通报对事实一般都有分析、评议，你对分析与评议的关系如何理解?

第十章 报告 请示

第一节 报 告

一、阅读与析评

（一）工作报告

【例文 10—1】

关于我省清理整顿公司工作的报告

国务院：

我省自××××年 10 月清理整顿公司以来，坚持既坚决又稳妥的方针，抓紧清理整顿方案的拟订和实施，积极查处了公司违法违纪案件，努力加强公司的建设和管理，基本完成了党中央、国务院赋予我们的任务，达到了预期的目的，现将这项工作情况报告如下：

一、撤并了一批流通领域的公司，解决了公司过多过滥的问题。（略）

二、查处了公司违法违纪案件，整顿了公司的经营秩序。（略）

三、认真做好撤并公司的各项善后工作。（略）

四、加强了公司管理和法规、制度建设。（略）

××省人民政府

××××年×月×日

［析评］

这是一篇工作报告，原文 2 000 多字，例文 10—1 为节选稿。正文开头概括介绍了清理整顿公司的基本做法和效果，文种承启语之后，分四个方面全面报告了清理整顿公司的工作情况。

【例文10—2】

××省石油公司英德供应站
关于解决油库长期遗留的山地及
树木的归属问题的报告

省石油公司：

我站于××××年五月新建油罐两个，扩建了油库，占用当地东方村部分山坡地及该地树木。扩建后几年来，库界未定，东方村多次提出，要求补偿被占用的山地及树木，但几经协商，均未有结果，以致发生纠纷，库区围墙被推倒十多米。最近，双方本着对国家财产和群众利益负责的精神进行协商，彼此谅解，终于达成协议，由我站给予东方村山坡地及树木一次性补偿费×万元，并经双方划定界线，新建围墙为界，界内土地及树木永久归我站所有。我站应付的补偿费×万元拟在“保管费”中列支。现随文上报所订协议及库区界图，请核备。

附件：1.《××山地及树木归属协议》

　　　2.《英德石油站界区图示》

××××年七月二十一日（公章）

抄报：××市商业局

［析评］

这是一则汇报工作的工作报告。工作报告有综合性报告和专项性报告两种。本文属专项性报告。

本报告的正文分三个层次：开头，叙述开展工作的主要背景，即由于新建了两个油罐，遗留下山地及树木的归属问题；主体，叙述报告的具体内容，即经过协商、达成协议，并写出具体的处理方法；结尾，用“随文上报所订协议及库区界图，请核备”作结。行文简洁，条理清晰。

（二）情况报告

【例文10—3】

××市贸易局关于百货大楼重大火灾事故的报告

省贸易厅：

××××年6月4日凌晨2时40分，我市江南区百货大楼发生重大火灾，经过两个多小时的扑救，于5时明火全部扑灭。该大楼二层楼经营的商品以及柜台、货架、门窗等全部烧毁，直接经济损失达50万元。造成此次重大火灾的直接原因，是二楼一个体裁剪户经二楼经理同意从总闸自接线路，夜间没断电导致电线起火。

这次火灾的发生暴露了该大楼领导对安全管理工作极不重视，内部管理混乱，安全制度不健全，违章作业严重等问题，因而造成了惨重的经济损失，教训十分深刻。

火灾发生后，市政府、市贸易局十分重视，三次派人员到事故现场进行调查，并对事故进行认真处理，责令该百货大楼二楼经理刘××停职检查，个体裁剪户李××罚款×××元，并听候进一步处理。

今后，我们要吸取教训，切实加强对安全工作的领导，尤其加强对零售企业的安全管理，及时消除各种不安全的因素和隐患，为企业创造良好的经营环境。

××市贸易局（印章）

××××年六月十二日

[析评]

这是一篇事故情况报告。正文第 1 段简要地介绍了火灾情况、损失和失火的直接原因。第 2 段写火灾事故的深层原因、教训。第 3 段写对火灾的处理情况和结果。最后一段为作者单位的态度和措施。文章行文简洁、层次分明、构思周密。

（三）建议报告

【例文 10—4】

关于制止盲目乱建烟叶复烤厂问题的报告

省人民政府：

我省现在的咸阳、合阳、洛川、旬阳、武功五个烟叶复烤厂，分布在陕南、陕北、关中三大烟叶产区，布局基本合理，年复烤能力已达×万担，已大大超过去年复烤计划指标。但是今年以来，个别地、县从本地局部利益出发，盲目乱建复烤厂，重复建设，造成了人力、财力、物力的浪费。根据《中华人民共和国烟草专卖法》第 3 章第 13 条关于“烟草制品生产企业为扩大生产能力进行基本建设或者技术改造，必须经国务院烟草专卖行政主管部门批准”的规定，为加强对烟叶复烤加工企业的专卖管理，现就制止乱建复烤厂问题提出以下意见：

一、根据我省烟叶现有复烤能力和生产发展的实际情况，今后三五年内不再新建复烤厂。

二、凡未按照《烟草专卖法》规定报批而由各地、县擅自批建的复烤厂，一律停建整顿，待后处理。

三、今后需要新建烟叶复烤厂，必须按照《烟草专卖法》的有关规定程序报批，否则，专卖部门一律不发生产许可证，造成的经济损失自负。

以上报告如无不妥，请批转各地（市）贯彻执行。

陕西省烟草专卖局（印）

××××年×月×日

[析评]

这是一则呈转性建议报告。

正文的引言部分首先简要介绍了陕西省烟叶复烤厂的分布情况和现有生产能力，着重指出当前乱建烟叶复烤厂的危害，并以《中华人民共和国烟草专卖法》的有关规定作为所提意见和建议的依据，讲明发文目的，然后用承转语“现就制止乱建复烤厂问题提出以下意见”导出主体。

主体部分采用分条列项的方式，具体陈述报告的意见，三条意见具体、确切、明了，排列有序，逐层深入，富有逻辑性、政策性；专业术语也用得贴切得体。

结尾部分用“以上报告如无不妥，请批转各地（市）贯彻执行”作结，简洁明快，用语规范。

（四）答复报告（答询报告）

【例文 10—5】

关于我校工会干部有关待遇的报告

市总工会：

×月×日函悉。现将我校工会干部有关待遇报告如下：

一、我校基层工会主席由教师兼任，每年减免工作量 40 学时。

二、部门工会主席任职期间享受本单位行政副职待遇，由教师担任的每年减免工作量 30 学时。

三、校工会委员任职期间减免工作量 30 学时；部门工会委员每年减免工作量 15 学时。

专此报告。

××大学工会

××××年六月五日

［析评］

这是一则答复报告，是××大学工会接到上级工会来函询问工会干部待遇问题后所作的答复。报告正文以引叙来函开头，作为行文背景，接着以文种承启语导出主体。报告的主体，分条列项，言简意赅。结尾用“专此报告”作结。

（五）报送报告

【例文 10—6】

关于报送我区企事业单位机构设置等情况的报告

市政府办公室：

《关于催报全市企事业单位机构设置等情况的函》（×××办发〔××××〕××号）收悉。

按照此函要求，我们已将我区企事业单位机构设置及其人员组成等情况调查清楚，并统计汇总成表。现将此表报去，请查收并审核。若还有其他要求，请来函或来电说明。

附《××区企事业单位机构设置等情况的报表》

××区政府办公室

××××年×月×日

［析评］

这是一则报送报告。这类报告的写法较简单，正文写清楚缘由和报送的材料名称、数量，结尾部分用“请查收并审核”、“请查阅”之类习惯用语收束。报送的材料以附件的形式附上。

该文末尾“请来函或来电说明”一句，不符合行文规范。上级与下级行文一般不能用函，用“说明”两字也不够庄重。“附”字之后，要加上“件”字和冒号。

二、必需知识

（一）报告的适用范围及特点

报告适用于向上级机关汇报工作，反映情况，答复上级机关的询问。

报告主要有三个特点：

（1）内容的实践性。这一特点鲜明地表现在工作报告上。工作报告是对本单位所做过的工作的回顾和总结，只有做过的工作，才能写进报告，没有做过的、只停留在计划里和口头上的豪言壮语，不能作为报告的材料。怎样做就怎样写，做得好的总结经验，做得不好的吸取教训，不能弄虚作假，也不能抄几段文件搪塞。其他类型的报告实际上也以实践为依据。

（2）表述的概括性。这是报告的文体特点。报告是以叙述和说明为主要表达方式的文种，但它的叙述和说明是概括性的，要求作粗线条的勾勒，而不必详述过程，更不要求铺排大量的细节，制作者只有领会了这个特点，才能写出篇幅短小而又有分量的报告来。

（3）选材的灵活性。报告选材的自由度很大，写什么、不写什么，选择权掌握在发文单位手里。了解了这个特点，发文单位就可以根据实践挑选最有特色、最有价值、最有新意的题材和材料来写。当然，答复报告必须按上级的要求实事求是地写。

（二）报告的主要类型

（1）工作报告。指汇报工作的报告。例如，下级机关向上级机关汇报某一阶段工作的进展、成绩、经验、存在问题及打算，汇报上级交办事项的结果，汇报对某一指示传达贯彻的情况，等等。

（2）情况报告。指向上级机关反映情况的报告。例如，及时汇报本地区、本单位发生的重大事件，在一定范围内带有倾向性的情况，包括会议的情况等。

（3）建议报告。指汇报或提出工作建议、措施的报告。用于下级机关或主管部门向上级领导机关提出工作意见，或贯彻某文件、指示的意见，或解决问题的措施、工作方案等。有的建议报告只要求上级机关认可，这类建议报告称为呈报性建议报告。有的建议报告要求上级机关批准转发给下级机关执行，这类报告称为呈转性建议报告。呈转性建议报告一般具有较强的政策性。工作意见或解决问题的办法措施，一旦经上级批准转发，就变成了上级机关的意志，体现了上级机关的意图，能领导和指导下级的工作。起草报告的机关要从全局出发，才能把报告写好，从而获得上级机关批转，发挥公文的效用。

（4）答复报告。答复报告是指答复上级询问事项的报告。例如，上级领导对群众来信来访中反映的问题或文件材料中反映的问题，批示下级机关查办，或询问有关情况，下级机关办理完毕，需用书面形式答复上级机关，此时使用的公文就是答复报告。

（5）报送报告。指向上级机关报送物件或有关材料的报告。

（三）报告的结构及写法

报告有多种写法，这里只介绍一般的结构和写法，同时指出实际写作中常见的一些毛病。

报告的结构包括标题、主送机关、正文、落款四部分，其中正文一般包括缘由、事项和结尾三部分。这里仅介绍标题和正文的写法。

1. 标题

报告的标题可根据需要省略发文机关，事由和文种不能省略。另外，报告的标题容易出毛病的部分是事由，对事由要注意概括、提炼。

2. 各类报告正文的写作要点

（1）工作报告。正文内容一般包括基本情况、主要成绩、经验体会、存在问题、基本教训、今后意见等几部分。这类报告篇幅较其他类型的报告长，应恰当安排其层次结构。可标出序数，分条分项陈述，也可列小标题分部分或分问题写。

基本情况可简要交代时间、背景和工作条件；写主要成绩应把工作的过程、措施、结果和成绩叙述清楚；经验体会主要写对工作实践的理性认识，要从实际工作中概括出规律性的东西来，以便指导今后的工作；写存在问题要写出工作中的缺点与不足；基本教训是指工作失误的原因和值得吸取的教训；今后意见指改进工作的意见，或者提出今后开展工作的建议。

不同类型的工作报告，在这些内容上各有不同的侧重点。

(2) 情况报告。情况报告常用于向上级汇报下列事项：

1）严重的灾害、事故、案情、敌情；

2）重要的社情、民情，如社会生活中的新动态和上级某项有关国计民生的新政策、新规定的贯彻执行情况及群众的反映等；

3）督促办理或检查某项工作的情况，如财务、税收、物价、质量、安全、卫生等项工作的检查结果；

4）举办重大活动、召开重要会议的基本情况，各级各类代表会议的选举结果等；

5）对某项工作造成失误和问题的检讨与反思；

6）其他重要的、特殊的、突出的新情况。

情况报告的写法不强求一律，但都要力求做到：

第一，内容集中、单一，突出重点，抓住事物本质，实事求是地反映情况；

第二，把情况和问题讲清楚，把事情的经过、原委、结果、性质写明白；

第三，提出处理意见和建议，要写得具体、明确、简要，尤其要注意提出意见、建议的角度，不能在报告中夹带请示事项；

第四，理顺文章的思路和结构，无论是纵式结构还是横式结构，都要脉络清楚，层次分明。

情况报告的写作要及时，以便让上级机关和有关领导尽快了解重大、特殊、突发的种种新情况。

(3) 建议报告。建议报告的内容一般比较集中，它的正文可分为情况分析和意见措施两部分。情况分析部分或者介绍情况，分析问题；或者肯定成绩，指出不足，总结经验教训；或者说明提出意见、建议的目的、原因和依据。这部分一般写得比较简明扼要。其后常以“特提出如下意见（或建议）”、“拟采取如下措施”等语领起下文。意见措施部分是在前一部分的基础上切合实际地提出做好某项工作的意见、措施、建议，这是这类报告的重点部分，也是建议报告在写法上有别于情况报告、工作报告的地方。意见措施部分往往采取条文式的写法，要求写得脉络清楚、逻辑严谨、主次分明。

有些建议报告需上级机关批转。有些则只对上级机关的某项工作、某一征求意见的文稿等提出看法、建议，不需要上级表态或批转。

(4) 答复报告。答复报告的内容要体现针对性，有问必答，答其所问，以示负责。表述要明确、具体，语言要准确、得体，不可含糊其辞、模棱两可。答复报告的正文包括答复依据和答复事项两部分内容。答复依据指上级要求回答的问题，要写得十分简要，有时一两句话即可。答复事项指针对所提问题答复的意见或处理结果，既要写得周全，又要注意不要节外生枝，答非所问。

(5) 报送报告。这类报告正文极为简单，有的甚至只有三言两语，把报送物件、材料的名称、数量说明即可。

一般报告结尾都有提出要求的习惯用语，根据报告的不同内容使用不同的习惯用语。除呈转性建议报告常以“如无不妥，请批转有关单位执行”的请求式用语作结外，其他各类报告常以“特此报告”、“专此报告”、“请审阅”、“请批示”等用语作结。

（四）报告的写作要求

报告的写作一般要求在掌握充分材料的基础上，进行综合分析，提炼出正确的主题和新颖的观点，然后用简洁的语言来表述。具体要求做到：

（1）立意要新。提炼主题，应该在占有大量材料的基础上进行分析研究，归纳出新颖的观点，从而提炼出能反映本质的、带规律性的主题。

（2）内容要真实、具体。报告的内容必须是真实的，尽管选材具有灵活性，但也要实事求是，一是一，二是二，有喜报喜，有忧报忧，绝不能编造假情况，欺骗上级。所以，起草报告的人员，要深入调查研究，尽可能亲自调查了解，掌握第一手材料，然后进行分析归纳，去伪存真。材料要具体，既要有概括性的材料，也要有典型的具体事例。

（3）重点突出。报告的内容要根据主题的要求来安排，分清主次轻重。重点的、主要的内容，要安排在前面，应详写；非重点的、次要的内容，可略写；可写可不写的内容就不写。同时，要注意处理好点和面的关系，比如既要有典型的事例，又要有面上的综合性的情况，做到点面结合，眉目清楚，说服力强。

（4）报告中不能夹带请示事项。对于报告，受文单位不用答复，如果夹带请示事项，不但不便处理，甚至还会贻误工作。

对呈转性建议报告中所提请求上级机关批转有关单位执行的意见，其实也是下级机关提出的建议，不应看做是一种请示。上级机关对此建议也不必向报告作者机关批示表态。

（5）注意情况报告与工作报告的区别。工作报告反映的是经常性的常规工作情况，而情况报告汇报的是偶发性的特殊情况；工作报告的内容相对确定，而情况报告的内容多不确定，因时因事而异；工作报告的写法基本稳定，而情况报告的写法灵活多样；工作报告有不同程度的说理，而情况报告重在叙述、说明有关情况。

第二节　请　示

一、阅读与析评

（一）请求指示的请示

【例文10—7】

关于交通肇事是否给予被害者家属
抚恤问题的请示

最高人民法院：

据我省××县人民法院报告，他们对交通肇事致被害人死亡，是否给予被害者家属抚恤的问题，有不同意见。一种意见认为，被害者若是有劳动能力的人，并遗有家属要抚养的，就给予抚恤；被害者若是没有劳动能力的老人或儿童，就不给予抚恤。另一种意见认为，只要不是由被害者自己的过失所引起的死亡事故，不管被害者有无劳动能力，都应酌情给予抚恤。我们同意后一种意见。几年来实践经验证明，这样做有利于安抚死者家属。是否妥当，请批复。

××省高级人民法院

××××年×月×日

[析评]

这是一则请求指示的请示，这类请示多涉及政策、认识上的问题，请求上级明示。正文开门见山，提出对交通肇事是否给予被害者家属抚恤有不同意见，继而申明同意的意见及同意的理由，最后提出要求，请求上级明确批复。全文观点鲜明，语言简洁。“是否妥当，请批复。”应另起一段。

（二）请求批准的请示

【例文 10—8】

关于为开展补偿贸易拟在×××服装厂
设立专车间生产点的请求

×××总公司：

今年 11 月，美国×××绸缎公司×××先生与香港×××丝绸公司×××先生来我公司洽谈业务。他们要求我公司开设专厂或专车间为其生产订货，并表示愿意提供部分缝纫设备及零部件。香港×××丝绸公司专营丝绸服装及绣衣，系我公司主要客户，资信良好。预计开展补偿贸易后，双方业务将有进一步的发展。

经研究，我们拟从×××服装厂拨一楼面（约×××平方米）设专车间生产点。该服装厂系用出口产品工业贷款筹建，共×××平方米，职工×××人，××××年生产总值×××万元，利润×万元。目前，该服装厂设备开工不足，厂房尚有空余，劳动潜力也未充分挖掘。如接受香港×××丝绸公司所提供的×××台缝纫平车、×××台双针车、×××台五线拷边机，再增加×××名工人，产值和利润均可翻一番。

最近，香港×××丝绸公司×××先生应邀来沪洽谈业务，我们邀请他参观了×××服装厂，向他介绍了该厂厂房及有关生产情况。×××先生同意采取补偿贸易方式提供上述设备（共计价值×××万港元），初步商定 3 年内该设备专为他们生产订货。预计投产后，可年产丝绸服装×××万件，收汇×××万港元。设备价款将分期从加工费中偿还。

我们认为，上述补偿项目投资少，收效快，可以考虑接受。

上述意见，如无不妥，请审核批准。

×××分公司

××××年××月××日

[析评]

这是一份请求审核批准设立项目的请示。全文具体阐述了请求要求的背景、原因及条件，理由充分，态度明朗，要求明确。文中的“拟”、“系”、“经研究”、“如无不妥，请审核批准”等用语，准确、得体，值得借鉴。

【例文 10—9】

广州市××机械厂
关于给技术革新能手×××同志
晋升两级工资的请示

××局：

我厂青年工人×××同志，入厂以来，虚心向老师傅学习，刻苦钻研技术，积极提合理化建议，去年在工程技术人员和老师傅的帮助下，实现了三项技术革新项目，被评为局系统的技术革新能手。今年以来，我厂原有产品滞销，如不迅速开发新产品，企业经营将出现极大的困难。在此情况下，×××同志积极进行市场情况调查，根据用户需要，大胆研制新产品 TS—2 型测温仪表。在全厂上下大力支持下，这项新产品已于6月份投放市场，深受用户欢迎。

为了奖励×××同志对工厂的贡献和调动全厂职工的积极性，拟将×××同志的工资级别由二级晋升为四级。

以上意见当否，请批示。

××××年×月×日（公章）

[析评]

这是一则请求批准的请示。正文最大的特点，是行文重点放在陈述理由：青工×××同志虚心、刻苦、积极，技术革新成绩卓著。结尾写主旨和请示语。值得指出的是，“请批示”宜改为“请批复”。

二、必需知识

(一) 请示的适用范围及特点

请示适用于向上级机关请求指示、批准。

具体地看，请示的适用范围主要包括如下几方面：

(1) 对上级有关方针、政策、指示或法规、规章不够明确或有不同理解，需要上级机关做出明确解释和答复。

(2) 从本地区本单位的实际情况出发，需要对上级的某项政策、规定做出变通处理，有待上级重新审定，明确作答。

(3) 在工作中出现新情况、新问题需要处理而无章可循、无法可依，需要上级机关做出明确指示。

(4) 需要请求上级解决本地区、本单位的某一具体问题和实际困难。

(5) 按上级机关和主管部门有关政策规定，不经请示有关部门批准，无权自行处理的问题。

(6) 工作中出现了一些涉及面广而本部门无法独立解决的困难和问题，必须请示上级领导或综合部门，以求得他们的协调和帮助。

值得注意的是，凡自己职权范围内的工作，经过努力能处理和解决的问题、困难，都应尽力自行解决，不要动辄请示，把矛盾上交。

与报告比较，请示的特点突出地表现为以下几点：

第一，行文内容的请求性。请示是向上级机关请求指示和批准的公文，具有请求的性质；而报告是向上级机关汇报工作、反映情况、提出建议、答复上级机关的询问或要求的公文，具有陈述性质。

第二，行文目的的求复性。请示的目的是请求上级指示、批准，解决具体问题，要求做出明确批复；而报告的目的则在于让上级知道、掌握某方面或某阶段的情况，不要求批复。

第三，行文时机的超前性。请示必须在事前行文，等上级机关作了批复之后才能付诸实施；报告则可在事后行文，也可在工作进行中行文，一般不事前行文汇报方案。

第四，请求事项的单一性。请示要求一文一事；报告可以一文一事，也可以一文数事。

(二) 请示的主要类型

请示类型有多种分类。本书根据请示的不同内容和写作意图，将其分为两类：

(1) 请求指示的请示。这类请示多涉及政策上、认识上的问题。前面所提请示的适用范围之(1)、(2)、(3)项，属这种类型。

(2) 请求批准的请示。这类请示多涉及人事、财物、机构等方面的具体问题，前面所提请示的适用范围之(4)、(5)、(6)项即属此类。

(三) 请示的结构及写法

请示包括标题、主送机关、正文和落款几部分。这里只介绍标题和正文的写法。

1. 标题

请示标题内容包括发文机关、事由和文种，发文机关有时可以省略，如“关于丹霞山风景名胜区列为国家重点风景名胜区的请示”。写标题时要注意，不能将“请示”写成“报告”或“请示报告”。标题中尽可能不要出现“申请”、“请求”之类词语。

2. 正文

请示的正文包括请示缘由、请示事项、请示要求三部分。

(1) 缘由。请示的缘由，实际上就是何以提出请示事项和要求的理由、背景及依据，要写在正文的开头。先把缘由讲清楚，然后再写请示的事项和要求，这样才能顺理成章，有说服力。请示的缘由是写作请示的关键，写得充不充分，直接关系到请示事项能否成立，关系到上级机关审批请示的态度等。如果缘由比较复杂，不能为简要而简单化，必须讲清情况，举出必要的事实、数据，实事求是，具体而明白。

(2) 事项。指请求上级机关批准、帮助、解答的具体事项。请示的事项，要符合国家法律、法规，符合实际，具有可行性和可操作性。因此，事项要写得具体、明白，并做出具体的分析。如果请示的事项内容比较复杂，则要分清主次，一条一条地写。

请示事项的撰写不能出现不明确、不具体的情况，也不能把缘由、事项混在一起写，否则上级会不得要领，不明白下级要求解决什么问题。

(3) 要求。为了使请示的事项得到答复，发文机关一定要提出要求。请示的要求常用的写法有“以上请示，请批复”、“以上意见当否，请指示”、“以上请示，请审批”，等等，虽然是很简单的一句话，但却是请示必不可少的内容。

(四) 请示与报告的异同

1. 请示与报告的相同之处

(1) 行文方向一致。均属上行文，而且是公文中用得很广泛的两大文种。

(2) 在格式上，都由标题、主送机关、正文、落款四部分组成，都应当注明签发人、会签人姓名。

2. 请示与报告的不同之处

(1) 行文目的、作用不同。请示旨在请求上级批准、指示，需要上级批复，重在呈请；报告旨在向上级汇报工作、反映情况、提出意见或建议、答复上级询问，不需上级答复，重在呈报。

(2) 行文时间不同。请示需要事前行文，报告一般在事后或者工作过程中行文。

(3) 主送机关数量可以不同。请示只写一个主送机关。报告有时可写多个主送机关，如在情况紧急需要多级领导机关尽快了解、处理问题时。正式印发请示报送上级时，还应在“附注”处注明联系人的姓名和电话，以利于主送机关在必要时查询，而报告没有此项要求。

(4) 受文机关处理方式不同。请示属办件，收文机关必须及时批复。报告多属阅件，除需批转的建议报告外，收文机关对其他报告都可不行文。

(5) 涉及内容不同。请示用于向上级机关请求批准、指示，凡是下级机关、单位无权解决、无力解决以及按规定应经上级机关批准认定的问题，均可以请示行文。而报告用于向上级机关汇报工作、反映情况、提出意见建议、答复询问。

(6) 写作侧重点不同。虽然都要陈述、汇报情况，但报告的重点只在汇报工作情况，报告中不能夹带请示事项，而请示中所陈述的情况只是作为请示的原因，即使反映情况以及阐述缘由所占的篇幅再大，其重点依然是请示事项。

(五) 请示的写作要求

(1) 一文一事。一份请示只能写一件事，这是《国家行政机关公文处理办法》的规定，也是实际的需要，如果一文多事，很可能导致受文机关无法批复。如果性质相同的几件事确需写在一份请示中，则这几件事必须是同一机关可以批复的。

(2) 单头请示。一份请示，只送一个上级领导机关，不能同时主送两个或两个以上机关。如有需要，对有关的单位可用抄送的形式。这样，可以避免出现推诿、扯皮的现象。受双重领导的机关向上级机关请示工作时，要根据请示内容的性质，主送一个上级领导机关，抄送另一个领导机关。

(3) 不越级请示。请示与其他公文一样，一般不越级请示，如果因情况特殊或事项紧急必须越级请示时，要同时抄送越过的机关。请示一般不直接送领导个人，除非是领导直接交办的事项。把应由秘书部门统一办理的请示直接送领导个人，容易误事，甚至会造成领导者之间的矛盾。

(4) 不得抄送下级机关。请示是上行公文，不得同时抄送下级机关，更不能要求下级机关执行上级机关未批准的事项。

【复习与思考】

一、名词解释

报告　请示

二、思考题

1. 试述各类报告正文的一般写法。
2. 简述情况报告与工作报告的区别。
3. 报告有何写作要求?
4. 请示的适用范围主要包括哪些方面?
5. 为什么说写好缘由是写好请示的关键?
6. 请示有何写作要求?
7. 试比较请示与报告的异同。

第十一章　批复　函　意见

第一节　批　复

一、阅读与析评

【例文 11—1】

关于同意拨款修建地下消火栓的批复

××食品公司：

你公司《关于提请拨款增设地下消火栓的请示》（××食字〔××××〕×号）已悉。经研究批复如下：

同意你公司在仓库库区范围内修建 4 处地下消火栓，有关手续请尽快同消防部门联系办理。

拨款 3 万元作为你公司修建消火栓专项包干用款，要求专款专用，不得挪作他用。不足部分请自筹解决。

×××总公司

××××年×月×日

［析评］

这是一份审批性批复，是总公司针对下属公司请示拨款修建地下消火栓而做出的具体、明确的答复。批复正文先引述来文，然后用“经研究批复如下”过渡，引入第二项内容，即批复事项。全文针对性强，态度明确，要求具体。

【例文 11—2】

关于召开分公司
工作经验交流会问题的批复

××××：

《关于在广州总公司召开工作经验交流会的请示》(×××××号)收悉。同意今年9月中旬在广州总公司召开分公司工作经验交流会，会议规模缩小为50人，会期2天。会址另定。会议所需经费请按节约开支的原则，编制预算报总公司审核。

××××

××××年×月×日

[析评]

这份批复的正文分成两部分：第一句话引叙来文字号作为批复依据、背景，第二、三句话为批复意见，态度明确，条理清楚。

二、必需知识

(一) 批复的适用范围及特点

批复适用于答复下级机关的请示事项。

批复具有以下三个特点：

(1) 被动性。批复必须依赖请示而存在。先有请示后有批复。任何一份批复都是针对请示而做出的。

(2) 针对性。批复内容有很强的针对性，请示什么事项，就批复什么事项。批复的内容是由请示的内容来决定的，批复的针对性还体现在批复的主送单位只能是请示的单位，涉及的有关单位必要时可以抄送，但范围必须有一定限制。

(3) 权威性。批复具有权威性。上级机关通过批复表态准许怎样做，不准许怎样做。下级机关必须执行上级机关的批复意见。

(二) 批复的类型

以批复的内容为根据，可以将批复分为指示性批复和审批性批复两大类。

(1) 指示性批复。对下级机关请示所涉及政策上、认识上的问题，做出指示性答复。

(2) 审批性批复。对下级机关请示涉及人事、财物、机构等方面的具体问题，做出批准、不批准或不完全批准等审批性答复。

(三) 批复的结构和写法

批复虽然篇幅比较简短，但有自身独特的结构要求，同时，对语言的准确性、明晰性要求甚高。

1. 标题的写法

批复的标题一般有以下几种写法：

(1) 发文机关+批复事项+行文对象+文种，这种写法又称为完全式，如“国务院办公厅关于深圳特区私人建房问题给广东省人民政府办公厅并福建省人民政府办公厅的批复”。

(2) 发文机关+事由+文种，如“广东省人民政府关于同意成立韶关市人民对外友好协会的批复”。

(3) 事由+文种，如“关于同意×××学院人文社科系举办校外××班的批复”。

(4) 发文机关+原件标题+文种，如“××市人民政府《关于请求市领导裁决河滨路2号住宅楼产权争议的请示》的批复”。

2. 正文的写法

正文一般包括批复引语、批复内容和结束语三个部分。

（1）批复引语（引叙来文）。《国家行政机关公文处理办法》规定，引用公文，应当先引标题，后引发文字号。如“你局《关于……的请示》（×发〔××××〕×号）收悉。”引叙来文是为了说明批复根据，点出批复对象，使请示机关一看批复的开头就明确批复的针对性。但要注意尽量避免批复引语和批复标题的重复。

（2）批复内容。即针对请示中提出的问题，给予明确具体的答复。

如果完全同意，就写上肯定性意见。一般要求复述原请示主要内容后才表态，不能只笼统写上“同意你们的意见”。这样写，是考虑到不与受文单位请示的具体内容脱节。

如果有的同意，有的不同意，就要写明同意的内容及不同意的理由（同意的不用写理由）。

如果不予批准，一定要在否定性意见后面写明理由。

（3）结束语。可以“此复”、“特此批复”、“专此批复”等收束用语作结，也可略去不写。

（四）写作批复的注意事项

写作批复除掌握其结构和写法外，还要注意以下几点：

（1）吃透请示的内容。批复是针对请示写的，要求写作人员认真研究请示的事项是否与近期的工作需要以及党的方针政策、国家的法律法规相符，另外还要研究请示事项的可行性。

（2）注意协调。批复内容若涉及其他部门，起草批复时应同有关部门商量，取得一致意见后方可行文答复。

（3）态度鲜明，批复清楚。批复的内容要简单、明确。对请示的事项哪些同意，哪些不同意，有什么具体要求，都要在批复中讲清楚，不能含混不清，也不能避而不答。

值得注意的是，在不违背以上要求的前提下，撰写不同意请示事项的批复时，要考虑下级的接受心理，体谅下级的实际困难和具体情况，使其容易接受，以便及时做出相应安排。

（4）批复的撰写和制发都要及时。

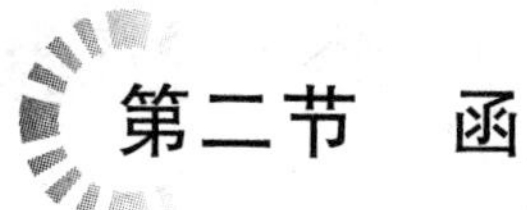

第二节　函

一、阅读与析评

（一）商洽函

【例文 11—3】

关于商请派车运送民工的函

×××省交通厅：

为做好今年的春运工作，及时运送在我省工作的外省民工回家过年，我们组织了民工运送专门车队，但由于我们运力不足，车辆不够，估计不能满足民工的要求，特请贵省派出大型客车 20 辆，与我省组成运送民工车队，负责运送贵省在我省工作的民工。

妥否？请尽快函复，以便办理有关手续。

××省交通厅

××××年×月×日

［析评］

这是一则商洽函。正文的缘由部分，开门见山，即陈要旨，继而提出要求。文末一句，语言得体，又暗含催促对方办理的压力，值得借鉴。

【例文 11—4】

××省商业储运公司

×商储〔××××〕06 号

关于××FC16SA 大卡车
存在严重质量问题要求赔偿损失的函

××省汽车贸易中心：

我公司于××××年六月六日向贵公司原业务一科购买附有商检合格证的××FC16SA 型六吨卡车 15 辆，发票 2 张，号码为 0671012、0671022，于××××年六月二十三日交货，九月中旬正式投入营运使用。该批车使用后，陆续发现前、后轮内侧胎不规则锯齿形磨损，以内侧内边缘为甚。经有关技术专家及××市公安局第七检测站检验，认定此批车存在严重质量问题，与原供货资料标准不符。我公司已于十一月初暂停止使用。为此，特向贵单位请求：

一、于本月三十日前，派员前来检验质量鉴证等问题；

二、重新按质论价，赔偿经济损失，或退货。

希贵公司讲求信用，按国家有关法律、规定与我公司共同协商解决上述商品的质量问题。

附件：一、购车发票两张

二、××市公安局检测站检验书。

××××年十一月十二日（公章）

联系人：×××、×××

电话：××××××

联系地址：××市××路××号××省××公司汽车队。

［析评］

这是一则商洽索赔的函。正文的事由部分简明扼要地交代了事情的原委、发现的情况、检验认定、采取的措施等，为提出商洽的要求提供了有力证据；要求部分写得有理有节，要求合理，并提出希望。最后附上附件作为证明材料，写上联系方法，以便联系。此函行文得体，表意明确、周密。

（二）询问、答复函

【例文 11—5】

关于商请报价的函

×××茶厂：

我公司对贵厂生产的绿茶感兴趣，拟订购君山毛尖茶。我公司要求该茶叶品质一级，规格为每包 100 克，望贵厂能就单价报价和交货日期、结算方式等给予回复。

如果贵厂报价合理，且能给予最惠折扣，我公司将考虑大批量订货。

××××副食品公司

××××年×月×日

[析评]

这是一则询问函。开头提出对对方产品有订购的意图，接着提出请对方报价及对有关事宜做出回复的要求。一般来说，正文至此就可以结束了，然作者继而又强调若对方报价合理，将考虑大批量订货，这样写，可以促使对方给出较低价，可谓匠心独运，值得借鉴。

【例文 11—6】

关于卖方降低原报价的函

××××副食品公司：

贵方×月×日还价函收悉。贵方不能接受我方的报价，非常遗憾。我厂加工的一级君山毛尖茶品质优良，且价格也合理，因此，贵方的还价我方实难接受，我方最多只能将原报价再降低5%。

盼复。

×××茶厂

××××年×月×日

[析评]

这是一则答复函。正文开头说明还价函收悉及对对方不接受报价表示遗憾。继而强调己方茶叶品质优良，价格合理，并提出降价底线，以求对方接受。最后提出函复要求。该例文行文既能注意对方的接受心理，又提出了己方的报价底线，在讨价还价中较充分地体现了函的语言特征。

（三）请批、批准函

1. 请批函

【例文 11—7】

关于拟录用××××届大中专毕业生的函

省人事厅：

根据中共××省委组织部、××省人事厅《关于××××年省级机关录用应届高校、中专学校优秀毕业生的通知》规定，我们对拟录用到我厅机关工作的大中专毕业生按规定程序进行了统一考试、面试、体检、政审。经厅党组研究，拟录用大中专毕业生24名。现将有关录用审批材料报上，请审批。

附件：录用审批材料24份

××省安全厅

××××年三月二十五日

2. 批准函

【例文 11—8】

关于批准录用×××等
××名同志为国家公务员的函

省安全厅：

你厅《关于拟录用××××届大中专毕业生的函》（国安政〔××××〕18号）收悉。

根据中共××省委组织部、××省人事厅《关于部分省级机关从××××年应届高校、中专毕业生中考试录用国家公务员和机关工作人员的通知》的规定，经考试、考核合格，批准录用×××等××名同志为国家公务员。

特此函复。

附：录用人员名单（略）

××省人事厅

××××年三月二十九日

［析评］

例文11—7和例文11—8分别是请批函和批准函例文。

例文11—7语态得体，文字简洁，先写发函的背景、依据，继而写做法、态度，最后提出请求作为结语。将需要用到的24份材料列为附件，节约正文篇幅，是个巧妙的处理。

例文11—8首先引叙来函，作为复函背景、依据；然后写批准项，这是复函重点，依据明确，态度鲜明；最后以“特此函复”作结。此函行文简练准确，文字语气合乎批准机关身份。“附”字后应加“件”字构成“附件”。

二、必需知识

（一）函的适用范围及特点

函，适用于不相隶属机关之间商洽工作，询问和答复问题，请求批准和答复审批事项。具体来说，函的适用范围主要包括四个方面：

（1）平级机关或不相隶属机关单位之间的商洽性、询问性和答复性公务联系。

（2）向无隶属关系的业务主管部门请求批准有关事项。

（3）业务主管部门答复或审批无隶属关系的机关请求批准的事项。

（4）机关单位对个人的公务联系，如答复群众来信等。

函主要有以下三个特点：

第一，适用范围广泛，使用灵活方便。既可用于相互商洽工作，询问答复问题，又可用于向主管部门请求批准事项及主管部门审批或答复事项。

第二，行文方向具有多向性。既可平行，又可以上行、下行，但大多作平行文。

第三，短小精悍。函一般较短小，内容单一，语言简洁明了。有的函只有三言两语。函有“公文轻骑兵”的称誉。

（二）函的主要类型

1. 按照内容和用途划分

按照内容和用途，函可分为三种类型：

（1）商洽函。指主要用于平行机关或不相隶属机关之间商洽工作、联系有关事宜的函。如商调干部函、联系租赁函、洽谈业务函等。

（2）询问、答复函。指主要用于不相隶属机关之间互相询问答复处理有关问题的函。

（3）请批、批准函。主要指向不相隶属的业务主管部门制发的请批函，以及业务主管部门向不相隶属的机关单位制发的批准函。有关机关、单位涉及部门业务工作，需向不相隶属的业务主管部门请求批准，但又因互相之间不是上下级的隶属关系而不宜用请示行文，此时就应用函。同理，有关主管部门向不相隶属的机关单位批准某些业务事项（例如干部录用、调动、经费拨付等），也应用复函。但在实际工作中，这类函常常误用为请示、报告、批复。

2. 按照文面规格划分

按照文面规格，函可分为公函和便函。公函，按一般公文格式需写上标题、主送机关、正文、落款，也要编上发文字号，既可由机关办文部门按发文统一编号，也可按函件单独编号。便函格式灵活、简便，写法较自由，可不写标题、不编文号。便函不列入正式文件范围。

3. 按照行文方向划分

按照行文方向，函可分为去函和复函。去函也叫来函，即是主动发出的函。复函则是针对来函所提出的问题或事情，被动答复的函。

（三）函的结构和写法

1. 标题

函的标题主要有两种写法：

（1）发文机关＋事由＋回复函对象＋文种，如“国务院办公厅关于悬挂国徽等问题给湖北省人民政府办公厅的复函”，这是较重要的复函常用的标题。

（2）只写事由和文种，省略发文机关，如“关于请求拨款举办‘民间艺术节’的函”、“关于拨款举办‘民间艺术节’的复函”，前例为去函标题，后例为复函标题。

2. 正文

去函的正文开头，一般先写商洽、请求、询问或告知事项的依据、背景、缘由。事项部分应采用叙述和说明的写作方法，是什么就写什么，既要简明扼要，又要交代清楚。要求部分可多可少，如果事项很简单，可同缘由写在一段，一气呵成；如果事项较复杂，或要求较多，往往要单列一段甚至分条列项写。不论是哪一种内容，对哪一级，要求语气都应是谦和的，既不巴结，也不生硬。如果要对方回复，则还要明确提出“请函复”、“请复”之类的结语。

复函的正文写法同批复正文写法基本一样，由引语和答复意见两部分组成。引语就是引述来函标题及来函文号。答复意见即针对来函所提出的商洽、询问或请求等问题予以答复，即表示同意或不同意，不同意是什么原因，或应该怎么办，不应该怎么办，或对询问问题做出说明等。常用的结语有“特此函复”、“此复”等。

（四）函与请示的区别

使用函还是请示，主要依据发文机关与受文机关的关系。函主要用于平级单位之间、不相隶属单位之间以及有业务上的主管和被主管关系的单位之间的工作往来。向主管单位请求批准有关事项，主管单位用复函批准请求事项。请示则用于有隶属关系的上下级机关之间，下级机关用请示向上级机关行文请求指示批准重要事项。因此，在使用请示和函时，我们首先要弄清发文机关和受文机关的关系，然后才能确定用什么文种。

（五）函与批复的区别

函有来函与复函之分，复函是用于回复不相隶属机关来函提出的事项，批复则是用来批准答复下级机关的请示。从使用范围来看，函比批复更广泛，使用更灵活。

（六）函的写作要求

（1）开门见山，直叙其事。这是函的写作的最基本的要求。函是一种比较简便的行政公文，讲究快捷，所以，函的撰写应简明扼要，切忌空话、套话，或者含糊其辞，不知所云。

（2）措辞得体，平等待人。函的语言表达非常讲究，必须礼貌、谦和、态度诚恳。对上要尊重、谦敬，但不恭维逢迎；对下要严肃，但不自傲训人；对平行单位、不相隶属单位，要以礼待人，用商量口吻，不盛气凌人。总之，语言表达要礼貌、得体、尊重对方，一般不用“必须”、“应该”、“注意”等指示性语言。

第三节　意　见

一、阅读与析评

【例文 11—9】

××市农业委员会
关于发展我市观光旅游农业的意见

××市人民政府：

随着我市农业产业结构调整步伐的加快和人民生活水平的不断提高，发展观光旅游农业已成为农村经济新的增长点。为科学有效地开发利用农业资源，促进农村经济发展，现就发展我市观光旅游农业的有关问题，提出如下意见。

一、指导思想、任务目标与原则

（一）指导思想：贯彻落实科学发展观，以农业资源综合开发利用和保护为基础，以提高经济和社会效益为中心，逐步把观光旅游农业培育成具有一定生机和活力的新兴产业，促进农村经济全面发展。

（二）任务目标：力争经过 5 年～10 年的努力，在旅游景区周围、交通干线两侧和主要农副产品生产基地，构筑起点、线、面相结合的全市观光旅游农业新格局；建立起一批不同特色、不同层次和规模，具有观光、休闲、体验和科普等多功能的观光旅游农业基地；通过发展观光旅游农业，进一步优化农村经济结构，增加农民收入，加快农村城镇化发展步伐。

（三）遵循原则：

1. 注重实效、循序渐进的原则。观光旅游农业是经济和社会发展到一定阶段的产物。各县(市)区要抓住机遇，因势利导，坚持速度、规模和效益的统一。近期，优先开发生产基地有规模、资源环境好和交通便利的观光旅游项目，积累经验，逐步展开。

2. 全面规划、突出特色的原则。各地要从实际出发，制定科学的发展观光旅游农业的规划。要适应回归自然和观光休闲的心理，注重文化品位，突出地方特色，体现乡土风情，展示农业高科技成果。

3. 用市场机制开发建设的原则。发展观光旅游农业，项目建设、资金投入和经营管理要按照市场经济的要求，鼓励多种经济成分参与开发建设。

4. 开发与保护相结合的原则。发展观光旅游农业要正确处理资源开发和环境保护的关系，防止滥占耕地。加强环境保护，实现观光旅游农业与农村经济的协调发展。

二、区域布局与重点项目

全市发展观光旅游农业，按照由近及远、功能配套、点线面连接、依托农业资源、结合旅游景区建设的构思进行布局。

近期抓好以下重点项目：

（略）

三、几项政策措施

（一）观光旅游农业享受农业税收的有关政策。利用"四荒"资源兴建的项目，执行"四荒"开发的相关政策。

（二）加大对观光旅游农业建设项目的投入。观光旅游农业是农业发展和农民增收的新增长点。市、县(市)区要作为扶持的重点，分别列出专项资金，用于项目基础设施的扶持投入或贷款贴息，各级计委、农业、林业、水利、交通、供电、电信等部门，要根据职责分工，对市里规划建设的重点给予积极支持。

（三）搞好观光旅游农业的服务设施建设。景区建设是观光旅游农业的基础，必须高起点、高品位规划，高标准、高质量建设，并与农田水利、农村小城镇、旅游景区、农业科技园区以及农业结构调整结合起来。根据项目进展情况，适时开辟观光旅游专线，为市民出游提供方便。加强导游人员的业务培训，搞好餐饮、娱乐和住宿等服务业的配套项目建设，并尽快开发观光农业产品、生态旅游商品，不断丰富观光旅游农业的内涵。

以上意见如无不妥，请批转各县(市)、区及市各部门执行。

××市农业委员会
××××年一月六日

［析评］

这是一篇上送上级机关的建议性意见。文章采用完全式标题。正文开头交代发展观光旅游业已成为农村经济新的增长点，作为行文的背景、原因。目的句之后以文种承启语"提出如下意见"引出主体（事项）。主体部分实质上是行文的下级机关对如何发展本市观光旅游农业的见解，有"指导思想、任务目标与原则"，有"区域布局与重点项目"，还有"几项政策措施"，考虑合理，内容周全，措施适当。文末以呈转类建议意见的习惯用语作结。此文一旦经市政府同意批转以后，就成为市政府对发展全市观光旅游农业的指导性意见，具有一定的行政约束力。

该文格式规范，语言得体，思路清晰，是一篇值得学习借鉴的好文章。

【例文 11—10】

关于 2005—2006 学年度第一学期教学检查的实施意见

各系：

本学期教学检查将结合"校风建设活动月"的有关活动进行。为做好本次教学检查工作，特提出以下实施意见：

一、检查的主要内容

1. 各年级各专业理论教学、实践教学和教学管理存在的问题及对策。

2. 各专业教学计划的执行情况、教学进度、前后课程内容衔接的合理性、教学大纲的执行情况及效果。

3. 教师教学情况，包括教学态度、教学方法、教学效果、教案和批改作业等情况。

4. 实操、实验、实习课程的组织管理措施及效果。

5. 学生出勤、课堂纪律、晚自习纪律情况等。

二、检查时间

教学检查时间安排在第10周～第13周，即11月×日至12月×日。

三、检查方式

1. 根据新修订的《教学工作质量检查暂行办法》（以下简称《办法》）实施检查，教师教学质量检查继续采用教师(包括系、部、教研室)互相评议以及学生评议相结合的方式进行。学生评议部分采用《教师教学质量调查表》，并用计算机处理结果。希望各系根据《办法》的要求认真做好检查工作。

2. 开展教师互相听课和评教活动。

3. 各系分别召开教师和学生代表座谈会。

4. 学院教学督导对各系进行听课等形式的教学抽查。

5. 对教学质量调查结果不合格的教师（包括外聘专任教师），各系需采用适当的方式进行整改。

四、其他

1. 希望各系领导高度重视教学检查工作，认真做好工作部署。在组织学生进行教师教学质量调查时，应要求学生按调查表中各项指标逐一实事求是地评价。要求全体学生集中参加评估。

2. 请各系注意总结经验，对教学检查过程中发现的有关问题，尤其是学生反映的突出教学问题，须按“便教、利教、为教”的要求，积极、及时地进行整改。

3. 各系须在第14周把教学检查工作的有关情况和《系(部)教师教学情况综合评定表》报教务处和人保处。教学质量情况，将作为教师评先、晋级的重要依据之一。

4. 第10周～13周旷课10节以上的学生名单统计表请各系交教务处。

5. 教学检查过程中如有新情况、新问题，请各系及时报告我处。对系教学检查的进展情况，教务处将进行抽查。

附件：《教学工作质量检查暂行办法》（略）

××××学院教务处

二○○五年十月三日

[析评]

这是一份为实施教学检查而制发的实施性意见。这类意见与工作通知的写法相似，但执行力度比工作通知有更大的弹性。全文态度明朗，条理清楚，语言明晰。由于教学检查是学校的常规工作，因而前言部分对教学检查的重要性等作了省略。文章对实施教学检查的内容、时间、方式提出了明确的要求，而将其他方面的诸多要求统一归入“其他”一类，这种写法也是可取的。

二、必需知识

（一）意见的适用范围及特点

意见适用于对重要问题提出见解和处理办法。

意见是具兼容特性的文种，其特点主要体现在以下几个方面：

（1）使用广泛性。意见既可以对工作做出指导，提出要求，又可以对工作提出建议，或者对工作做出评估，提出批评。这些功用，决定了它既可用于党政领导机关，也可用于人民团体、企事业单位；上级可用，下级甚至基层组织也可用。

（2）行文多向性。意见既可以用作下行文，表明主张，做出计划，阐明工作原则、方法和要求；又可以用作上行文，提出工作见解、建议和参考意见；还可以作平行文，对平行的或者不相隶属机关的有关专门工作做出评估、鉴定和咨询。

（3）作用多样性。有的意见具有指导、规范作用，如《中共中央关于坚持和完善中国共产党的多党合作和政治协商制度的意见》、《×县人民政府关于切实减轻农民负担的意见》；有的具有建议、参考作用，如《关于深化机关后勤改革的意见》，就是××省政府机关事务管理局上报省人民政府的一份建议性意见；有的具有评估、鉴定作用，如《关于××市创建国家卫生城市工作的考核鉴定意见》；有的具有批评作用，如人民代表按规定就某项工作对政府职能机关提出的意见和批评；有的具有探索、过渡作用，因为许多意见只是临时处理办法，是针对实践活动中因未有规定可遵循而又亟待解决的问题而提出的，这种解决办法一般并非十分成熟，即具有试验的性质，如需长期实行，则需在条件成熟时，另行制定较为稳定的规章来代替它，如原国家体改委制定的《股份有限公司规范意见》和《有限责任公司规范意见》，便被后来颁布的《中华人民共和国公司法》取代。

意见，作为上行文，应按请示性公文的程序和要求办理；作为下行文，文中对贯彻执行有明确要求的，下级机关应遵照执行，无明确要求的，下级机关可参照执行；作为平行文，提出的意见则一般供对方参考。

（二）意见的主要类型

按照性质和用途的不同，可将意见分为下述四类。

1. 指导性意见

这是党政领导机关用于布置工作的下行文，它同决定、通知等文种一样，对下级有一定的规范作用和行政约束力，但有别于决定和通知的是它具有较突出的指导性。一般来说，意见注重原则性和灵活性、规定性和变通性的结合，以便为下级办文留有更多的发挥余地。有时部署工作不宜以决定、命令、通知等文种行文，便多用意见行文，以阐明工作的原则、方法，提出要求。

2. 实施性意见

这是对某一时期某方面的工作规定目标和任务，提出措施、方法和步骤一类实施要求的下行文。这种意见指导下级工作，与实施计划的效用相似，如《××市人民政府关于

2006年成人教育工作的意见》。

3. 建议性意见

这是向上级提出工作建议、设想的上行文，它又可分为呈报性建议意见和呈转性建议意见。

(1) 呈报性建议意见是向上级机关提出某方面工作的建议，向上级献计献策，以供上级决策参考。对呈报性建议意见领导可以不行文反馈。如《××市林业局飞播站关于××××年飞播造林工作的意见》，提出了进一步搞好这项工作的7项意见，“供领导决策参考”，领导不必反馈。

呈报性建议意见的内容，也可由呈报性建议报告行文。

(2) 呈转性建议意见是有关单位就开展和推动某方面的工作提出初步的设想和打算，呈送领导审定，要求批转更大范围的有关方面执行的意见。意见一经上级机关批转，则代表了上级机关的意见。例如灭鼠防病工作，需要许多方面的支持、配合和协调，仅仅靠卫生部门是推行不了的，因此，××省爱卫会等三单位撰拟了《关于认真开展灭鼠防病工作的意见》报送省政府，若经省政府审定同意，以《××省人民政府批转省爱卫会等单位关于认真开展灭鼠防病工作意见的通知》行文，就可以要求各地政府及省级各部门“认真贯彻执行”。

呈转性建议意见的内容，也可由呈转性建议报告行文。

4. 评估性意见

这是业务职能部门或专业人员就某项专门工作、业务工作，经过调查、研究后撰写的意见，送交有关方面的鉴定、评估结果。它有时候作上行文，有时候作下行文，但主要还是作不相隶属机关之间的平行文。

此类意见又可分为鉴定性意见和批评性意见。为加强决策的科学性，对某项工作的成果、某项决策的可行性进行调查、论证、评估、鉴定后写出的意见，即是鉴定性意见，如国家爱委会国家卫生城市考核鉴定组《关于××市创建国家卫生城市工作的考核鉴定意见》、《关于××地区开发××旅游区的可行性论证意见》。批评性意见则是对某项工作做出评价、评议，指出不足和错误，同时提出改进方案的意见。

(三) 意见的结构和写法

1. 标题

一般由发文机关、事由和文种组成，也有的省略发文机关，一般采用“关于……的意见”、“对……的几点意见”等形式，如“××××学院人文社科系关于加强系团总支和系学生会工作协调的意见”。

2. 主送机关

除一些评估性意见外，绝大多数意见都要写明主送机关。

3. 正文

意见的正文一般分前言、主体和结语三个部分。

(1) 前言。一般先概括、分析当前面临的情况、问题和必须采取措施的原因等，继而以“为了……，现提出如下意见”的句式引出意见的主体。而评估性意见则一般采用“现对……，提出如下鉴定意见”的句式引出意见的主体。

（2）主体。主体部分写具体的意见，即目标、任务、实施要求、措施办法，或者建议事项、意见等。一般以条文形式分述具体意见。而评估性意见则写具体的鉴定结论。

（3）结语。呈报性建议意见一般用“以上意见供领导决策参考”、“以上意见供参考”作结。呈转性建议意见一般用“以上意见如无不妥，请批转××执行”之类语句作结。指导性意见、实施性意见常用“以上意见，请结合实际情况贯彻执行”等语作结。而鉴定性意见通常写完主体部分的结论即结束，不另写结语。

4. 落款

写明发文机关和成文时间，位于正文右下方。

（四）撰写各类意见的注意事项

（1）指导性意见因机关层次的不同而有不同要求。不同层次的领导机关使用这类意见时，内容的侧重点一般不同。高层领导机关发布的意见原则性强，政治色彩比较浓；下层领导机关的意见则比较具体，操作性比较强。

（2）实施性意见要写得具体、可行。其写作要求与实施性计划的写作要求类似，要写明具体、可行的任务、措施、步骤和实施监督等要素。

（3）注意建议性意见与建议性报告的异同。呈转性建议意见常经领导机关以通知形式批转各地执行，如前所述，它的写法、用法与呈转性建议报告相似，其内容也可由呈转性建议报告行文，都希望成为“形式上的上行文，实质上的下行文”。正文中提出的建议、意见主要不是针对上级，而是针对下级和有关方面而提出。而呈报性建议意见的内容，与呈报性建议报告相同。报告与意见两文种在用于向上级提建议时，一般来说，可以互换。

此外，在提建议问题上，报告较注重以叙述客观工作或情况为基础，意见则更偏重于叙述针对重要问题所提出的看法和处理意见。与报告相比，建议性意见较偏重于议论，针对的问题更专一、更突出和非常规一些。

（4）评估性意见要体现科学性、公正性。这类意见做出的评价、鉴定一定要科学、公正。要用事实和数据说明情况，提出的结论要实事求是，恰如其分，既不夸大拔高，也不缩小降低。尤其是批评性意见，一定要有理有据，不但要批评不足与错误，也要尽可能提出改进意见。

（5）无论哪一类意见，语言都要得体、简明。尤其是下行性意见，应少用指令性词语，多用期请性、指导性词语，以适当体现注重商榷、尊重对方的民主作风。

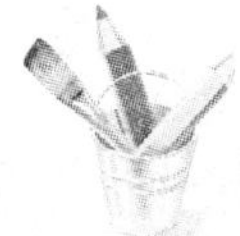

【复习与思考】

一、名词解释

批复　商洽函　询问答复函　请批、批准函　意见　呈报性建议意见　呈转性建议意见

二、思考题

1. 试述批复标题和正文的一般写法。
2. 试述请批函和请示的区别。
3. 试述函和批复的区别。
4. 试述主管部门的内涵。
5. 去函与复函正文的写作有何不同?
6. 函有何写作要求?
7. 试述建议性意见与建议性报告的异同。

第三部分

The third part

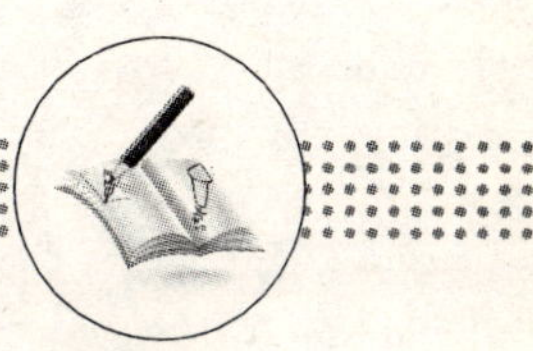

法规与规章文书写作

第十二章 法规与规章文书概说

法规和规章具有规范行为、约束行动等作用，以保证工作、生活、学习、生产的正常进行，在社会生活及各项工作中，应用相当广泛。在学习法规和规章的写作之前，本章对法规、规章的含义、特点、类型和区别先作一介绍。

第一节 法规与规章的含义和特点

一、法规、规章的含义

法规是国家或地方立法机关、国家最高权力机关，为实施行政领导和管理，在其权限范围内按照法定程序制定并发布实施的、具有普遍约束力和强制执行性的规范性文书的总称。法规文书，主要包括条例、规定、办法。

规章是各级领导机关及其职能部门、社会团体、企事业单位，为实施管理，规范工作、活动和有关人员行为，在其职权范围内制定并发布实施的、具有行政约束力和道德行为准则的规范性文书的总称。规章文书，主要包括章程、规定、办法、细则、规则、规程、制度、准则和守则等。

二、法规、规章的特点

（一）执行上具有强制性

各类法规、规章对其所确定范围内的所有单位和人员，都具有或者法律的、或者行政的、或者道德的约束力和强制或倡导执行的效用。一旦正式公布，有关单位和人员都必须遵守执行，否则就会分别受到法律的制裁和行政、纪律处分。

（二）内容上具有周密性

法规和规章在内容上有一个很明显的特点，就是面面俱到，具有周密性。它以严肃与严密为出发点，对所涉及对象的各个方面，都要做出相应的规定：应该怎样，不应该怎样，做好了怎么奖励，违反了怎么处理，奖惩由谁办理，什么时间办理，等等，都逐条逐项说清楚、周全，不能有丝毫疏忽与遗漏。为了保证每条规定都有明确的含义，语言必须准确、明晰、无懈可击，不能有不清楚、不周全、不严密的地方。

（三）表达上具有条款性

法规和规章在表达上采用条理分明的章断条连式结构或条文并列式结构。这部分内容在第五章第三节已作介绍。

（四）行文具有依附性

法规和规章文书可以直接颁发，也可以依附“令”、“公告”或“通知”予以发布，具有运行的依附性。“令”、“公告”和“通知”是其所依附而赖以运行的载体。

第二节　法规与规章的类型及区别

一、法规和规章的类型

（一）法规

法规包括行政法规和地方性法规两种。

行政法规是国务院为领导和管理国家各项行政工作，根据宪法和法律，由国务院及其各主管部门制定并经国务院批准发布的法规。地方性法规是地方国家权力机关根据本行政区域的具体情况和实际需要，依法制定的本地区的法规。

（二）规章

规章按其性质、内容，可分为行政规章、组织规章、业务规章和一般规章。

1. 行政规章

按作者及其权限，可分为以下两类：

(1) 国务院部门规章。是由国务院下属各部、各委员会制定、发布的规章。

(2) 地方政府规章。是由省(自治区、直辖市)、省和自治区政府所在市和经国务院批准的较大的市的人民政府制定的规章。

行政规章常用规定、办法、细则等文种。

2. 组织规章

是指对一个组织或团体的性质、宗旨、任务、组织原则、成员及其权利义务、机构及职权、活动及纪律等做出系统规定的规章。组织规章的常用文种是章程。

3. 业务规章

是指对专项业务的性质、内容、范围及其运作规范等做出系统规定的规章。业务规章的常用文种为章程。

4. 一般规章

一般规章是各级各类机关、团体、企事业单位，为实施管理、规范工作和活动，在其职权内制发的规章。这类规章便是通常所说的规章制度。一般规章的常用文种有规定、办法、准则、细则、制度、规程、守则、规则等。

二、法规与规章的区别

（一）效力大小不同

法规从属于宪法和法律，具有强制执行的法律效力，违反法规就是违法行为，法院可以将之直接作为法律适用的依据。而规章则具有行政约束力，违反规章是违规行为，要受到相应的行政处罚或批评教育。

（二）制作主体不同

法规的作者有严格的限定，不是任何机关都能制定法规的。按照《中华人民共和国宪法》、《中华人民共和国国务院组织法》、《中华人民共和国地方各级人民代表大会和地方各级人民政府组织法》及《行政法规制定程序暂行条例》的规定，行政法规由国务院制定；地方性法规由省（自治区、直辖市）人民代表大会及其常务委员会、省会所在市和经国务院批准的较大的市（一般为计划单列市）的人民代表大会制定；民族自治地方的人民代表大会则可制定自治条例等单行地方性法规。

规章的制定主体的范围十分广泛，但也有规范性要求。国务院各部门、省（自治区、直辖市）、省会所在市及经国务院批准的较大的市的人民政府可制定行政规章，党的各级领导机关、民主党派、社会团体可制定组织规章；企业可制定业务规章；所有的机关、团体、单位都可制定相应的一般规章。

（三）制发程序不同

此部分内容在第一章中已作介绍，不再赘述。

（四）使用文种有所不同

法规使用的文种有条例、规定、办法等，其中条例只能用作法规（党务文件例外）。规章使用的文种较多，除规定、办法兼用作规章文种外，其他规章文种有章程、细则、制度、规则、规程、守则、准则等。

【复习与思考】

一、名词解释

法规　行政法规　地方法规　规章

二、思考题

1. 法规和规章具有哪些特点？

2. 规定、办法既可作法规文书，又可作规章文书，什么条件下规定、办法是法规文书？什么条件下是规章文书？

第十三章 章程 条例

第一节 章 程

一、阅读与析评

【例文 13—1】

广东中南公司章程（草案）

第一章 总 则

第一条 为贯彻广东省商业储运公司关于“储运、贸易、维修、稳步增长”的经营方针，活跃市场，方便人民生活，特成立广东中南公司。

第二条 广东中南公司（以下简称公司）是在广东省商业储运公司直接领导下的独立核算全民所有制企业，科级编制。地址在广州市××路××号，法人代表是×××。

第三条 公司是为商品流通服务，方便购销、方便群众生活的经营机构。

第四条 公司的宗旨是：客户至上、信誉第一、优质服务、严格管理，不断提高经济效益和社会效益。

第二章 组织体制

第五条 公司直接对外进行经营业务活动。在经济中具有法人地位，经理是法人代表。

第六条 本公司干部、职工的来源是省商业储运公司，经营的资金由广东省商业储运公司拨款，注册资金为××万元。

第七条 公司实行经理负责制，经理是行政负责人，由省商业储运公司经理聘任，接受委托负责本公司的经营管理。

第八条 公司内部设置饮料部、开发部、家电部、储运部。

第九条 选出代表参加上级公司职工代表大会，树立职工的主人翁责任感，保障职工当家做主的权利。

第三章　经营范围

第十条　本公司经营范围：主营批发、零售五金交电、家用电器、照相器材、饮料制品、工艺品、日用百货、纺织品、日杂用品、农副产品；兼营批发、零售塑料制品、装饰材料、代购代销、建筑材料、商品装卸、包装整理。

第十一条　生产经营方式是：批发、零售、服务、代购代销。

第四章　经营管理

第十二条　本公司在上级公司指导下进行经营业务活动并遵守国家政策法令，制定各项规章制度，并严格执行。

第十三条　各项营业收费按国家物价部门规定标准执行，不得乱收费。

第十四条　在业务活动中以与对方单位签订合同的形式来明确各自的责任，如发生违约，按照《中华人民共和国经济合同法》有关规定处理。

第十五条　公司内部各部门之间坚持团结协作、平等互利、利益均衡的原则。凡涉及某一班组的利益情况，必须及时协商妥善解决，不允许任何一方利益受损害。

第五章　财务结算和收支分配

第十六条　收入、费用、付款结算按人民银行制度规定办理。

第十七条　本公司会计核算按照《会计法》和《成本条例》以及上级规定的财务、会计制度进行账务处理，按国家规定照章纳税，做好审计工作。

第十八条　本公司实行经营承包责任制，由上级公司下达财务承包任务，所创超额利润由省商业储运公司定出留成比例，其余上缴省商业储运公司统一对国家财政。

第十九条　本公司对职工的劳动报酬实行“各尽所能，按劳分配”。

第六章　附　则

第二十条　加强对干部职工思想政治教育和业务培训，提高服务质量和业务水平。

第二十一条　公司领导必须关心职工生活福利，在力所能及的范围内解决职工实际困难。

第二十二条　定期对干部、职工进行考核，奖励和惩罚按《企业职工奖惩条例》和上级公司《人事管理制度》执行。

第二十三条　本章程未有规定的事宜及在实践中有不完善之处，其修订、补充权归本公司主管单位。

[析评]

这是一则组建公司的章程。标题由单位名称和文种构成。公司尚在筹建，章程未经全体职工代表大会通过，故标“草案”。经职工代表大会通过后，方能去掉“草案”字样，并在标题下的括号中写上通过日期。

正文依据公司所决定的经营方略，分章列条写出“总则”、“分则”、“附则”。总则 4 条，分别说明公司的性质、宗旨、名称、编制、地址和法人代表。分则 4 章共 15 条，分别规定了公司的组织体制、经营范围、经营管理、财务结算和收支分配等事项，使公司在以后的经营活动中有章可循。末章附则4条，说明未尽事宜。

二、必需知识

（一）章程的含义和特点

章程是有条理有程式的规章，是政党、团体、企业等社会组织对本组织的性质、宗旨、任务、组织机构、组织成员、活动规则或企业的权利、义务、经济性质、业务范围和规模、活动制度以及就某项业务所制定的准则和规范。它是一组织（或业务）的纲领性文件，具有行业（或业务）的规范性和组织约束力，该组织全体成员（或从事该项业务的人员）都必须遵守，照“章”行事，如果违反章程规定，要受到处理，直至被停职或开除。

章程与条例、规定、办法、细则等文种相比较，有以下两个显著特点：

（1）准则性强。凡成立一个团体、组织，都必须制定一个章程。根据国家有关方面的规定，申报成立团体组织，必须同时上报该组织的章程草案，以便主管部门和社团登记部门全面了解组织的性质和宗旨。团体一旦获准成立，首先应审定通过章程，用以约束全体成员，并作为组织一切活动的准则。

（2）使用广泛。目前章程主要用于制定组织规程，还用于规定机构性质、任务、某项活动的原则，从总体上说，使用还是较为广泛的。章程还可作为涉外法律文书。中外合资企业用其规定本企业的宗旨、组织原则、经营范围、经营管理方法等，此时它是约束本企业投资各方的规范性文件。

（二）章程的主要类别

（1）组织章程。用于制定社会组织的组织准则和成员行为规范的组织章程最为常见。这类章程具体规定社会组织的性质、宗旨、任务、组织原则、机构设置、任务职责、成员资格、权利、义务、纪律、经费来源及使用等。如《中国共产党章程》、《中国作家协会章程》等。

（2）规范章程。用于制定某项活动的准则或某些事项的治理依据的规范章程也较多。其内容主要是明确标准做法、具体原则要求，或确定某项活动的宗旨、程序、安排、要求等。如《少年儿童业余体育学校章程》、《×××奖学金章程》等。

（3）企业章程。主要用于规范合资企业的经济活动、管理活动的企业章程，随着中外合资企业、内资联营企业的增多，也逐渐较多地被使用。章程功能及使用要求在《中华人民共和国中外合资企业法》和《中华人民共和国中外合资企业法实施条例》的有关条款中有详细表述。章程还可用来制定国内企业的工作规程，如《中国人民保险公司章程》。

（三）章程的结构和写法

章程的结构由标题、总则、分则和附则构成。

1. 标题

由组织、活动、事项、单位或团体的全称加“章程”两字构成。有的还在标题下面注明此章程通过的时间和会议名称。

2. 正文

此为章程的主体。正文的内容包括总则、分则、附则三部分。下面主要介绍组织章程和企业章程正文的总则、分则和附则的写作要点。

（1）总则。总则是章程的纲领，对全文起统率作用。有些党派团体的章程采用“序条式”写法，将总则部分作为总纲，不分章条而独立于分则各章之前，如《中国共产党章程》、《中国共产主义青年团章程》等。组织章程总则部分，一般要阐明组织的名称、性质、宗旨、任务、指导思想和组织本身建设的要求等内容。企业章程的总则部分，一般要写明企业名称、宗旨、经济性质、隶属关系、业务范围等内容。

（2）分则。

1）组织章程分则部分一般需写明以下内容：

组织人员：参加条件、参加手续和程序、承担义务和享受的权利、对成员的纪律规定等。

组织机构：领导机构、常务机构和办事机构的设置、规模、产生方式和程序、任期、职责、相互关系等。

组织经费：来源和管理方式。

组织活动：内容和方式。

其他事宜：视不同组织、团体的需要而确定。

2）企业章程分则部分一般需写明资本、组织、人事管理、资产管理、业务范畴、运作程序、利润分配等。

（3）附则。附则是补充说明部分。无论是组织章程还是企业章程，附则一般都要说明解释权、修订权、实施要求、生效日期，本章程与其他法规、规章的关系及其他未尽事项等。对于组织章程，还需说明办事机构地址或对下属组织的要求等内容。而企业章程则一般写公布施行与修改补充等问题。也有的章程不写附则内容，如党章、共青团章程等。

（四）章程写作的注意事项

（1）使用要规范。章程使用较为广泛，但具体使用必须规范。就现阶段来说，用于制定组织章程、企业章程及业务性质的章程较多。但也常见一些规范性文件，本该用其他文种如规定、办法、规则来行文的，却往往用了章程，造成滥用、误用章程的情况。一般说来，章程主要用于制定组织准则。要制定单位某方面的规范时，如果其内容比较单一，而时效又比较短，则应该用其他规范性文件行文。即使是用来制定组织规程，也要履行规范的程序，必须先以草案形式发到会员手中征求意见，在此基础上再经本组织最高级会议（如会员大会、会员代表大会）审议通过。在使用过程中，不能只由少数人草拟，匆匆公布施行。如果是合资企业的章程，则必须在充分协商，条款内容经过反复讨论，成熟后才使用；一般先由合资各方以签署“意向书”、“会谈纪要”的形式发布，再经各方深入细致的磋商，取得共识，且经有关部门审核后，才在“意向书”或“协议书”的基础上以章程的形式成文。因为章程是合资企业的最高行为准则，未经充分协商或条件不成熟的，都不宜成文。

（2）结构要严谨。章程结构要合乎规范写法。格式规范、结构严谨的章程有助于维护其严肃性。

（3）条款要简短单一。除一些大型团体组织章程内容比较丰富，条款可以相对长些外，一般章程的条款要写得简短些。最常见的毛病是在写作组织宗旨、任务时，一般性的内容多大段列入，显得文字繁冗。若一般性原则写得过多，则指导性、操作性就较差。只有每条内容表述一个完整独立的意思，才便于执行。此外，还要注意对团体组织及其成员意愿的准确把握。

（4）要注意章程与简章的区别。简章，通常是对某项工作、某一事项的办理原则、要求、方式、方法作出规定的文书，内容只是有针对性地说明某一工作或事项的办事程序，在性质上更接近于“规定”和“办法”，如《××市市级机关招收公务人员简章》、《××大学招生简章》等，而章程在适用范围上和写法上均与之不同。

第二节　条　例

一、阅读与析评

【例文 13—2】

中国共产党机关公文处理条例

（中共中央办公厅一九九六年五月三日发布）

第一章　总　则

第一条　为适应中国共产党机关（以下简称党的机关）工作的需要，实现党的机关公文处理工作的科学化、制度化、规范化，制定本条例。

…………

第六条　党的机关的办公厅（室）应当设立秘书部门或者配备秘书人员具体负责公文处理工作，并逐步改善办公手段，努力提高工作效率和质量。秘书人员应当具有较高的政治和业务素质，工作积极，作风严谨，遵守纪律，恪尽职守。

第二章　公文种类

第七条　党的机关公文种类主要有：

（一）决议用于经会议讨论通过的重要决策事项。

…………

（十四）会议纪要用于记载会议主要精神和议定事项。

第三章　公文格式

第八条　党的机关公文由版头、份号、密级、紧急程度、发文字号、签发人、标题、主送机关、正文、附件、发文机关署名、成文日期、印章、印发传达范围、主题词、抄送机关、印制版记组成。

（一）版头　由发文机关全称或者规范化简称加“文件”二字或者加括号标明文种组成，用套红大字居中印在公文首页上部。联合行文，版头可以用主办机关名称，也可以并用联署机关名称。在民族自治地方，发文机关名称可以并用自治民族的文字和汉字印制。

…………

（十七）印制版记由公文印发机关名称、印发日期和份数组成，位于公文末页下端。

第九条　公文汉字从左至右横排；少数民族文字按其书写习惯排印。公文用纸幅面规格可采用 16 开型（长 260 毫米，宽 184 毫米），也可采用国际标准 A4 型（长 297 毫米，宽 210 毫米）。左侧装订。

…………

第四章　行政规则

第十一条　行文应当确有需要，注重实效，坚持少而精。可发可不发的公文不发，可长可短的公文要短。

…………

第五章　公文起草

第十六条　起草公文应当做到：

…………

第十七条　起草重要公文应当由领导人亲自动手或亲自主持、指导，进行调查研究和充分论证，征求有关部门意见。

第六章　公文校核

第十八条　公文文稿送领导人审批之前，应当由办公厅（室）进行校核。公文校核的基本任务是协助机关领导人保证公文的质量。公文校核的内容是：

…………

第七章　公文签发

第二十一条　公文须经本机关领导人审批签发。重要公文应当由机关主要领导人签发。联合发文，须经所有联署机关的领导人会签。党委办公厅（室）根据党委授权发布的公文，由被授权者签发或者按照有关规定签发。领导人签发公文，应当明确签署意见，并写上姓名和时间。若圈阅，则视为同意。

第八章　公文办理和传递

第二十二条　公文办理分为收文办理和发文办理。收文办理包括公文的签收、登记、拟办、请办、分发、传阅、承办和催办等程序。公文经起草、校核和领导审批签发后转入发文办理，发文办理包括公文的核发、登记、印制和分发等程序。

…………

第九章　公文管理

第二十五条　党的机关公文应当发给组织，由秘书部门统一管理，一般不发给个人。秘书部门应当切实做好公文的管理工作，既发挥公文效用，又有利于公文保密。

…………

第十章　公文立卷归档

第三十三条　公文办理完毕后，秘书部门应当按照有关规定将公文的定稿、正本和有关材料收集齐全，进行立卷归档。个人不得保存应当归档的公文。

…………

第十一章　公文保密

第三十五条　公文处理必须严格遵守《中华人民共和国保守国家秘密法》及有关

保密法规，遵守党的保密纪律，确保党和国家的安全。

第十二章　附则

第三十八条　本条例适用于中国共产党各级机关。

…………

第四十条　本条例自发布之日起施行。

[析评]

这篇条例全文共 12 章 40 条。第 1 章总则共 6 条，阐述制发条例的目的、公文含义、公文处理及原则和主管机构等。这是该条例的指导原则，属于导语性质，写得简明扼要。从第 2 章至第 11 章共 31 条，是该条例的主体部分，具体而明确地阐明了中国共产党机关公文处理的主要内容。作为附则的第 12 章共 3 条，说明条例的适用范围、解释机关和施行日期。

《中国共产党机关公文处理条例》与《国家行政机关公文处理办法》在内容上存在一些差异。

二、必需知识

(一) 条例的含义、适用范围及特点

国务院办公厅发布的《行政法规制定程序暂行条例》规定："对某一方面的行政工作作比较全面、系统的规定，称'条例'"。

条例是对某方面工作、某些事项或机关、团体的组织、职权等做出较全面系统的带有规章制度性质的规定。条例的规范对象较为重大，涉及面较广，且一般是作为法律的重要补充，是行政法规的主要形式。其内容较为全面系统。

可以看出，条例的制发机关主要是行政机关，从现阶段使用情况看，主要是国家及省、直辖市、自治区两级，国家一级包括权力机关和行政机关，省（市、自治区）一级主要是权力机关使用，用以制定地方性法规。有时中央的职能部门也使用，但较少见。

条例的适用范围，主要有以下三个方面：

(1) 施行法律条文。有些条例是实施法律的具体法则，与有关法律配套使用，其规范层次较高。

(2) 制定管理规则。有些条例是某项工作的管理规则。如《化妆品卫生监督条例》、《中华人民共和国审计条例》、《中华人民共和国治安管理处罚条例》、《社会团体登记管理条例》、《兽药管理条例》、《公共场所卫生管理条例》、《楼堂馆所建设管理暂行条例》等，都是就某方面工作提出管理规则。这类条例为数不少。

(3) 确定职责权限。条例还用以制定某类组织或人员的任务、权利、职责，如《会计人员职权条例》。这类条例为数不多。

条例和其他法规性公文比较起来，有三个较为显著的特点：

第一，法规性强。作为典型的行政法规文种，其法规性强是十分明显的。我国的单行法规、地方性法规主要用条例行文。新中国成立初期，我国一些基本法律，如《刑法》、《刑事诉讼法》，在尚未制定之前，都是用"条例"这种形式先制定单行法规的。我国具体法律的制定过程，通常先以"条例"的形式发布，经过一段时间的实践，再以"法"的形

式发布，因此，可以说“条例”是一些法律试行阶段的主要形式。同时，条例又是法律条款具体化的常用形式，如《中华人民共和国劳动合同法》颁布以后，为对各类劳动合同进行具体管理，便用《劳动合同法实施条例》等一组法规对其加以具体化。条例是行政法规和地方性法规的主要形式，法规性强是条例的特点之一。

第二，时效较长。条例既然是行政法规和地方性法规的主要形式，它就同时具有时效性较长的特点。条例在法规性公文中是规格最高的一种。它作为法律的重要补充形式，一般都是对一个时期内的规范对象加以规定。而对一些阶段性的，甚至是不很成熟的，则用其他法规形式。同时，在条例的条款设计中，应该考虑到它的这一特点，一些临时性条款不宜写入，更不能匆匆制定，不断更改。当调整对象消失或出现新情况时，条例就自然失效了。当然，这需要通过有关文件明令废止或宣布失效。

第三，制发严格。条例制发严格的特点主要表现在对适用范围的限制上。其他法规文件使用较为灵便，使用时限可长可短，而条例必须用于制定较为长期、较为全面的规范，因而，条例主要用于表述较为重要的行政法规和地方性法规。制发严格还表现在文种使用的限制上，虽然国务院的各部门、地方人民政府也可使用“条例”，但制定规章不得使用条例。此外，条例在制发程序上也较为严格，通常由权力机关批准，有关部门公布，或由权力机关直接通过公布，或由行政机关批准，有关部门公布；地方性法规用条例行文的，大多由地方权力机关制发，这是条例的权威性与有效性的重要保证。

（二）条例的结构和写法

1. 标题

条例标题大致有两种写法。一是由规范范围、规范对象加“条例”构成，如“中华人民共和国种子管理条例”等，国家行政法规、地方行政法规及比较大型的条例均用这种写法。二是规范对象加“条例”构成，如“矿山安全监督条例”、“借款合同条例”、“行政法规制定程序暂行条例”、“楼堂馆所建设管理暂行条例”。

条例标题的写法具有法规文书标题写法的一般特点：一是标题中不出现制发机关，只显示范围和内容，在题下再加注制发机关；二是一般不出现行政公文常用的“关于……的”这一介词结构。

2. 正文

条例的正文由因由、规范和说明三部分构成。

（1）因由。条例的因由一般在开篇第一条写明制定目的、依据。如《水土保持工作条例》：“第一条　防治水土流失，保护和合理利用水土资源，是改变山区、丘陵区、风沙区面貌，治理江河，减少水、旱、风沙灾害，建立良好生态环境，发展农业生产的一项根本措施，是国土整治的一项重要内容。为了做好水土保持工作，特制定本条例。”这里既写明了制定目的，又说明了工作意义。

因由部分写作时要注意，实施法律条文的，应写明制定依据。如果所依据法律有明确条文规定的，应写出具体条款，没有的则只写出所依据的法律名称甚至只笼统提“有关法律”、“有关规定”。制定管理规则和职责权限的，一般写明制定目的就行了。当然，也有些条例不写因由，开篇第一条就写出适用范围。

（2）规范。条例的规范是它的主体部分。适用范围不同，条款构成就有所不同。条例常见两种结构方式，一般来说，篇幅长、条款多的用章断条连式结构，反之则用条文并列式结构。

实施法律条文的条例，其内容因实施需要而确定，一般需要对原件条款、适用范围等加以具体化，如《借款合同条例》（已废止），分别对该条例的适用范围，合同订立和履行、变更和解除，违约责任和违法处理等均做了具体规定。这类条例，多数是原件有关条款的具体扩展，是实施原法律不可缺少的法规，故要写得具体明确，特别需要围绕实施内容来确定。

制定管理规则的条例，多提出一些管理原则、管理责任、管理内容及要求、方法，如《广东省城市建设综合开发公司管理条例》，分别对城市建设综合开发公司的企业性质、宗旨、具备条件、审批程序及土地开发、房屋售价、周转资金、财务管理等做出了规定。

确定职责权限的条例，规范部分主要规定有关机构、组织或人员的职责、权限、任务、组织方式等。如《全民所有制工业企业职工代表大会条例》，具体规定了职工代表大会的职权、职工代表、组织制度、与工会的关系、车间和班组的民主管理等事项。

（3）说明。说明项是对施行该条例或有关事项的附带说明，说明的内容包括适用范围、词义解释、制定权、解释权、监督执行权、施行日期、废止有关文件等。这部分一般放在“附则”中或作为最后几条列出。

三、条例的写作要求

（1）使用要恰当。条例使用有严格的限制。从现阶段来看，它是国家行政法规的最高形式，用以制定管理国家的各项行政工作的法规，地方人民政府（省级）也用以制定地方性法规。根据《行政法规制定程序条例》规定，国务院各部门、各地方人民政府制定的规章不得称“条例”，说明使用条例有严格的限制，用以规范较重大事项时才能使用。要制定单方面规范或比较具体的规范时，可以用其他法规文种。至于企事业单位和群众团体是不能使用“条例”的。常见有些单位误用条例制定本单位的规章制度，如“基金条例”、“分房条例”等，这是应该加以注意的。

（2）条款要周密。条例的条款必须周密。一方面，条款必须符合国家的有关法律、法令及有关方面的政策，不得与有关文件相抵触；另一方面，规范内容必须完备，若条款有遗漏，留下空白点，执行起来易被人钻空子。此外，在条款的具体表述上也要做到周密，使条款表述得精密确切，无懈可击。

（3）体式要规范。条例的严肃性与周密性，还要在体式的规范上体现。

（4）要切实可行。制定条例要从实际出发。在制定某一方面的条例时，一定要进行深入细致的调查研究，通过调研，使所制定的条例符合实际，且切实可行。

【复习与思考】

一、名词解释

章程　条例

二、思考题

1. 试述组织章程、企业章程的总则、分则和附则的写作要点。
2. 章程写作有哪些注意事项？
3. 如何理解条例法规性强的特点？
4. 条例的适用范围主要表现在哪些地方？
5. 条例标题的写法与行政公文标题的写法有何不同？
6. 条例常用什么结构成文？
7. 条例的写作要求较高，主要从哪些方面体现出来？

第十四章　规定　办法　细则

第一节　规　定

一、阅读与析评

【例文 14—1】

××市小型国有企业租赁经营试行规定

第一章　总　则

第一条　根据国家有关文件精神，为了探索新的经营方式，进一步搞活小型企业，特制定本规定。

第二条　本规定适用于我市实行租赁经营的小型国有企业。

第三条　对小型国有企业实行租赁经营，是在不改变企业所有制性质的前提下，依照所有权与经营权适当分开的原则，实行租赁机制与按劳分配原则、民主管理制度相统一的一种社会主义经营方式。

第四条　企业租赁经营，只是经营方式的改变，其行政隶属关系、党群关系和财政、税收渠道不变。

第二章　租赁程序

第五条　企业的出租权属于国家。企业出租，由主管局（公司）会同财政局审查批准。

第六条　租赁企业的方式。可以集体承租，也可以个人承租，以集体或企业全体职工承租为主要租赁方式。

第七条　出租企业面向社会实行公开招标。

第八条　凡中华人民共和国公民，拥护党的十一届三中全会以来的路线、方针、政策，有经营管理能力和相当于中等专业以上的文化水平（集体承租的指代表），有一定数量的个人财产和两位具有正当职业并有一定财产的保人（集体承租不用保人），均可投标。经出租方资格审查合格的投标者，允许到投标企业调查，编写投标书和经营管理企业方案。

第九条　由出租方和聘请的有关专家、学者及出租企业的职工代表，组成考评委员会，对投标者进行答辩考评，从中选择优秀者，经企业主管部门进行品德、业绩考核后，确定承租人。

第十条　承租人确定后，出租方和承租方须签订租赁合同。其主要内容应包括：租赁双方的权利与义务、租赁期限、租金数额与缴纳方式、利益分配、债权与债务处理等事宜。由企业主管部门负责人、承租人和保人代表在租赁合同上签字。

第十一条　在签订合同的同时，由出租方、承租方及财政局、银行代表对出租企业的资产进行核查注册，作为租赁合同的主要附件。

第十二条　合同签字后，由租赁双方持合同向公证部门申请公证。公证部门确认合同合法，出具公证书后，租赁合同正式生效。合同与公证书的正本交出租企业的主管部门，出租企业、承租人和公证处各一份，副本报工商行政管理部门和有关银行备案。正本与副本具有同样法律效力。

第十二条　承租人(集体承租的指代表)如不是企业租赁前的法人代表，须持变更企业法人代表申请报告、租赁合同及公证书，到工商行政管理部门办理变更法人手续、领取营业执照。

第十四条　租赁手续办理完毕后，由企业主管部门负责人陪同承租人到所承租的企业，召开职工大会，宣读租赁合同，承租人正式就职。

第三章　承租人的权利与义务

第十五条　承租人是企业租赁期间的法人代表，是从事社会主义经营活动的劳动者。

第十六条　承租人对租赁企业的生产经营和行政管理全面负责。有权自主使用、支配企业的财产，使设备不断更新；有权决定企业机构设置、人员配备、分配形式和经营方式；在保证完成国家计划的前提下，有权按工商管理规定从事多种经营。

第十七条　承租人必须认真贯彻执行国家的方针、政策和有关规定，不得违法经营；必须接受国家下达的指令性计划，完成合同规定的各项经济技术指标；必须接受政府有关部门的监督指导，不得随意改变国家规定的经营方向。

第十八条　承租人必须努力提高经济效益，带领职工走共同富裕的道路，在政策允许的范围内，逐步提高职工的收入，改善职工的生活福利待遇。

第十九条　承租人要尊重职工的民主权利，定期向职工代表大会报告工作，听取职工的意见和建议；要维护职工的劳动权利，不得无故裁减人员；要主动向企业党组织报告工作，接受党组织的监督。

第二十条　承租人必须树立职业道德观念，文明生产，文明经商，不断提高产品质量和服务质量，维护消费者利益。

第二十一条　承租人必须对企业的全部财产实行社会保险。

第四章　租　金

第二十二条　实行租赁经营的企业，除了照章纳税外，要向企业的主管部门缴纳租金。工业企业缴纳的租金，主管部门按规定返给企业，作为企业留利，在国家和地方财政部门规定范围内合理使用；商业企业缴纳的租金，主管部门按规定可提取行业发展统筹基金。

第二十三条　核定租金要兼顾国家、企业、职工、承租人四方利益，在保证国家增收、企业多留、职工收入逐步增长的原则下，依据企业固定资产、自有流动资金、经营状况、地理环境和市场动态等因素，参考本规定附后的计算公式，由租赁双方具体商定。

第二十四条　租金可分为基数递增租金和固定租金两种形式。基数递增租金，是指由租赁双方商定各租赁年度的基数利润和基数租金，并在基数租金基础上，按计租年度企业的实际利润与基数利润的比例适度上浮计算出实际租金。当实际利润低于基数利润时，承租人要照交基数租金。固定租金，是指由租赁双方商定不因利润增减而上下浮动的承租各年度的租金数额。承租人按年度缴纳租金。小型商饮服务企业或亏损工业企业可采用固定租金形式，其他企业一般应采取基数递增租金形式。

第五章　承租人的收入

第二十五条　租赁企业在租赁年度留利中扣除当年租金后，剩余赢利在企业和承租人之间按合同规定的比例分成。承租人分得的红利即为个人劳动所得，受国家法律保护。

第二十六条　鉴于承租的风险性和市场的多变性，承租人分得的红利不宜全部转为消费基金。一般以支取职工年平均收入的5倍左右为宜，剩余部分作为承租保证金存入企业，不计利息，不分红利，租赁终止时一次或分期从企业提取。承租保证金在承租人提取前暂不缴纳个人所得税。

第二十七条　承租人在租赁期内停发工资、奖金，但保留工资级别，享有晋级权；终止租赁合同后，享受其应有的工资待遇。

第二十八条　如租赁年度的企业留利不足以缴纳租金时，承租人必须以个人财产抵补。承租人个人财产不足应补数额时，以保人财产抵补。因承租人过失，造成严重损失，要依法追究其责任。

第六章　合同的变更、终止或解除

第二十九条　租赁双方均不得随意变更、终止或解除合同。如单方变更、终止或解除合同，须按国家经济合同法规定承担经济责任。

第三十条　由于国家政策、法规和客观环境发生预料不到的重大变化，致使租赁经营出现异常状况，确需变更合同时，租赁双方可协商修订合同或作出补充规定，送有关部门备案。修订后的合同或补充规定，经公证机关确认后具有法律效力。

第三十一条　出现下列情况之一者，出租、承租方均可经仲裁部门按法定程序终止或解除合同。提出终止或解除方不承担经济责任。

（一）承租人因经营管理不善，致使企业超过合同规定出现连续亏损，出租方有权提出终止或解除合同。

（二）承租人不执行合同规定，损害了出租方的利益，出租方有权提出终止或解除合同。

（三）出租方违背合同规定，严重干扰承租人经营自主权，使其无法自主经营，承租方有权终止或解除合同。

（四）承租人按合同规定应得红利不能兑现，承租方有权提出终止或解除合同。

（五）由于本规定第三十条原因，租赁双方没有满意的解决办法，任何一方均可提出终止或解除合同。

第三十二条　租任期满后，由出租方、承租方和财政局、银行代表对租赁企业资产核查无疑义后，按法定程序解除租赁关系，并通知有关各方。延长租赁期，须重新履行租赁程序。

第七章　管　理

第三十二条　实行租赁经营的企业继续享受有关的行业政策、规定待遇。实行租赁的企业，由于经营方式和分配方法已不同于国有企业，可按集体企业进行管理。

第三十四条　承租人的个人纯收入缴纳个人所得税，不计入企业工资总额。承租人用个人所得支付给保人和有特殊贡献人员的报酬，不计入企业奖金总额。

第三十五条　经市有关部门核准后，租赁经营企业可实行计利润工资含量浮动办法。即按上年税前计入成本中的工资总额占租赁合同规定的租赁年度基数利润的多少，按核定比例上下浮动，工资总额计入成本。

第三十六条　承租人个人投资更新设备，其产权归承租人个人所有。个人投资，允许按银行利率计息、分期收回。个人投资收回后，更新设备的产权归企业所有。

第三十七条　企业租赁前的债权、债务，承租方均须继承。对于债务，租赁双方可在不损害债权人利益的前提下协商具体偿还办法，列入租赁合同条款，作为处理有关债务的依据，并通知债权人和有关部门。

第八章　附　则

第三十八条　集体企业租赁可参照本规定执行。集体企业出租权属于企业职工大会或职工代表大会。由主管局（公司）会同税务局审批。

第三十九条　本规定自发布之日起施行。

附：计算公式（略）

[析评]

这是一篇实施性规定，全文较长，共 8 章 39 条。第一章总则写制定本规定的依据、目的、适用范围、实施规定的前提和有关说明等。第二、三、四、五、六、七章构成分则，内容包括租赁程序、承租人的权利与义务、租金、承租人的收入，以及合同的变更、终止或解除和管理等，这些都是本实施规定必不可少的内容。各章的内容，区分合理。末章附则为本实施规定的补充说明条款和有关内容。

这篇实施规定规范清楚，语言明晰。但有些条项的内容在写法上仍值得推敲。如第二十四条的写法可以分出两项，使此一条内容分成三段，即分别以“基数递增租金”及“固定租金”各另起一段成为项，各项起头分别加上带圆括号的汉字数码“(一)”和“(二)”。其他内容较多的条，也可考虑分段列项。此外，附则中应加“解释权”一条。

二、必需知识

(一) 规定的含义

规定是国家机关及其部门和企事业单位对有关事项做出政策性限定的法规性公文。《行政法规制定程序暂行条例》把“对某一方面的行政工作作部分的规定”的文体称作“规定”。企事业单位使用的规定主要用于制定内部的规章。

理解规定的含义主要是把握三个方面的内容：

一是制作、使用者主要是行政机关及其部门。企业、事业单位也可以使用规定，主要用于制定单位有关方面管理工作的规章。

二是在内容构成上，规定一般用于对某项工作做出部分限定，往往涉及一些政策性、界限性的内容，因而限定性强。

三是在文种类属上，规定是常见的一种行政法规性公文，并以使用灵便、写法多样的面貌出现，是一种重要的法规形式，作为对国家法律的重要补充，同时也是企业、事业单位制定内部规章的主要文种。

规定主要有三个特点：

(1) 使用广泛。规定是使用比较广泛的文种。国家机关可以使用，基层单位也可以使用；可以用于制定较长期的规范，也可以用于对阶段性工作做出限定；可对重大事项作出规定，也可以用于一般性的内容；可以就某些事项做出全面的规定时使用，也可以对某些事项的某一点作出规定时使用，还可以在对某些条文作解释、补充时使用。

(2) 制发灵便。规定的制发比较灵活方便。可用文件形式直接发布，也可以像其他法规性公文那样，作为附件用发文通知发布。而且，由于它的使用呈多样化，规范对象可大可小，时效、篇幅可长可短，使用者层级可高可低，因而制发受限制较少。

(3) 限定性。规定的制约和依据作用，主要表现在它用于限定行为规范，制定办事准则及规范界限，对活动开展、事项管理、问题处置作出规定，因而其限定性比较强。在法规性公文中，它属于限制性法规文件，即用于解决“应该如何”和“不应该如何”的界限问题，特别是一些禁止性、限制性“规定”，其限定性特点尤为突出。

(二) 规定的主要类型

规定适应面广，各级各类单位都可以使用。按其行文目的及规范内容划分，主要有以下四种类型：

(1) 政策性规定。这类规定主要用以规定一些政策规范，依照有关法律法规条文，制定有关的准则和政策，作为开展某项活动、某项工作的主要办事依据，其依据性与政策性较强。如《广东省国家建设征用土地拆除城镇华侨房屋的规定》，其政策性和约束力都较强。

（2）管理性规定。这类规定主要用于制定某方面工作的管理规则，在一定范围内提出管理要求、禁止事项，以达到加强某些工作管理，规范活动和行为及限制某些不规范、不合理、不正常行为的目的。如《关于实行专业技术职务聘任制度的规定》，这类规定都有较强的管理性。

（3）实施性规定。即为实施有关法规而制定的规定，如《关于贯彻〈中华人民共和国药品管理法〉的有关暂行规定》。这类规定和实施原件配套使用，其功能和实施办法、实施细则相同。

（4）补充性规定。有些法规性文件内容不够明确、具体，贯彻执行会有一定困难，有时在贯彻执行过程中也会出现一些问题或新的情况，因而，就需用“规定”做一些补充。如《关于高级专家退休问题的补充规定》是对《高级专家离退休若干问题的暂行规定》的某些条款的补充。对这类规定要加以控制，最好有了成熟的意见，直接对原件进行修改，以免行文泛滥。

（三）规定的结构和写法

规定的结构包括标题和正文。下面分别介绍标题和正文的写法。

1. 标题

规定的标题有三种常见的写法：

（1）由发文机关、规范内容加“规定”构成，如“国务院关于行政区划管理的规定”。这种标题与行政公文标题写法一样，由发文机关、事由、文种构成，事由用介词结构“关于……的”来表述。这种写法较普遍。

（2）规范范围、规范内容加“规定”构成，如“广东省城镇园林绿化管理规定”。

（3）在“规定”前加某些修饰语。如“公安部关于城镇暂住人口管理的暂行规定”、“关于对赞助广告加强管理的几项规定”、“关于高级专家退休问题的补充规定”。

2. 正文

规定正文一般由因由、规范、说明三部分组成。不同类型的规定，其内容构成及具体写法也不尽相同。

（1）政策性规定。政策性规定着重于划分界限、明确范围、提出要求和惩处情况，解决“应当怎样”和“不应怎样”的问题。

（2）管理性规定。管理性规定侧重于规定管理原则、管理职责、质量标准、措施、办法、管理范围及要求。

（3）实施性规定。实施性规定，其写法和实施办法、实施细则大体类似。它侧重于对实施文件的有关事项作出规定，对原件条款做出解释，提出具体的实施意见。

（4）补充性规定。补充性规定主要就原件中某些提法不够明确、不够具体的方面加以明确、补充或解释，以便于实施。

以上各类规定，因由和说明部分写法相似：因由部分一般说明制定依据，说明部分附带说明制定权、解释权和施行日期。

（四）规定写作的注意事项

规定的写作除要遵循法规性公文写作的一般要求外，还要做到以下两点：

（1）正确使用规定，避免滥用错用。规定的使用比较广泛，但在具体使用中还是有一定的限制的。按照国家行政法规制定的有关规定，凡对某一行政方面的工作做出部分的规定，可以用“规定”。也就是说，对某一行政工作作比较全面、系统的规定，不宜用“规定”行文，对某一行政工作做出具体详细的规定，也不宜用“规定”行文，这在选用文种时应加以注意。一般说来，凡制定一些单方面的规定性、政策性强的有关条款，都可以用“规定”，但必须注意它是侧重于规定性、制止性及政策性方面的。此外，对具体工作来说，有些临时性、阶段性的工作，则应用“通知”行文，有些局部性的、业务性强的，则应用“规则”、“制度”一类文种行文。

（2）写法灵活规范。在结构安排上，篇幅较长的将整篇分为若干章，再分条表述；篇幅不长的只分条表述，依次排列制定因由、规范条款和说明事项，这类写法最常用。而“补充规定”一般无须分章、分条列出，也不求完整系统，只根据需要，有多少项就说多少项。有的规定还加前言，略摆情况，简述理由，申明意义。规定的写作，切忌反复论证及具体陈述。

第二节　办　法

一、阅读与析评

【例文 14—2】

例文见《国家行政机关公文处理办法》。

［析评］

这是一篇写得很规范的办法。全篇的结构由标题和正文两部分组成。标题是“三项式”：机关＋事由＋文种。正文共 9 章 57 条。第 1 章（前 8 条）是总则，说明制定本办法的目的、公文定义等有关问题。分则共 7 章 45 条，从“公文种类”、“公文格式”、“行文规则”、“发文办理”、“收文办理”、“公文归档”和“公文管理”等 7 个方面说明国家行政机关公文处理的具体办法。第 9 章（末 4 条）是附则，对实施本办法的有关问题作了具体说明。

【例文 14—3】

中华人民共和国国家货币出入境管理办法

第一条　为了加强国家货币出入境管理，维护国家金融秩序，适应改革开放的需要，制定本办法。

第二条　本办法所称国家货币，是指中国人民银行发行的人民币。

第三条　国家对货币出入境实行限额管理制度。

中国公民出入境、外国人入出境，每人每次携带的人民币不得超出限额。具体限额由中国人民银行规定。

第四条　携带国家货币出入境的，应当按照国家规定向海关如实申报。

第五条　不得在邮件中夹带国家货币出入境。不得擅自运输国家货币出入境。

第六条　违反国家规定运输、携带、在邮件中夹带国家货币出入境的，由国家有关部门依法处理；情节严重，构成犯罪的，由司法机关依法追究刑事责任。

第七条　本办法由中国人民银行负责解释。

第八条　本办法自 1993 年 3 月 1 日起施行。1951 年 3 月 6 日中央人民政府政务院公布的《中华人民共和国禁止国家货币出入境办法》同时废止。

[析评]

这是一篇写得很规范的管理办法。正文第一条写因由、目的。第二条至第六条为规范条款，具体规定了本办法所称国家货币的含义、限额制度、申报规定、违反处理等内容。第七条、第八条为说明条款，附带说明了本办法的解释权、施行日期，并明令废止有关文件。全文条理清楚，语言庄重。

二、必需知识

（一）办法的含义和特点

办法，是机关单位为实施法规或管理工作的需要而制定的具体法则。《行政法规制定程序暂行条例》规定，办法是“对某一项行政工作作比较具体的规定”。

办法的制发机关一般是行政机关及其主管部门，企事业单位也经常使用办法。

办法作为常用的行政法规文种，和其他法规性的公文相比，主要有三个特点：

(1) 内容上的管理性。办法是对某方面的工作提出管理法则，对实施文件的办法、措施做出具体规定。可以说，办法侧重于对有关事项、问题的落实和执行制定标准、做法。

(2) 写法上的具体性。办法因其内容要求的具体化，写法上也要求侧重于对某项工作的做法、措施、步骤、程序、标准一一做出说明，要求条文清晰，表述明确具体。

(3) 效用上的实践性、试行性。办法的涉及面比条例和规定窄，同时，不少办法属于实践探索阶段的产物，成熟程度比其他法规性文书要低，其现实效用多在于指导实践、规范某项工作。有些管理办法，是针对某方面的工作尚无条文可依的情况而制作的，这种管理办法，往往可以作为制定条例、规定的试行文件发布，一俟条件成熟，即用条例甚至法令来行文。在这个意义上说，办法确带有一定的试行性。

（二）办法的类型

(1) 实施办法。实施文件的办法通常叫“实施办法”，它以实施对象为成文的主要依据，具有附属性，是对原件的一种具体化，或对原件整体上的实施提出措施办法，或对某些条文提出施行意见，或根据法规精神再结合本单位实际提出实施措施。从与原件的关系看，常见的有实施法令、实施条例、实施规定几种。

(2) 管理办法。这类办法是各类机关单位在各自的管理权限范围内，在实际管理工作尚无条文可依的情况下制定的。这类办法没有附属性。

（三）办法的结构和写法

办法和条例、规定及后面述及的细则在结构上大体相同，但在内容构成和条文表述上，它比条例、规定要具体些，但又比不上细则来得细致。办法的两种类型在写法上有较大的差异，下面分别加以介绍。

1. 实施办法

实施办法是对法规文件的实施提出办法，多数需要结合实际，写得比较具体。

(1) 标题。实施办法的标题一般由规范对象加“实施办法”构成，如“生猪、鲜蛋、菜牛、菜羊、家禽购销合同实施办法”。也有不显示“实施”二字的，如“婚姻登记办法”。此文是民政部为实施《中华人民共和国婚姻法》而发布的，实际上也是实施办法。这类标题写法，往往只就原件的某方面提出实施意见，其内容范围比原件窄。

另一种标题写法是由施行区域（单位）、规范对象加“实施办法”构成，如“广东省科学技术进步奖励实施办法”。原件明令由下级机关或有关部门另行制定实施办法的，都用这种标题。

还有一种标题写法是由原件标题加“实施办法”构成，如“中华人民共和国学位条例暂行实施办法”。和原件同时产生、对原件全面提出实施意见的办法，用这种标题。

(2) 正文。实施办法的正文一般由因由、规范和说明三大部分组成。

2. 管理办法

管理办法是根据管理需要制定的工作规范，内容相对要概括一些，写法上近似于条例和规定。

(1) 标题。管理办法的标题常有两种写法：一种是规范范围、规范对象加“办法”构成，如“国家行政机关公文处理办法”；另一种是规范范围、对象、文种修饰语加“办法”构成，如“广东省音乐茶座管理暂行办法”。

管理办法标题的撰写，有时要选择好“办法”的修饰语。使用较多的是“管理办法”和“暂(试)行办法”。对于“管理办法”，有时也应根据规范内容加以变化，如“奖励办法”、“处理办法”、“征收办法”，这时如再加“管理”反显累赘。至于“暂(试)行办法”，也不宜滥用，不久将有比较完善或其他同类法规出台的，可以加“暂行”二字，否则没有意义。

(2) 正文。管理办法的正文也由因由、规范和说明三部分组成。

(四) 办法写作的注意事项

(1) 明确两类办法的不同写法。实施办法依附性强，围绕实施原件来写作，着重对原件实施提出具体意见，多是诠释、说明有关条款，或结合实施范围的实际情况补充一些条款。要求写得比较具体，不求全面系统，只为指导实施。管理办法则是独立行文的，其内容根据管理对象的内容来确定，一般比较全面，往往就管理的范围、原则、规范、责任和施行要求作出规定，要求写得比较系统周全，针对管理对象制定条款。

(2) 条款具体明确。不论是实施办法还是管理办法，其条款都要订得具体明确，不能含混笼统。特别是规范项目，应对概念、范围、措施、方法、界限、要求做出具体的规定、表述。

(3) 结构严谨、清晰、合理。办法的写作要因篇幅长短、内容多少而确定结构方式。若内容比较丰富，则将规范内容适当分章，每章再冠以章目。如果内容不多，则可以用分条结构，按照先叙因由，后列规范，再说明有关情况的顺序，依次编条排列。不论用哪一种方式，都要较好地反映内容之间的联系，以方便阅读、引述和检索。

第三节　细　则

一、阅读与析评

【例文 14—4】

××省城市维护建设税实施细则

（××××年×月××日××省人民政府颁布）

第一条　本细则依据《中华人民共和国城市维护建设税暂行条例》（以下简称《条例》）第九条的规定制定。

第二条　城市维护建设税的纳税义务人（以下简称纳税人），是指缴纳产品税、增值税、营业税的国有企业、集体企业、个体经营者以及事业单位、机关、团体、学校、部队等一切单位和个人。

第三条　《条例》第三条所称的"实际缴纳的产品税、增值税、营业税税额"，是指纳税人向税务机关和税务机关指定的或委托的代征、代收、代扣单位缴纳的产品税、增值税、营业税税额。

《条例》第三条所称的"分别与产品税、增值税、营业税同时缴纳"，是指依照税务机关规定缴纳产品税、增值税、营业税的期限内同时缴纳。

第四条　城市维护建设税税率如下：

纳税人所在地在市区的，税率为百分之七。这里所称的"市"是指国务院批准市建制的城市，"市区"是指按省人民政府批准的市辖区（含市郊）的区域范围。

纳税人所在地在县城、镇的，税率为百分之五，这里所称的"县城、镇"是指经省人民政府批准的县城、县属镇（区级镇），县城、县属镇的范围按县人民政府批准的城镇区域范围。

纳税人所在地不在市区、县城、县属镇的，税率为百分之一。

纳税人在外地发生缴纳产品税、增值税、营业税的，按纳税发生地的适用税率计征城市维护建设税。

第五条　税务机关指定或委托代征、代收、代扣产品税、增值税、营业税的单位，同时是代征、代收、代扣城市维护建设税的单位。这些单位必须依照《条例》和本细则的规定，负责代征、代收、代扣城市维护建设税。代征、代收、代扣单位如不代征、代收、代扣城市维护建设税的，应由代征、代收、代扣单位负责补缴。

第六条　纳税人必须在税务机关规定缴产品税、增值税、营业税期限内同时缴城市维护建设税。逾期缴纳的，除限期缴纳外，并从滞纳之日起，按日加收滞纳税款千分之五的滞纳金。

税务机关向纳税人催缴税款无效时，可以通知其开户银行或信用社扣缴入库。

第七条　纳税人必须据实申报缴纳产品税、增值税、营业税并同时缴纳城市维护建设税。申报不实的，除追缴应纳税款外，税务机关可酌情处以五倍以下的罚款，偷税、抗税情节严重，触犯刑律的，由税务机关提请司法机关依法追究刑事责任。

第八条　税务机关有权对纳税人的财务、会计和纳税情况进行检查。纳税人必须据实报告和提供有关资料，不得拒绝或者隐瞒。税务机关派员对纳税人的财务、会计和纳税情况进行检查时，应当出示证件，并负责保密。

第九条　纳税人不依照《条例》和本细则规定纳税，任何人可以检举揭发，经税务机关查实处理后，可按规定给予奖励，并为其保密。

第十条　纳税人同税务机关在纳税问题上发生争议时，必须先按税务机关的决定纳税，可在清缴税款后十天内向上级税务机关申请复议。纳税人对上级税务机关的复议不服时，可在接到答复的次日起三十天内向人民法院起诉。超过规定期限的，应视为纳税人放弃起诉权，税务机关将维持原处理决定。

第十一条　纳税人多缴税款，应于多缴之日起一年内提出，经税务机关核实后，退还多缴税款；超过一年的，不予受理。

第十二条　纳税人按规定纳税确有困难，可向当地税务机关提出申请，经县(市)税务局审查批准，酌情给予减税免税。

第十三条　城市维护建设税应当保证用于城市的公用事业和公共设施的维护建设。不在市区、县城、县属镇征收的城市维护建设税的税款，应当专用于乡镇的维护和建设。其具体安排由县(市)人民政府确定。

第十四条　开征城市维护建设税后，任何地区和部门，都不得再向纳税人摊派资金和物资，遇到摊派情况，纳税人有权拒绝执行。

第十五条　本细则授权××省税务局解释。

第十六条　本细则从××××年一月一日起执行。

[析评]

这是一篇地方性实施细则，用分条写法，全文共十六条。其中，第一条为制定因由，说明制定依据；第二至第十四条为实施的具体条文，对《中华人民共和国城市维护建设税暂行条例》的有关条款进行具体的诠释，特别是针对在××省范围内具体实施过程中可能出现的疑难及有关问题进行细致的阐释。第十五、十六条说明解释权限和施行时间。实施对象，即原条例，条文简约，全文只有十条，如果不制定实施细则，执行起来就不甚方便。用地方性实施细则加以具体规定，就能保证条例的真正实施。因为该实施细则是属税务方面的法规，没有带上多少地方色彩。有些地方性实施细则，还需要结合当地实际，提出带有一定地方性的实施意见。当然，这些地方性实施意见不能和原法规相抵触，必须是原法规规定限度内的事项。

二、必需知识

(一) 细则的含义和特点

细则，是机关单位及主管部门为实施法规或管理工作而制定的详细法则。细则常常用来对有关法规规章加以具体化。行业或企事业单位较多使用工作细则。

细则的成文依据和办法相同，即主要是为实施法规规章，对原文件提出具体详尽的实施意见的细则，依附性强，不能离开实施对象而任意发挥；为管理某项具体工作而提出的详细法则，则是根据管理需要而制定的指导性条文，用以约束有关单位和人员。

细则行文之目的因使用情况不同而有所不同。实施法规的细则，其行文目的是为便于贯彻实施，而对原条文进行必要的解释、补充，并结合本地区、本部门的实际情况提出实施意见。而用于管理工作的细则，则是为了使管理工作规范化、标准化、程序化，而制定的详尽具体的法则。

细则主要有三个特点：

（1）细致性。细则，顾名思义，就是详细法则。其条文表述往往比较详尽、细致，以对某个法规或管理工作的适用范围、某些条文的具体含义、某些规定或管理工作的实施要求一一做出注解。凡是实施过程中可能出现的疑难、争议或特殊情形都应加以说明，以方便实施。

（2）实用性。细则是对实施法规或管理工作的具体解释和补充，对地方及基层单位工作有很强的指导性和应用价值。条文表述的细致性为细则的实用性奠定了基础。

（3）依附性。细则较多地因贯彻执行有关法规而行文，依原件的规范框架而定，对原文不详、执行起来可能遇到的情况加以说明，一般不能另加过多的内容，只围绕实施对象作解释和说明。即便是工作细则，也要对照、依附有关文件精神而制定，不能另立炉灶，重构框架。

（二）细则的类型

根据细则制定的依据和目的不同，细则可分为实施法规细则和管理工作细则两类。实际上，管理工作细则较少。

多数细则属实施法规细则。根据与所实施文件的内容关系，实施法规细则主要可分为下列三种类型：

（1）整体性实施细则。这是职能部门对立法机关或行政机关制定的有关法规做出的全面的实施性说明。如《中华人民共和国居民身份证条例》经人大常委会制定通过后，经国务院批准、公安部公布的《中华人民共和国居民身份证条例实施细则》，便是对该条例的实施做出的整体性实施细则。

（2）部分性实施细则。这种实施细则只对某一部分条款提出实施性意见。如《××省城市维护建设税实施细则》是为实施《中华人民共和国城市维护建设税暂行条例》中有关条款而制定的，它只是对城市维护建设税暂行条例中部分条款提出实施意见。

（3）地方性实施细则。这是地方政府或部门结合本地区（部门）实际实施有关法规文件而制定的实施细则。省、市、县及基层单位制定的实施细则属于此类。

（三）细则的结构和写法

细则的写法与第二节“办法”的写法大体相似。

细则，主要是对法令、条例、规定、办法提出实施意见。由于与实施原件的内容关系不同，细则的写法也不大一样。

1. 整体性实施细则

整体性实施细则，其结构写法和其他法规性公文略有不同。以下介绍标题与正文的写法。

(1) 标题。整体性实施细则的标题格式为：实施法规标题＋“实施细则”，如“中华人民共和国居民身份证条例实施细则”。

(2) 正文。正文内容为对有关法规文件做出全面的、详尽的实施意见，一般由三部分组成，即行文依据、具体细则、施行日期。

2. 部分性实施细则

部分性实施细则，其结构内容和整体性实施细则大致相近，具体写法略有区别。

(1) 标题。部分性实施细则，实施法规文件标题不出现，而是将实施部分的内容范围写入标题，其格式为：内容范围＋“实施细则”。如“商业、外贸企业成本管理实施细则”。如果将原文标题写入实施细则标题，那就变成整体性实施细则了。

(2) 正文。部分性实施细则，其正文只针对法规文件的某一部分条款提出实施意见，可以分章，也可以只分条排列。

3. 地方性实施细则

这种实施细则需要结合本区域或本单位实际提出实施意见，其写法与前两种实施细则略有不同。

(1) 标题。地方性实施细则标题格式为：实施区域范围＋实施内容＋“实施细则”。如“广东省婚姻登记办法实施细则”。

(2) 正文。地方性实施细则，其正文内容皆与本区域或本单位的实际相关，由行文依据、具体细则、施行日期三部分组成。

（四）细则写作的注意事项

1. 要完善细致

细则写作要做到完善细致，途径有三：

(1) 对原件有关概念、范围进行必要、适当的诠释。法令、条例、规定一般写得比较概括，只做出原则性规定，需要细则对范围、概念加以解释，才便于实施。

(2) 对原件没有反映出来的某些例外情况进行必要的补充。实施对象往往针对大多数情况而定，对一些特殊的例外情况无法一一界定，需要细则加以补充，使原件更趋完善和严密。

(3) 对原件的概括性条款进行具体化表述。条例、规定多用概括性语言表述，细则需对一些内容加以展开，才有助于实施。

2. 要切实可行

细则的行文目的主要是为组织实施提供具体的条文依据，使人们有所依照而便于执行落实。因此，细则应对原件不够明确处加以诠释，对不够具体之处加以展开，对不够完善之处加以补充，使条文切合实际，可以操作。

细则要做到切实可行，除了要认真调查本地区、本单位的实际情况，切实摸清有关情况，科学地预见到实施中可能出现的各种情况外，还要在具体写作时力戒形式主义，避免空泛的一般性说明，并且，要侧重于对原件的具体规范加以诠释说明，特别是对职责、任务、标准、要求、程序、方法要做出具体的规定和必不可少的补充，使之具有较强的操作性，否则，细则就会失去制定的意义。

（五）细则与条例、规定、办法写作的比较

细则虽然在使用和写法上和其他法规性公文有些相似，但细加比较，还是有其显著的写作特点的。细则的写作和条例、规定比较起来，有三点不同：一是条文写法不同。条例、规定写得比较概括，一般是对规范内容做出原则性的规定，突出依据性、指导性；而细则较多的是对条文或工作规范做出详细解释，突出其操作性、说明性。二是行文依附、依据不同。条例、规定也有为实施法律法规而行文的，但使用情况不多，大多是独立行文的，没有依附性；而细则则较多地是为实施文件而行文的，有依附性，有人据此将细则直接称为“实施细则”。三是制发机关不同。条例、规定大多由一级机关制发，特别是条例，制定的机关级别有严格规定；而细则较多是业务部门或下级机关为实施上级法规而制定的。

细则和办法比较接近，其使用范围和制发机关大致相同。但细加比较，还是有所区别，表现在：办法既用于实施文件，也用于制定管理办法，且后一种办法还为数不少，而细则主要用于实施法规性文件，用于制定一般工作细则的较少；细则内容上更详细一些，有些实施细则是对实施办法的细则化和地方化，对原文件做出更加具体的解释和规定；细则在条文表述上侧重于对界限范围的划分和对概念、措施的解释，办法则侧重于对措施、步骤、程序、要求等方面作出规定。

【复习与思考】

一、名词解释

规定　办法　细则

二、思考题

1. 管理性规定和实施性规定的正文内容，分别侧重于哪些方面？
2. 如何理解规定写作的灵活性？
3. 如何理解办法的实践性、试行性特点？试举例说明之。
4. 办法写作有哪些注意事项？
5. 细则成文的依据与办法是否相同？
6. 细则的行文目的是什么？
7. 细则的写作与条例、规定、办法的写作有何区别？

第四部分

The fourth part

日常事务文书写作

第十五章　信息文书

第一节　简　报

一、阅读与析评

【例文 15—1】

××房改简报

第一期

××市房改办公室　　　　　　　　　　　　　　　　　　××××年×月×日

按：××矿务局房改办为确保住房制度改革中“提租补贴”政策的正常运转，10月份对全局所属单位进行了全面调查。这次调查，得到了各级领导的支持，组织严密，投入自查的人员多，自查效果大，在全市是绝无仅有的。他们这种对工作认真负责的精神，为全市各房改单位做出了好榜样，也充分反映了领导和房改办的工作人员高度重视住房制度改革，坚持执行房改政策，敢于和善于自查自纠的工作作风。现将××矿务局《房改工作检查情况的汇报》转发给你们，供参考借鉴。

房改工作检查情况的汇报

为确保住房制度改革，实现“提租补贴”的正常运转，真正做到“一手发出去，一手收回来”。在二步到位运转一周年之际，局房改办于今年10月份召开了各单位房改办主任会议，部署了房改大检查工作，要求各单位以自查的形式，进行“两查四核实”。“两查”是查补贴范围，查漏扣资金；“四核”是核实住房面积、租金额、补贴基数、补贴金额。经过两个月的自查核实，截至11月底，大多数单位都已基本完成。

已查实的16个单位中，除有5个小单位参改人员较少，没有发现问题外，其余的大多数单位都不同程度地查出了问题。据九矿、三厂、局直、基建公司等14个单位的统计，在被调查的62 863房承租户中，漏扣资金的有484户，占0.7%，少扣资金168 552.58元。在已发补贴的91 578人中，不该发补贴的有218人……通过追扣漏扣租金和多发的补贴，可追回资金205 783.24元。

这次检查核实工作，之所以能取得较大的收获，主要原因有以下三点：

1. 领导重视，业务部门配合。在局里召开房改办主任会议以后，按照要求，各单位立即行动，有的矿长亲自挂帅，召开了工资、财务、房管和工会有关人员参加的房改工作会议，进行了动员并布置了工作。如××矿副矿长××同志，就亲自召集了财务、审计、工资等各科科长会议，要求这几个部门把检查工作当成自己业务的一部分，给房管科以大力支持，并抽出一名工薪员专做检查核实工作。因此，这个矿虽然职工居住分散，人员调动频繁，检查工作难度大，但经过两个月的工作，仅漏扣资金一项就查出57户，少扣租金23 343.53元。补贴方面的问题，还在继续检查中。

2. 配备力量，分层包干。(略)

3. 执行政策，方法得当。(略)

[析评]

这是一篇反映专题工作情况的简报。前边所加的按语对正文的内容作了评价，提出了要求。正文中除用大量数字介绍工作成绩之外，还介绍了三条工作经验。各条经验均有一定的普遍意义。文章观点和材料紧密结合，选取的事例较具典型性。

【例文 15—2】

来自招商一线的报道

——××市××区级机关招商引资工作成绩斐然

今年以来，区级机关各部门从整治软环境和服务经济中心入手，着力改善工作面貌，努力提高服务效率、服务质量和服务水平，各项工作都取得了显著进展，招商引资工作成绩斐然。

区农业局围绕特水养殖、江滩开发、银杏产业等区域资源和传统产业积极开展特色招商，该局派驻广东、福建招商小分队的人员在经费极其紧张的情况下，克服诸多困难，终日骑着租来的摩托车四处奔波，逐家逐户敲门招商。目前，已为区农业科技创业园引进了投资额达4 000万元人民币的冷冻食品深加工项目。

区建设局通过多方努力邀请到“台湾城”投资者——南通广信公司前来我区做客，以局长为首的建设局工作人员不分早晚，全程陪同投资者实地参观考察，他们的诚意打动了对方，广信公司先后放弃了两份意向性协议，使“台湾城”终于落户高港。

区外经贸局为营造良好的投资环境，提出了“保姆式”服务的口号，局领导身体力行，全局工作人员对外商的要求从不说“不能办”，总是千方百计地“尽快办”。他们工作不分白天晚上，出差不分节日假日，该局的“一站式”服务受到了众多投资者的一致好评。

区科技创业园主要负责同志为了招商引资工作，在爱人手术住院的情况下也没有时间陪护，一心扑在工作上。创业园派往各地招商的工作人员中也涌现出了不少感人事迹：负责东莞办事处的邵剑峰同志，撇下新婚的妻子外出招商，一别就是七八个月；负责温州办事处的陈胜同志为了工作，母亲生病住院也未能回家探望；上海办事处的一班年轻人大胆探索，通过网络招商、电话招商、上门招商、以商引商等形式积极开展活动，在短短两个月的时间内就签下了6个项目。

在各部门、单位的协同努力下，我区的招商引资工作取得了丰硕的成果。到目前为止共引进企业32家，已投产的企业有5家，累计引进外资总额达7 890万美元，利用民资近3.3亿元人民币，形势十分喜人。

［析评］

这篇工作简报反映的是“今年以来”××市××区级机关招商引资工作取得的成绩。简报标题为双题式，正文的主体部分采用并列式展开，分别对数个部门的工作情况加以介绍，语言简洁明了。很显然，正文的主体部分是对导言中“区级机关各部门……招商引资工作成绩斐然”主题的展开。

须指出的是，“成绩斐然”宜改为“成绩突出”。

二、必需知识

（一）简报的含义、作用和特点

简报是党政机关、群众团体、企事业单位编发的反映情况、传播信息、交流经验、指导工作的一种摘要性的内部文件，也叫做“情况反映”、“情况交流”、“简讯”、“动态”、“内部参考”等。

简报在日常工作中起着十分重要的作用。行政机关内部下级向上级反映情况，除了口头汇报和报送综合报告及专题报告外，还通过简报反映日常的工作情况和所辖范围内出现的一些值得注意的动向。简报还可用来向下属单位转达某些领导意图或带指导性、倾向性的意见，沟通所属单位之间的情况，以推动工作。一些大型会议也利用简报来交流情况，并向上级领导机关反映会议的进程和结果。各级信息部门都需要经常使用简报这个简便、灵活的工具。

简报主要有四个特点：

（1）时效性。简报在机关文书中以讲究时效著称。尤其是那些反映突发性事件的动态简报，类似新闻报道中的“快讯”。简报能否发生作用或所发生作用之大小，关键是看它能否及时报送。如果在问题刚刚发生的时候，简报便及时加以反映，有关部门得悉就能采取措施防止事态的扩大；当新生事物还在萌芽状态的时候，简报就敏锐地将之反映出来，有关领导便能积极引导，及时扶持，总结经验，推动事物朝正确的方向更快地发展。若错过了报送时机，简报的作用就会大大缩小。

（2）简明性。简明扼要，是简报的显著标志。简，不仅是指文字少，篇幅短，更主要的是它追求用少量的文字概括出事实的精髓和意义，做到简短而不失疏漏。简报的主要阅读者是各级领导同志，他们工作很忙，如果简报篇幅太长，领导分身无术，必然影响对情况的掌握。

（3）新颖性。新颖是简报写作的价值所在。简报只有努力反映新情况、新动向、新问题、新经验，才能发挥它应有的作用。也只有内容新鲜，观点新颖，才能引起领导人的关注。

（4）机密性。简报只在机关、单位内部传阅，不公开发行，这是它与大众传播媒介的主要区别。不同内容的简报，传阅的范围和机密程度也不相同。一般说来，简报发行范围越广，机密程度越低，发行范围越窄，机密程度越高。越是级别高的机关编写的简报，机密程度越高。

（二）简报的种类

简报的种类，不同的教科书按不同的角度、标准，有不同的分类。有的将简报分成综合情况类简报、专项工作类简报、会议类简报、经验类简报、社会动态类简报、思想动态类简报；有的将简报分成工作简报、会议简报、信息简报。

本书按编写方式，将简报分为专题式、综合式、信息报送式、经验总结式、转发式五类，并将具体介绍各类简报的编写方法和写作注意事项。

（三）简报的格式

简报式样像小报，由报头、报核(体)、报尾三部分组成，如图 15—1 所示。

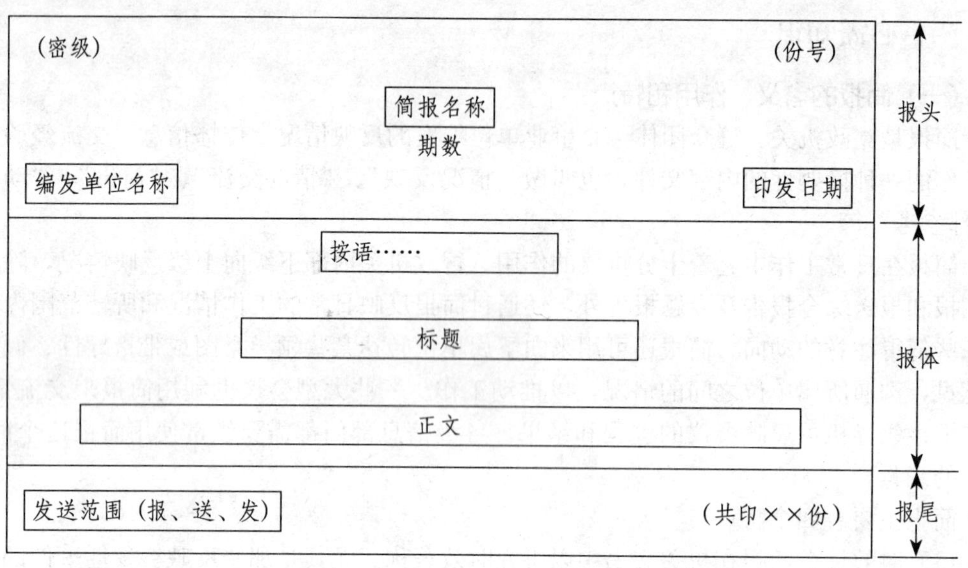

图 15—1　简报式样

1. 报头部分

报头部分，又称版头。一般占首页 1/3 的上方版面，用间隔红线与报核(体) 部分分隔开。报头的内容包括：

(1) 简报名称：如“商业工作简报”，在居中位置，用套红大号字体，要求醒目大方。

(2) 期数：排在简报名称的正下方，按期序编上，有的还注明总期数。

(3) 编发单位名称：位于横隔线的左上方。

(4) 印发日期：位于横隔线的右上方。

(5) 密级：位于报头左侧上方位置，标志密级并加标识“★”，如“机密★”、“秘密★”或“内部刊物”；保密时限在标识后写上，如“1 年”或“4 个月”之类。

(6) 份号：印在报头右侧上方位置。

2. 报核(体)部分

刊登简报文稿的部分称为“报核(体)”，是简报的核心部分。一般由按语、标题、正文、作者四项组成。

3. 报尾部分

报尾在简报的最后一页的末尾，与报核(体)部分用横线隔开，写上发送单位名称和印制份数。

(四) 简报的编写方式及写作注意问题

以下介绍五种常见简报的编写方式和写作注意问题。

1. 专题式

这种简报要求抓住工作、生活中的某个典型，作突出地介绍。这种方式主要适用于反映“点”的情况，即一人一事或某个问题。编写时应注意以下两点：

(1) 对象应具有典型性。

(2) 表达应简明扼要。

2. 综合式

这种简报具有明显的综合性，类似新闻报道中的综合消息。它是在一个明确的主题下，综合反映若干情况或问题的一种简报。这种方式适用于反映“面”上的情况，使人对某一类事物或问题有比较全面的了解和认识。编写时应注意以下三点：

(1) 注意提炼出一个能够准确、鲜明、生动表达基本精神的醒目的标题和贯穿简报始终的主题。

(2) 简报开头应有概括的说明文字，类似新闻写作中的导语，然后再在主体部分展开。

(3) 注意点面结合，使综合反映的内容既有广度，又有深度。不但要注意运用概括性的材料，尤其要注意运用典型事例，给人深刻的感性认识。

3. 信息报送式

这类简报要求用最简洁、精练的语言表达出准确、完整的信息内容，一般不加评论。编写时应注意以下三点：

(1) 编写者应像新闻记者那样，善于从一般中见特殊，从细微处发现值得注意的动向。

(2) 要求据实直书，注重用事实和数据说话。

(3) 强调简明扼要，同时注重信息内容的完整。

4. 经验总结式

这种简报主要介绍某项工作的成功经验。简报的内容常常就是某一典型的经验总结。它的写法常采用“先果后因”的逻辑顺序，即开头先概括工作的成绩，然后再分述取得成绩的做法、经验。编写时应注意以下三点：

(1) 侧重于从做法上总结经验，突出对经验的介绍，对一般的工作过程的介绍可从略。

(2) 注意观点和材料的结合，努力从理论同实践的结合上说清问题，引出事物的规律性。

(3) 力求系统化，把经验归纳成相互联系的几条，逐条加以介绍。

5. 转发式

这种简报是领导机关为推动某项工作的开展，或是为了让某个问题引起有关单位注意，把有参考价值的材料用简报的形式转发下去。简报的内容常常是基层单位的典型材料。编写时应注意以下三点：

(1) 转发材料前面要加编者按语。按语应根据简报的内容和实际需要发表见解。按语一般有三种写法：

1) 说明性按语。介绍稿件的来源、编发原因和发至范围。

2) 提示性按语。提示稿件内容，帮助读者理解稿件的精神，一般加在内容重要、篇幅较长的文稿前面。

3) 批示性按语。也叫要求性按语，主要写在具有典型意义或指导作用的稿件前面。一般要声明意义，表明态度，并对下级提出要求或提供办法。

(2) 反映的问题应有代表性。一期简报一般只转发一份材料，也可转发一组围绕同一中心的短小材料。它们反映某地区、某系统带有共同性的问题。

(3) 编者可以根据需要对转发材料作必要的技术处理。重要的一般全文转发；内容较多、篇幅较长的可以摘要转发，或作适当的删节，但要注意保持原材料主题的完整性。

应当指出，实际工作中的简报还有各种各样的写法。总的说来，简报的编写不像其他公务文书的编写那样程式化，文字、语言、标题的制作都要求清新活泼，具有较强的可读性。简报的编写者完全可以根据内容和行文的需要，在编写上不断创新。

第二节　启　事

一、阅读与析评

【例文 15—3】

《飞碟探索》新书邮购启事

《人类面临不明现象》汇集世界公认的不明现象并分类介绍，如不明运动、重力、水域、人体超能、特异气功等，5 元。《国内 UFO 报告集萃》精选国内目击 UFO 的 230 个案例，具有强烈的现场感和研究价值，4.70 元。《世界最大之谜——UFO》依据世界全方位目击 UFO 的特点，介绍了不同文化背景下的 UFO 研究，4.20 元。《UFO 远观察案例分析》对遍及全球的远观察 UFO 事件有独到、精辟分析，4.20 元……以上书价均含邮挂费，请写清姓名、地址、邮购书名册数。款寄：××市第一新村 81 号《飞碟探索》编辑部何××，邮政编码：××××××。

[析评]

这则启事把每种新书的特点作了简要介绍，并对有关邮购事宜、联系方式作了交代，以便读者选择购买。文字简明，表述准确周全。

【例文 15—4】

诚　聘

为适应本公司业务发展需要，经市人才服务中心批准，诚聘电工 3 名。

要求：

1. 男性，三十五岁以下；

2. 持有电工证和上岗证，有××市户口者优先；

3. 责任心强，有两年以上相应工作经验，熟悉制冷和供水系统。

有意者请备简历、电工证复印件、身份证复印件、相片，在见报之日起第三天到华强北路市人才智力市场面试，或与本公司工程部联系。

公司地址：××市立新路罗湖商业大厦六楼

联系电话：2185216

联系人：周先生

××市罗湖区房地产开发公司

××××年四月二十日

[析评]

这是一则招聘启事。正文写了招聘的目的、对象、条件、办法等。落款注明了招聘单位名称、成文日期、单位地址、联系电话和联系人。全文写得简明扼要，条理清楚。须指出的是：标题改成“诚聘电工”较好；正文最好能写明月薪、住房等待遇；面试、联系时间宜定下具体日期。

二、必需知识

(一) 启事的含义和类型

“启”字含有“陈述”的意思。“事”即“事情”。启事，就是公开陈述事情。启事是单位或个人将需要向大众说明并请求予以支持的事情简要写出，通过传媒公开的文书。

启事可分为三大类：第一类是征招类启事，包括招生、招聘、招标、招工、招领、征稿、征婚、换房等启事；第二类是声明类启事，包括遗失、作废、解聘、辨伪、迁移、更名、更期、开业、停业、竞赛、讲座等启事；第三类是寻找类启事，包括寻人、寻物启事等。这三大类启事大都与经济活动相关。

(二) 启事的结构和写法

尽管启事种类繁多，但其结构大体相同，通常由标题、正文、落款三部分组成。

1. 标题

启事标题有多种写法：一是以文种作标题，如“启事”、“紧急启事”；二是以事由作标题，如“招聘”；三是以启事单位和文种作标题，如“××公司启事”；四是以事由和文种作标题，如“招标启事”；五是由启事单位、事由、文种构成标题，如“××商城开业启事”等。

2. 正文

正文具体说明启事的内容，必须将有关事项一一交代清楚。正文一般包含启事目的、原因、具体事项、要求等。如果内容较多，可分条列项，逐一交代明白。正文部分是体现各种启事不同性质和特点的关键部分，应依据不同启事的内容和要求，变通处置，注意突出启事的有关事项，不可强求一律。如寻物启事应着重交代丢失物品的名称、特征、时间、地点，失主姓名、住址或单位名称、地址，以及发现后交还的办法和酬谢方式等；开业启事则应写明开业单位的名称、概况、性质、地点、经营项目和开业时间等内容；招聘启事一般包括招聘基本情况、招聘对象、应聘条件、招聘待遇、招聘方法等内容。文末可写上“此启”或“特此启事”，亦可略而不写。

3. 落款

落款应写明启事单位名称或个人姓名和启事日期。如果标题或正文中已写明单位名称，此处可以省略。有的启事还需要写明单位地址、电话、电子邮箱、联系人等。凡以机关、团体、单位的名义张贴的启事，应加盖公章，以示负责。

（三）启事写作的注意问题

（1）标题要简短、醒目。启事标题应力求简短、醒目，主旨鲜明突出，高度概括，能抓住公众的阅读心理。尤其是广告性、宣传性的启事，标题更要注重艺术性。

（2）内容要严密、完整。启事的事项一定要严密、完整，不遗漏应启之事，且表述清楚。要求内容单一，最好一事一启，便于公众迅速理解和记忆。联系方式等都要一一交代清楚。

（3）用语要热情、恳切、文明。启事的文字要通俗、浅显、简洁、集中，态度要庄重、平易，而又不失热情、恳切，以使公众产生信任感，达到预期的效果。

【复习与思考】

一、名词解释

简报　启事

二、思考题

1. 简报有何作用？
2. 简报的格式包括哪些内容？
3. 试述综合式和转发式简报的编写方式及写作注意事项。
4. 试述简报与报告的区别。
5. 启事的标题主要有哪些写法？
6. 启事写作要注意什么问题？
7. 启事与通知、通告、广告有何异同？

第十六章　事务书信

第一节　感谢信

一、阅读与析评

【例文 16—1】

感谢信

××公路局：

我院秘书系×××等四名学员，前不久在贵局毕业实习两个多月，得到了贵局领导和办公室人员政治上的热情关怀，业务上的耐心指导，生活上的悉心照顾。同学们实习的时间虽然不长，却取得了很好的成绩，达到了预期的实习目的。贵局领导和工作人员热心支持教育事业的精神使我们深受感动，为此，特向贵局表示衷心的感谢！并决心以你们为学习榜样，忠诚党的教育事业，为党和国家培养更多优秀的人才。

此致

敬礼！

××××学院

××××年×月×日

[析评]

这篇感谢信，篇幅不长，但内容齐备，格式规范。正文概述了事由、对方的事迹，说明了己方的收获，表达了己方的感激、感谢之情，对对方的品德做出了适当的评价颂扬，最后表示了向对方学习的态度和决心。

【例文 16—2】

感谢信

××部队全体指战员：

我县上月遇到了特大洪涝灾害，许多地区被淹，人民生命、国家财产受到了严重的威胁。在这危难之际，你部全体干部、战士连夜赶赴我县，投入到紧张的抗洪抢险之中。十几个日日夜夜，你们发扬“不怕牺牲，排除万难”的献身精神，始终冒雨战斗在抗洪抢险的第一线，谱写了许多可歌可泣的动人事迹。你们的奋力救援，有力地保住了我县人民的生命和财产，使我县上万亩良田和几百座房屋免于被洪水冲毁，使我县最后战胜了洪涝灾害，赢得了抗洪斗争的胜利。你们这种急他人所急、助人为乐、无私奉献的精神值得赞扬和学习。为此，特向你们表示衷心的感谢！

我们决心向你们学习，在党的领导下，积极恢复生产，重建家园，以实际行动报答你们的关怀和帮助。

此致

敬礼！

××县人民政府

××××年×月×日

[析评]

这篇感谢信的正文，叙述了事由和对方的事迹，阐述了事迹的效应，评价和颂扬了对方的品德，表示了向对方学习的态度。文字得体，情感真挚，结构完整。

二、必需知识

（一）感谢信的含义

感谢信是机关、团体、单位在获得有关方面和人员的关心、支持、帮助、慰问、馈赠后，向对方表示感谢的事务书信。

感谢信在公务活动及日常生活中有较广泛的使用。

（二）感谢信的结构和写法

感谢信据内容的不同可分为两类，一类是普发性感谢信，即对与本单位有过交往的众多单位表示谢意；另一类是专用感谢信，即专为某事向某单位或个人表示感谢。两类感谢信拟稿的要求不同，前者内容要求概括些，使之适合所有的感谢对象；后者内容应写得具体些，使之适合个别感谢对象。一般所说的感谢信多为专用感谢信，其一般格式和写法如下。

1. 标题

可直接以文种“感谢信”为标题，也可以由受文单位和文种组成标题，如“致××××学院的感谢信”；还可由发文单位、受文单位及文种组成，如“中共中央致各民主党派中央、全国工商联的感谢信”。

2. 称呼

在标题下隔行顶格写所感谢的单位名称或个人姓名。个人姓名后可写“同志”、“先生”、“小姐”等相应的尊称。

3. 正文

一般写以下两个方面内容：

(1) 简述事迹，说明效果。应交代清楚人物、事件、时间、地点、原因和结果，并扼要叙述对方的帮助所产生的客观影响和社会效果。

(2) 颂扬品德，表示感谢，同时表示向对方学习。

正文是全文的主体，首先，要善于组织材料，突出重点，写好主要事迹；要记叙翔实，颂扬适度。其次，表示向对方学习的态度和决心。如果感谢信是写给所感谢者的单位或新闻单位的，还可以写上建议对方单位给予表扬的建议。

4. 敬语

按信函格式写上"此致"、"敬礼"一类敬语。

5. 落款

在正文右下方写上写感谢信的单位的名称或个人的姓名以及时间。

(三) 感谢信写作应注意的问题

撰写感谢信应符合以下三个要求：

(1) 感谢的事项必须真实。

(2) 情感要真挚，文字要适当、得体。

(3) 结构内容要完整。

第二节　求职函　招聘函

一、阅读与析评

【例文 16—3】

求 职 函

××公司：

从×月×日××报纸的招聘广告上，得知你们正在招聘公司业务部经理。我认为，我的情况非常适合这个职位，我希望我在面试的时候，能够亲自向你们表明我能为公司做出怎样的贡献。

我于××××年×月毕业于××大学××专业，取得××学位。毕业后一直在××单位担任××工作，于××××年×月取得××职称。有关个人业绩、证件等材料随函附上。

请公司考虑我的求职，并将面试时间通知我。

此致

敬礼！

×××

××××年×月×日

[析评]

这是一份求职函。正文首先写缘起、缘由，接着写求职意愿、个人简历，最后提出要求。全文语言简洁，态度自信、恳切，礼貌而又不卑不亢，是一篇写得较好的求职短函。不足之处是函中应写上通信地址、电话等信息。

【例文16—4】

招聘函

×××先生（小姐）：

在今年×月市政府举办的××青年技术操作大赛中，我们了解到你的一些情况。我们公司打算在××地区开设分店，因为我们了解到那里还没有类似的商店，生意应该好做。该分店需要一个××业务经理，我们认为你比较适合。如果你对此感兴趣，请打电话（或写信）通知我们，我们可以安排时间面谈。

此致

敬礼！

×××

××××年×月×日

［析评］

这是一份招聘函。正文内容包括三层意思：其一，写招聘(发函)背景、原因，暗含对对方的赞赏；其二，函询对方对聘请之事是否有兴趣；其三，请求对方若有兴趣则给予答复，以便作面谈安排。该文行文明晰，能注意尊重对方，但语言偶有口语化过重之嫌。写作招聘函时，如果发函公司并非家喻户晓，则应简介一些公司以及拟聘职位的情况，或者附上一些公司的介绍资料以及地址、电话等通联信息。

二、必需知识

（一）求职函、招聘函的含义

求职函是求职者向有关企事业单位介绍自己的基本情况，提出供职请求，并要求对方考虑、答复的文书。

招聘函是企事业单位希望特定的对象到自己的单位供职的征询性文书。

（二）求职函的结构、写法及注意事项

1. 求职函的结构和写法

(1) 称呼。求职函写给国有企事业单位时，称呼写单位名称或单位的人事部；若写给民营、私营或合资独资企业时，称呼一般写公司老板或人事部负责人的姓名。

(2) 正文内容。首先，要侧重说明你能为招聘单位做些什么事。一般要说清楚你求职不只是考虑经济上多一点收入，你注重的是这个职位更适合你发挥个人的才能，为企业的发展作出贡献。其次，介绍个人基本情况，如学历、年龄、个人简历、健康状况等。这类情况要视对方要求作简要介绍，或附上有关业绩材料。最后，写上联系地址、电话等信息。

(3) 敬语。按信函的格式写上“此致”、“敬礼”一类敬语。

(4) 落款。按信函格式写上个人姓名、日期。

2. 求职函写作的注意事项

(1) 语言要简洁、集中，文面要整洁。

(2) 提出供职请求，态度要自信、恳切，礼貌而又不卑不亢。

(3) 介绍自己的基本情况，要符合实际、客观。

(4) 函中要留下自己的联系电话、地址等通联信息。

(三) 招聘函的结构、写法及注意事项

1. 招聘函的结构和写法

(1) 称呼。按一般信函的格式称呼“×××先生”、“×××同志”或“×××小姐”。

(2) 正文内容。首先，询问对方是否对拟聘职位感兴趣；其次，简要介绍己方及这个职位的情况；再次，对对方的工作业绩表示赞赏；最后，希望对方给予答复，希望约定面谈时间、地点。

(3) 敬语。按信函格式写上“此致”、“敬礼”一类敬语。

(4) 落款。按信函格式写上公司名称或单位领导职务姓名、日期。

2. 招聘函写作的注意事项

(1) 发出招聘函前对拟聘对象的基本情况要有比较深入的了解，这样便于掌握主动，对双方都有好处。

(2) 行文要尊重对方，表达出求贤若渴的意愿。

(3) 给对方限定一个答复时间，以免无限期地拖下去，造成己方工作的被动。

【复习与思考】

一、名词解释

感谢信　求职函　招聘函

二、思考题

1. 感谢信有哪两种类型?
2. 感谢信所写的感谢内容一般包括哪些?
3. 感谢信的写作有何注意事项?
4. 求职函的“称呼”通常如何选择?
5. 试述求职函正文的内容。
6. 试述求职函写作的注意事项。
7. 招聘函与招聘启事有何不同?
8. 招聘函正文包括哪些内容?
9. 招聘函写作有何注意事项?

第十七章　礼仪文书

第一节　欢迎词　欢送词　祝词

一、阅读与析评

【例文 17—1】

欢 迎 词

尊敬的来宾，代表们，朋友们，同志们：

我荣幸地宣布，第一届中国国际旅游会议开幕了，我代表中国政府和人民并以我个人的名义，向这次会议表示热烈的祝贺，衷心欢迎各位来宾和代表！

…………

朋友们，同志们，会议期间，我们将欢聚一堂，交流经验。会后，我们中的一些人将去中国的其他地方参观访问。我诚恳地希望你们对中国的旅游事业提出宝贵的建议。

我祝本次大会圆满成功，并祝各位身体健康，在中国生活得愉快。

谢谢各位！

［析评］

这是一篇欢迎词。内容分三个部分。其一，写欢迎的原因以及对客人表示热烈欢迎；其二，写良好的预期、会后的安排和要求；其三，写祝颂语和表示感谢。言辞情真意切，友善礼貌，营造出一种友好的气氛。

【例文 17—2】

欢 送 词

同志们、朋友们：

刚好在两个星期以前，我们愉快地在这里欢聚一堂，热烈欢迎×××博士。今天，在×××博士访问了我国的许多地方之后，我们再次欢聚一起，感到特别亲切、高兴！

×××博士将于明天回国。

×××博士的访问虽然短暂，然而是极其成功的。在北京期间，他会晤了有关方面的领导同志，参观了工厂、农村、学校，与各界人士进行了谈话，并认真研究了我国的政治、经济、文化和教育。

在向×××博士告别之际，我们真诚地希望×××博士给我们提出批评、指导的宝贵意见，以便我们改进工作。同时，我们想借此机会请他转达我们对×国人民的深厚友谊，请他转达我们对他们的亲切问候和敬意。

祝×××博士回国途中一路平安，身体健康！

[析评]

这篇欢送词先写与客人的两次欢聚。“两个星期以前”曾欢聚一堂欢迎客人一句，点明客人的访问时间长度。客人“将于明天回国”一句，又点明欢送的缘由。接着写客人访问我国的行程情况以及收获。最后写主人的希望、要求和祝愿。全文感情诚恳，用语巧妙，分寸适当，语言精练，是一篇不错的欢送词。

【例文17—3】

毛泽东同志代表中共中央在全国
战斗英雄代表会议和全国工农兵
劳动模范代表会议上致的祝词

全国战斗英雄代表会议和全国工农兵劳动模范代表会议的代表同志们：

中共中央向你们的会议致以热烈的祝贺，并向你们的工作表示感谢和致意。你们在消灭敌人的斗争中，在恢复和发展工农业生产的斗争中，克服了很多的艰难困苦，表现了极大的勇敢、智慧和积极性。你们是全中华民族的模范人物，是推动各方面人民事业胜利前进的骨干，是人民政府的可靠支柱和人民政府联系广大群众的桥梁。

中国共产党中央委员会号召全党党员和全国人民向你们学习，同时号召你们，亲爱的全体代表同志和所有的战斗英雄、劳动模范同志们，继续在战斗中学习，向广大人民群众学习。只有决不骄傲自满并且继续不知疲倦地学习，才能够对伟大的中华人民共和国继续做出优异的贡献，并从而继续保持你们的光荣称号。

中国必须建立强大的国防军，必须建立强大的经济力量。这是两件大事。这两件事都有赖于同志们和全体人民解放军的指挥员、战斗员，和全国工人、农民及其他人民一道，团结一致，协同努力，方能达到目的。当此中华人民共和国开国第一个国庆纪念节日快要到来之际，你们在这里开会，是有巨大意义的。我们预祝你们的会议获得成功，预祝你们在今后的工作中获得伟大的胜利。

1950年9月25日

[析评]

这是一篇大会祝词，正文突出了三方面的内容：其一，向会议致以热烈的祝贺，并对代表们的工作表示感谢致意；其二，对参加会议的代表给予高度评价并对他们提出希望；其三，祝会议取得成功。该文虽然是一篇“老文”，但读来依然感情饱满，极富感染力。

【例文 17—4】

周恩来总理在欢迎美国总统尼克松的宴会上的祝酒词

总统先生，尼克松夫人：

女士们，先生们，朋友们：

首先，我高兴地代表毛泽东主席和中国政府向尼克松总统和夫人，以及其他的美国客人们表示欢迎。

同时，我也想利用这个机会代表中国人民向远在太平洋彼岸的美国人民致以亲切的问候。尼克松总统应中国政府的邀请，前来我国访问，使两国领导人有机会直接会晤，谋求两国关系正常化，并对共同关心的问题交换意见。这是符合中美两国人民愿望的积极行动，这在中美两国关系史上是一个创举。

美国人民是伟大的人民。中国人民是伟大的人民。我们两国人民一向是友好的。由于大家都知道的原因，两国人民之间的来往中断了二十多年。现在，经过中美双方的共同努力，友好来往的大门终于打开了。目前，促使两国关系正常化，争取和缓紧张局势，已成为中美两国人民强烈的愿望。人民，只有人民，才是创造世界历史的动力。我们相信，我们两国人民这种共同愿望，总有一天是要实现的。

中美两国的社会制度根本不同，在中美两国政府之间存在着巨大的分歧。但是，这种分歧不应当妨碍中美两国在互相尊重主权和领土完整、互不侵犯、互不干涉内政、平等互利和和平共处五项原则的基础上建立正常的国家关系，更不应该导致战争。中国政府早在 1955 年就公开声明，中国人民不想同美国打仗，中国政府愿意坐下来同美国政府谈判。这是我们一贯奉行的方针。我们注意到尼克松总统在来华前的讲话中也说到，“我们必须做到的事情是寻找某种办法使我们可以有分歧而又不成为战争中的敌人”。我们希望，通过双方坦率地交换意见，弄清楚彼此之间的分歧，努力寻找共同点，使我们两国的关系能够有一个新的开始。

最后我提议：

为尼克松总统和夫人的健康，

为其他美国客人们的健康，

为在座的所有朋友和同志们的健康，

为中美两国之间的友谊，

干杯。

[析评]

该文是一篇著名的祝酒词，称谓之后，内容分为三部分，第一部分先对客人的来访表示欢迎以及对美国人民致以问候，其后写对客人来访意义的评价；第二部分写对两国人民的评价、两国人民的交往情况以及两国人民争取改善关系的愿望，同时，客观地点出两国政府之间存在着分歧，但希望分歧不应当妨碍开拓两国关系的新局面等；第三部分为祝酒辞令。全文既有针对性，又合乎历史、现实以及欢迎场景，感情真挚诚恳，不卑不亢，展现了大国总理的风度。

二、必需知识

(一) 欢迎词、欢送词、祝词的含义

欢迎词是在迎接宾客的仪式、集会、宴会上主人对宾客的光临表示热烈欢迎的一种礼仪文书。

欢送词是在欢送宾客的仪式、集会、宴会上主人对宾客即将离去表示热烈欢送的一种礼仪文书。

祝词，也可写作祝辞，泛指对人对事表示良好祝愿和庆贺的言辞或礼仪文书。祝词常用于开工典礼、剪彩仪式、开业、会议开幕等场合，也常用于国际交往中。

欢迎词、欢送词和祝词都属于礼节性社交活动的讲话稿。

(二) 欢迎词、欢送词、祝词的结构和写法

欢迎词、欢送词和祝词的写法基本一样。欢迎词和欢送词的格式一样，只是内容有迎和送的区别。在欢迎的宴会上所致的祝词实际上就是欢迎词，在欢送的宴会上所致的祝词实际上就是欢送词。祝酒词的结尾一般多一个祝酒辞令。

1. 标题

可直接以文种“欢迎词”、“欢送词”或“祝词”为题，也可以以场合和文种为题，如“在开学典礼上××的欢迎词”等，还可以以主人的名称、被欢迎或欢送的宾客和文种为题，如“周恩来总理在欢迎美国总统尼克松的宴会上的祝酒词”。

2. 称谓

对被欢迎、欢送、祝愿、祝贺的对象的称呼，称呼前可加修饰语“尊敬的”、“敬爱的”之类，称呼后可加头衔，也可加“先生”、“女士”、“夫人”等。

3. 正文

欢迎词的正文，一般先写表示欢迎的话；接着写宾客来访的目的、意义、作用；继而回顾双方交往的历史与友情，赞扬宾客在某些方面的贡献及双方友好合作的成果，表示继续加强合作的意愿、希望；结尾写祝颂语，对宾客的光临再次表示热情的欢迎和良好的祝愿。

欢送词的基本格式及写法与欢迎词大致相同。它的正文一般应包括以下内容：对宾客的离去表示热烈欢送的话；有关欢送的具体内容，如宾客逗留的时间及离别的日程，叙述访问的行程及收获，对宾客的希望及要求，表示继续加强交往的意愿；结语常需再次对宾客的即将离去表示热烈的欢送。

不同类型的祝词，其正文有不同的写法。会议祝词突出祝贺会议的内容及寄予希望。事业祝词突出祝贺事业的内容并祝愿其取得更大的成功。庆祝宴会或庆功祝词，则概括地回顾总结前段工作所投入的力量和所取得的成就或变化、发展。社交性祝词主要有祝寿和祝新婚两种：前者既祝愿对方幸福长寿，也赞颂其已经取得的成绩和作出的贡献；后者主要祝愿夫妻恩爱、生活幸福、携手并肩搞好工作等。此外，社交性祝词还有祝贺晋级提职、生男添女和工作、学习中取得成果等。祝酒词一般用于宴会上举酒祝愿，用得较多的是公关场合，尤其是外交场合。一般是先对宾客或来访者表示热烈欢迎；接着回顾双方的友好交往，盛赞友情，提出祝愿和希望；结语句式一般为“为……而干杯”。

4. 落款

即在正文右下方写明致欢迎词、欢送词和祝词的机关、人物的名称和日期。如果在标题中已经写明，则此处不必再落款。

(三) 欢迎词、欢送词、祝词写作的注意事项

(1) 适应场景氛围，引导出席者情绪，以创造一种友好的气氛，密切关系，推动双边合作。

(2) 感情真挚，礼貌而又有分寸，既尊重对方，又不卑不亢。

(3) 有分歧的问题不表露于言辞。

(4) 使用便于交际场合朗读、演说的语言，既上口、好读，又切合实际，有的放矢，言之有物。

(5) 动笔前要了解对象的基本情况，比如取得的成就、大会的宗旨等。

第二节 答谢词

一、阅读与析评

【例文 17—5】

答谢词

亲爱的朋友们：

我们对贵国的访问即将结束。首先，请允许我代表我们旅游观光团一行 20 人对贵国政府对我们的盛情款待表示由衷的感谢。

访问期间，我们十分有幸结识了许多知名人士，参观了城镇、乡村、工厂、学校和文艺团体，与各界人士进行了饶有兴趣的谈话，这些都给我们留下了很深的印象。

我相信，我们这次参观访问将有利于促进两国人民之间的友谊。我们用文字和照片记录下了这次访问中一幕幕的动人景象，回国后，我们将让我国人民得知这一切。我深信，这将给他们以巨大的鼓舞。

借此机会，再次衷心地感谢大家！

祝兄弟般的中国人民幸福！

祝两国人民之间的友谊万古长青！

再见了，亲爱的朋友们！

[析评]

这是一篇答谢词。正文分为三部分：其一，先写“我们对贵国的访问即将结束”，这是答谢的背景、原因，接着对主人的热情接待表示感谢。其二，概写访问的内容、留下的美好印象、成果和愿望。其三，再次感谢，表达祝颂。全文情感真挚、感人，尤其是宾客回国后的“计划”和全文最末一句话，令人感动。

二、必需知识

(一) 答谢词的含义

答谢词是在专门仪式、宴会、招待会上宾客对主人的热情接待表示衷心感谢的致词。

(二) 答谢词的结构和写法

答谢词的基本结构及写法与欢迎词的基本相同。正文部分的写法一般为：对对方的热情接待表示由衷的感谢；如果是访问，则概述出访期间留下的美好印象，赞扬主人某方面的业绩、崇高的精神，或对双方共同关心的问题表达自己的观点、看法和愿望；结尾一般需对对方再次表示谢意。

第三节　贺　信

一、阅读与析评

【例文 17—6】

贺　信

中山大学全体教职员工：

尊敬的曾宪梓先生：

值此贵校建校六十六周年曾宪梓堂落成剪彩之际，梅州市委、梅州市人民政府谨向你们致以热烈的祝贺和诚挚的问候！

中山大学是一所具有光荣历史的高等学府，在六十多年的峥嵘岁月中，不断开拓进取，奋发向上，培养和造就了千百万各行各业的优秀人才，为振兴祖国的教育事业，扩大国际文化交流，为社会主义物质文明和社会主义精神文明建设作出了杰出的贡献，为世人所瞩目，蜚声海内外。在此喜庆的日子里，我们衷心祝愿贵校继往开来，年年桃李，岁岁芳菲。

曾宪梓先生一贯爱国爱乡，鼎力支持家乡的文化教育、体育等各项公益事业，兴学育才，造福桑梓。中山大学曾宪梓堂的落成，是先生拳拳赤子心、殷殷故乡情的又一生动体现。它的建成不仅为贵校增辉添彩，也将进一步改善学校的办学条件，促进教学质量的提高，激励广大师生为振兴中华而发奋学习，努力拼搏，争取更大的荣誉。

祝盛会圆满成功！

中共梅州市委

梅州市人民政府

一九九〇年十一月十一日

[析评]

该文是格式规范但文字值得推敲的贺信，尽管是一篇“老文”，却仍具有借鉴意义。

正文前有问候，后有祝颂。正文表达了祝贺的目的，包含两层意思，第一层是祝贺中山大学六十六周年校庆；第二层是祝贺中山大学曾宪梓堂的落成。祝贺的内容清楚，感情充沛，行文流畅，读来朗朗上口。然仔细斟酌，行文与用语亦有不妥之处：贺信称呼乃两方，正文也有两层意思，故行文和用语都应注意两者兼顾，“贵校”虽为敬辞，但因非仅对一方行文，故仍应直称“中山大学”；开头状语表述的是并列的两件事，严格说来，应在其间加顿号或“暨”字，免生含混之嫌；“在六十多年的峥嵘岁月中”，“峥嵘”用得不妥，如找不到适当的词，就说“六十多年来”即可；造就了“千百万”人才，太过夸大，应改为“万千”。

【例文 17—7】

贺　信

××建筑设计公司：

欣闻贵公司在第 16 届国际别墅建筑设计博览会上摘取设计金奖，新绿茶集团公司谨向你们表示热烈的祝贺并致以崇高的敬意！

你们今天取得的辉煌成就是你们多年来所倡导的“求精、拼搏、创新”精神的体现。希望你们继续发扬这种精神，在建筑领域勇攀高峰，为中华建筑事业的发展作出新的贡献！

新绿茶集团公司

××××年二月二十六日

[析评]

这封贺信首先祝贺对方取得辉煌成就，这是发出贺信(电)的缘由，继而褒扬对方的优良传统和作风，评述了对方取得成绩的原因，最后提出殷切希望。全文层次清楚，感情真挚，文字简练。

二、必需知识

(一) 贺信的含义

贺信是机关、团体、单位向取得重大成就、有突出成绩或喜庆之事的有关单位或人员表示祝贺或庆贺的一种礼仪文书。

现在，贺信已成为表彰、赞扬、庆贺对方在某个方面所作贡献的一种形式，有时还用来表示慰问。在当前的经济建设中，如某个单位或某个人作出了巨大贡献，某单位召开了重要会议，某工程竣工，某科研项目成功，某项重大任务保质保量地提前完成，某重要人物的寿辰等，都可以使用贺信的形式表示祝贺。重要的贺信往往对人们有很大的激励和教育作用。

(二) 贺信的结构和写法

贺信的基本结构包括标题、称谓、正文和落款四项，现将各项的写法简介如下。

1. 标题

在第一行正中写上“贺信”二字。也可以在“贺信”前写上谁给谁的贺信以及被祝贺的事由。

2. 称谓

顶格写接受贺信的单位或个人及称谓，后面加冒号。

3. 正文

另起一行，空两格写贺信正文的内容。正文内容一般包括：对方取得的成绩和重大意义；表示热烈的祝贺和殷切的希望。

如祝贺会议召开，要指出它的重要性和预祝会议圆满成功；如对方为同级单位，除表示祝贺外，还应提出向对方学习的内容；如系下级单位给领导机关的贺信，除表示祝贺外，还应表明自己的决心和态度；如系给个人的贺信，应着重写明其有哪些可供群众学习的品德和意义。

以祝愿词结尾，如“谨祝取得新的、更大的胜利”。如正文中“希望”部分的内容写得详细具体，也可不用祝愿词结尾。

4. 落款

按信函格式写发信单位或个人名称及年、月、日。

(三) 贺信写作的注意事项

撰写贺信时应注意以下三点：

(1) 感情真挚、浓烈，给人以鼓舞。

(2) 评价要适当而有新意，避免陈词滥调。

(3) 文字简练，语言朴素，不堆砌华丽辞藻，不言过其实，不空喊口号。

第四节　请柬　邀请书(信)

一、阅读与析评

【例文 17—8】

(封面)

请　柬

(内页)

××先生：

谨定于二〇〇六年八月十六日(星期三)上午九时整，在四川省运动技术学院(成都市一环路南三段十六号)俱乐部一楼大厅，举行“可口可乐，临门一脚”足球教练员培训班及“可口可乐杯”全国奥林匹克青年足球赛新闻发布会，恭请拨冗光临！

成都可口可乐饮料有限公司 (盖章)

二〇〇六年八月七日

【例文 17—9】

二〇〇六年全国普通高校评卷教师
邀请书

××中学

××老师：

经研究，决定邀请你参加今年全国普通高考语文科评卷工作。如果你不需要回避，无直系亲属参加今年普通高考，请于七月十一日到××师范大学阅卷场报到（请开具介绍信，并带工作证）。

此致

敬礼

全国普通高考
××师大阅卷场办公室
二〇〇六年六月二十八日

［析评］

例文 17—8 是一份请柬，因而得讲究装帧，用语亦礼貌恭敬。例文 17—9 是一篇邀请信，由于是邀请对方参与评卷工作，因而措辞带有与工作性质相适应的庄重，还具有类似于行政公文的指令性特征。请柬、邀请书用语必须与邀请对方参与的工作或活动性质相适应。

两例文的正文，都写清楚了邀请的事由、时间、地点和事项。例文 17—9 还写了有关的注意事项。

二、必需知识

（一）请柬、邀请书(信)的含义

请柬、邀请书(信)也叫请帖，是单位或个人为邀请有关单位或人士前来参加重要的纪念活动或庆典活动，为表示庄重而使用的礼仪文书。

请柬、邀请书(信)的使用范围很广。召开庆祝会、纪念会、联欢会、洽谈会、订货会、研究会、交流会以及举行招待会、宴会、茶话会等都可发请柬或邀请书(信)。

请柬按用途可分为以下三类：一是会议类请柬，专为庆祝会、纪念会、座谈会等发出；二是活动类请柬，专为仪式、宴请、执行等发出；三是工作类请柬，专为成果的评审、鉴定以及决策的论证而发出。

（二）请柬、邀请书(信)的结构和写法

请柬、邀请书(信)有横式、直式两种，一般由以下几部分组成：

（1）封面(正面)。居中写“请柬”或“邀请书(信)”，字体要略大，要醒目和美观。

（2）称谓。首行顶格写被邀请的单位名称或个人的姓名。

（3）正文。主体写清邀请的目的、活动内容、时间、地点及应注意的一些问题。结尾通常写“敬请光临”、“敬请莅临”或“敬请光临指导”。

（4）落款。写清发请柬或邀请书(信)的单位名称或个人姓名，下一行注明年、月、日。有的请柬、邀请书(信)是印刷出售的，如果其格式完整、合用，也可以购回填写。

(三) 请柬、邀请书(信)写作的注意事项

(1) 有关信息的交代要清楚。邀请的内容、时间、地点、被邀请者的姓名及头衔必须准确无误。

(2) 措辞讲究。用语要简短、热情、文雅，宜用期盼性语言表达。突出“请”意，避免使用“务必”、“必须”之类带强制性词语，不能有半点强求之意。当然，对特殊的邀请书(信)，措辞必须与所邀请参与的活动性质相适应。

(3) 制作宜精美。装帧尽可能美观、大方，以示对被邀请者的尊重。

(4) 文种选择需根据使用的场合和情况而定。隆重的礼仪场合多用请柬；参加学术研讨会、纪念会、订货会多用邀请书(信)；一般的会议发通知即可。邀请的事项单一，用请柬；邀请的事项较复杂或需要向被邀请者说明有关问题，则用邀请书(信)。

(5) 如有需要注意的事项，要在“请柬”或“邀请书(信)”上适当的位置注明，如联系人、联系电话、食宿或携带物品、交通路线等。如有签到卡，可随请柬附上。

【复习与思考】

一、名词解释

欢迎词　欢送词　祝词　答谢词　贺信　请柬

二、思考题

1. 试述欢迎词、欢送词、祝词正文的结构和写法。
2. 欢迎词、欢送词、祝词写作有何注意事项?
3. 试述答谢词的正文结构和写法。
4. 答谢词的写作有何注意事项?
5. 欢迎词、欢送词、祝词的使用场合是否相同?
6. 试述贺信正文的结构和写法。
7. 贺信写作有何注意事项?
8. 试述请柬、邀请书(信)的结构和写法。
9. 请柬、邀请书(信)的写作有何注意事项?
10. 本章内容未编写礼仪文书的特点。通过本章的学习，试概括礼仪文书的主要特点。

第五部分

The fifth part

专用文书写作

第十八章　筹划总结性文书

第一节　计　划

一、阅读与析评

【例文 18—1】

××××学院教研部××××年工作计划

为了加强我部建设，圆满完成“教学、科研、管理一体化”的任务，做好公务员培训工作，根据学校在新形势下深化改革方案的精神，借鉴有关兄弟学院的成功经验，结合我部的实际情况，经与市人事局录用培训处多次协商，对××××年的教学、科研工作提出如下计划：

一、目标

（一）教学工作计划

拟举办下列班次：

1. 公务员专业知识课“行政决策”培训班。（略）

2. 公务员任职资格培训班。对象为市、区办公厅（室）在职工作人员。人数260人左右。时间4天。拟办两期。第1期：4月4日至8日；第2期：4月11日至14日。采用面授与自学相结合的形式进行培训，开卷考试，由省统一命题，统一评卷。

3. 公务员电脑培训班。（略）

（二）科研工作计划

1. 在本年内完成已立项并拨款的深圳市社科“八五”规划中的课题“深港两种特区政府行政管理比较研究”（负责人×××）。

2. 编写教材方面，我部今年内需完成为公务员培训班使用的4本教材的编写工作。（略）

二、措施

为了保证公务员培训工作能顺利进行，特提出如下措施：

1. 校委的重视和支持是做好公务员培训工作的根本保证。希望派出一名校委主管到我部工作，以减少请示汇报工作的环节，提高工作效率。

2. 理顺关系、优化服务是做好公务员培训工作的必备条件。(略)

3. 充实人员、建立队伍是做好公务员培训工作的决定因素。(略)

4. 改善办学条件是做好公务员培训工作的物质保证。(略)

[析评]

这份教学、科研工作计划是一个教学部门的年度工作综合计划。从表面上看，文中只写了“目标”和“措施”两个部分，实际上，讲“目标”时，已把“步骤”也讲清楚了。可见，计划的写法可以灵活多样。本计划写得明确具体，可行性较强，可供参考。

【例文 18—2】

××公司新职工培训指导计划

第一章　教育目的与内容

1. 教育目的

对本企业新录用的职工介绍企业的经营方针，传授本企业职工所必备的基本知识和业务技能，提高其基本素质，使之在较短时间内成为符合要求的职工。

2. 教育内容

(1) 明确本企业的生产目的和社会使命。

(2) 明确本企业的历史沿革、现状、在产业中的地位和经营状况。

(3) 了解本企业的机构设置和企业组织。

(4) 掌握本企业的规章制度和厂规厂法。

(5) 掌握本企业各部门的业务范围和经营生产项目。

(6) 了解本企业的经营风格和职工精神风貌。

(7) 了解本企业对职工道德、情操和礼仪的要求。

(8) 通过教育培训考察学员的个人能力和专业特长。

第二章　教育实施要领

1. 教育指导者

(1) 企业主要领导全面负责教育指导工作，其他领导应参与。

(2) 计划的编制和组织实施由总务部或人事部负责。

(3) 企业全体职工都应协助教育培训工作。

2. 培训时间

一般为3个月，根据实际情况可适当延长或缩短。

3. 编班

为便于组织培训，根据学员学历，可分成不同的班组，并指定一名班组长。外出参观或实习时，可根据实际需要，重新编班。

4. 时间安排

集中培训的时间安排为“上午：×时×分到×时×分；下午：×时×分到×时×分”。实习时间同企业工作时间一致。参观时间视情况而定。

5. 教育方法

(1) 专业知识传授采取集中授课的方式。

(2) 实习则采取到实习工厂或企业车间部门实际操作的方式。

(3) 参观。根据教员的布置，实地考察，并由学员提交参观报告。

(4) 培训日记。培训期间，要求学员对培训感想和认识做出记录，以提高学员的观察和记录能力。

(5) 在培训过程中，尽量让学员接触生产实践，尽量提供更多的参考资料和视听教材。

第三章　模拟安置

1. 目的

在新职工教育培训期间，根据企业的组织设置，将学员模拟安排到不同部门，以考察其能力和适合的部门，为正式安排提供依据；同时也使新职工尽快地了解企业情况。

2. 时间

模拟安置时间从培训正式开始起，到正式安排止。以15天为一周期，全体学员轮流更换工作。

第四章　教育培训实施要领

1. 基础理论教育（见附表一）

(略)

2. 实习教育（见附表二）

(略)

3. 注意事项

(1) 对企业的机构设置、规章制度、生产经营管理系统要作重点介绍。

(2) 对各部门的职权范围、工作内容等要作详尽介绍。

(3) 要让学员清楚地掌握工作性质和责任。

(4) 要使学员真正掌握业务知识。

(5) 要重点培养学员的责任心和效率意识。

(6) 培养学员的礼仪修养，使其养成礼貌待人的习惯。

(7) 使学员意识到校园生活与企业生产的差别，感知到自己新的责任与地位。

(8) 培养学员尊重知识、严肃认真的工作态度。

(9) 注意培养学员的集体精神和企业意识。

(10) 不应把新职工的教育培训任务仅局限于企业领导，要使全体企业职工参与教育培训工作。

××××年×月×日

[析评]

这是一篇写得较好的职工上岗培训计划，属专项计划。文章采用分章结构，表述了培训的目的、内容、指导者、时间安排、教法、模拟安置、注意事项等内容，计划的“三要素”，即目标、措施、要求，已体现其中。该计划考虑较周密，上岗针对性强，操作性也较强。

二、必需知识

（一）计划的含义和特点

计划是为完成一定时期的任务而事前拟订目标、措施和要求的事务文书。目标、措施、要求，称为计划的“三要素”。

常见的安排、打算、规划、设想、要点、方案等都属于计划，只是由于内容和成熟程度不同而选用了不同的名称。

计划，是使用频率很高的一种事务文书。

计划的实质是对理想、目标的具体化。它对整个工作有着重要的指导、推动和保证作用。制订计划是一种科学的领导艺术。

计划主要有以下三个特点：

（1）预想性。计划的预想性是其他应用文体所不具有的。制订计划需要进行调查研究，如上一阶段的工作情况怎样、实施计划的内部条件和外部环境如何等，并以此为依据确定工作目标、具体做法及实施步骤。但由于计划毕竟是对未来工作的设想，对可能遇到的新情况，以及实施步骤、完成时间，都难以完全预想得到，因此，计划不能定得过死，必须留有余地，在实施过程中一旦发现与实际有不符的地方，或出现新情况，便须做出切合实际的修改。

（2）指导性。计划一旦成文，就对实践起一种控制和约束作用。制订计划，是为了克服工作中的盲目性。从应用上说，计划有上级下发的计划和单位自行制订的计划。上级下发的计划，勾勒发展蓝图，明确工作目标，提出步骤措施，目的是指导下属单位，使其不至于盲目冒进或偏离工作方向，能始终朝着既定目标去做。而本单位制订的计划，目的也在于控制方向、规模、速度，使任务能保质、保量地按时完成。

（3）可操作性。再好的计划也只有能付诸实施才有价值。因此，计划必须定得具体明确，切实可行，符合实际。目标定得过高，无法实现和完成；定得过低，计划又无法起指导、激励作用。计划的步骤、措施、要求、时限不但要写得具体、细致，还要便于检查督促，对照落实。离开实践或操作性差的计划，将是毫无价值的一纸空文。

（二）计划的类型

（1）按内容分，有综合计划、专项计划等。

（2）按性质分，有生产计划、学习计划等。

（3）按范围分，有国家计划、部门计划、单位计划、科室计划、班组计划、个人计划等。

（4）按时间分，有年度计划、季度计划、月度计划等。

（5）按形式分，有文件式计划、表格式计划和文件表格结合式计划等。

（三）计划的结构和写法

一份计划由标题、正文两部分组成。

1. 标题

计划的标题一般由单位名称、时限、内容和文种构成，如“万达公司 2006 年工作计划”，即是一个“完整式”标题。也有省略时限（时限不明显或临时的单项工作）的标题。有时还可写成“公文式”标题。所制订的计划如还需要讨论定稿或经上级批准，就应在标题的后面或下面用圆括号加注“草案”或“初稿”或“讨论稿”等字样。

2. 正文

通常包括前言和计划事项两部分内容。

（1）前言。前言又叫导语。通常内容包括对基本情况的分析，或对计划的概括说明，或说明依据什么方针、政策以及上级的什么指示精神，在什么条件下，制订这个计划，完成这个计划的必要性、可能性以及要达到什么主要目的等。这是制订计划的基础，要写得简明扼要，灵活多样。

（2）计划事项。计划事项是计划的主体。不论是哪一种计划，计划事项都包括目标、措施、要求“三要素”内容。

1）目标，即回答“做什么”的问题，可以是总体目标，也可以是具体任务或指标。总体目标往往是要实现的最终目的，是多方面综合指标的最终体现。具体任务或指标，则是具体说明要完成的任务，或要达到什么样的指标等，务必写得具体明确。目标制定对计划的撰写乃至计划的实施至关重要，目标过高或过低都不合适。这就需要深入调查研究，广泛征求意见和充分论证，慎重确定目标。

2）措施，即回答“如何做”的问题，包括组织分工、进程安排、物质保证、方式方法等。组织分工可说明领导机构。进程安排，主要是对目标实现分步走的问题，一般要安排若干阶段。如果是年度计划，每一季度(甚至月份)要完成哪些工作、要达到什么指标，都要加以明确。如果是专项计划，则要划分阶段，明确每一阶段的大致任务及具体安排，如做好某项工作，可以分为准备阶段(包括传达、动员、学习、成立组织、物质准备等)、实施阶段(具体工作的展开、落实)、总结阶段(扫尾、小结)。进程安排是计划事项的重要内容，也是一项重要措施之一。物质保证，包括实施计划的人力、财力、物力，配备多少、如何配备等。方式方法是完成任务的具体手段，一般要写得比较简要。

3）要求，即回答“做得怎样”、“如何做完”之类的问题，主要是质量、数量、时间上的要求。质量上，要达到什么标准、什么水平、什么程度；数量上，要达到什么指标；时间上，什么时候完成该项工作；等等。这是计划效益指标的具体设想，能否多快好省，就要在“要求”这一项里加以具体设计。

计划三要素是互相联系的，没有目标，或者目标不明确，就谈不上措施要求；没有具体的措施，目标就难以实现；而没有具体要求，实现目标的效率、质量就没保证。它们之间是互相依存、缺一不可的。

（四）计划写作的注意事项

撰写计划时要注意以下几点：

（1）指导思想要正确。要以党和国家的方针政策为指导，能够体现本单位领导的意图，确保计划指导思想的正确性。

（2）要充分考虑计划的可行性，并适当留有余地。

（3）要服从长远的规划，坚持整体的原则，处理好多种关系，同时又能体现出本单位的工作特点。

（4）走群众路线。集思广益，把计划变成群体的共同意志，以更好地发挥群众的积极性，减少阻力，保证计划的可行性。

第二节　总　结

一、阅读与析评

【例文 18—3】

售后服务是企业的命根子

万宝技术服务中心××××年工作总结

××××年，万宝集团技术服务中心全体员工和分布在全国各地维修网点的员工一起，根据何总经理关于“售后服务是企业的命根子”的指示精神，坚持“拥有万宝电器，享受一流服务”的宗旨和“一切为了使用户满意”的标准，发扬“同心多奉献，合力创一流”的企业精神，大力开展优质服务活动，扎扎实实地做好各项工作，实现了××××年的总体目标。全年维修合格率达 99.8%，比去年上升了 30.3%；维修返修率 0.2%，比去年下降 30.13%；用户来信处理率 100%，全年未出现重大的维修质量投诉，赢得了用户和社会各界的好评，促进了万宝系列产品的销售，促进了万宝售后服务工作向服务质量标准化、服务网络体系化、服务管理规范化、服务方式多样化、服务经营一体化的方向发展。××××年被评为全国优质服务企业。

回顾一年来，我们主要做了以下几项工作：

一、优化网点建设，加强网点管理

1. 开展网点升级达标活动。（略）

2. 开展网点调研考察。（略）

3. 合理调整网点布局，扩大维修服务的覆盖面。（略）

4. 开展用户抽查，优化网点结构。（略）

二、调整售后服务策略，适应市场和用户需要

1. 增加服务项目，扩展服务范围。（略）

2. 转换服务形式，提高服务水平。（略）

3. 开拓服务经营一体化道路，增强自身实力。（略）

三、提高员工素质，深化优质服务

（略）

四、开展“万宝电器百日维修服务质量无投诉”活动

（略）

明年是万宝事业发展的关键一年，也是实现集团中期发展规划的决定性一年。我中心必须进一步贯彻落实何总关于“售后服务是企业的命根子”和汤总关于“服务先于销售”的指示精神，坚持“一切为了使用户满意”的最高标准，把售后服务工作作为首要任务，为维护万宝信誉作出更大贡献。

[析评]

这是一篇企业售后服务的综合性总结，虽然是一篇“老文”，但却仍具借鉴价值。

标题采用正副题式，正题揭示文章的中心内容，副题标示出单位、时间、事由和文种。正文由前言、主体、结尾三部分组成。前言部分概述了基本情况，交代了总结所涉及的时限、单位、背景、工作任务、完成情况，并引用数据概述了成就，用语精练，字里行间洋溢着信心和决心。然后，用“回顾”一句过渡转入主体部分。主体部分分四大项列举了一年来的主要工作，内容按逻辑顺序排列，围绕着“命根子”这个中心，充分证明了总结中所提出的各个观点。最后以展望作结，充满了信心，反映了企业的精神面貌。全文层次分明，观点与材料统一。须指出的是副标题前应加破折号。

【例文 18—4】

实行“三化” 提高工作质量

景卫国

办公室工作的被动性、从属性、事务性和服务性特点，常常导致办公室在忙、乱、杂中运转。如何从被动中求得主动，提高办事效率、办公质量？现将我们岳阳石化总厂储运公司的一些做法介绍出来，以期抛砖引玉。

我们采取“抓住重点，带动一般”的办法，在重点项目上建立健全工作程序、标准和制度，实现工作程序化、标准化和制度化，从被动中求主动。具体来说就是：抓住文件、会议、小车管理和接待协调三大项目，带动其他日常工作，对各项工作都要求绘出程序图，制定出制度和标准，在规定目标的同时，也规定达到目标的方法。

首先，我们根据三个重点项目各自的特点，绘制了《经理办公程序》、《行政会议组织程序》、《公文审稿工作程序》、《客人接待工作程序》、《小车安排工作程序》等二十四个工作程序图，制定和完善了《草拟公文工作标准》、《秘书日常工作标准》、《文稿修改工作标准》、《复印文件工作标准》等十二个工作标准和《关于复印文件暂行规定》、《关于保密工作的暂行规定》、《关于印信使用的暂行规定》等八项工作制度，使各项工作有程序、标准和制度可依。

其次，在严格执行上下工夫。例如，我们要求在办文中严把“四关”，即：一把拟办单位关，要求拟办单位草拟文件时不草率；二把文字关，即看是否要行文和以什么形式行文，是否符合党和国家的政策法规，文字表达是否准确、简练、通顺，涉及几个部门时是否协商一致，和本单位前后文件是否有矛盾，体例格式是否规范；三把打字、校对、印刷、装订、分发关；四把文件发出后的催办关。通过严把“四关”，使文件的草拟、审核、审批、打印、校对、印刷、装订、分发与催办形成一条龙，从而保证了文件整体质量的提高。再如，在提高会议质量时，我们根据所规定的工作程序、标准和制度，主要抓了会前的准备工作、会中的记录和提醒、会后的记录整理以

及有关事项的催办和反馈四个环节。会前填写会议议题单，会后下发会议决定通知单或会议纪要，严格控制会议，认真整顿会风，提高了会议质量。

经过几年的实践，我们体会到，实行工作程序化、标准化和制度化，可以使复杂的工作条理化、规范化和责任化，使每个人都明确自己的责任和权限，达到了用时少、效率高的目的。

[析评]

这是一篇工作专题性总结。文章总结了该办公室实行工作程序化、标准化、制度化这“三化”的经验，针对性强，偏重于介绍做法、总结经验，内容集中，叙述具体、细致，条理清楚，是推广经验文章的可取写法。

二、必需知识

(一) 总结的含义、作用和特点

1. 总结的含义

总结是单位、部门或个人对前一段的实践活动进行回顾、检查、分析和研究，从中找出经验教训和规律性的认识，以指导今后实践而写成的应用文书。

总结是对实践的认识，总结的过程是由感性认识上升到理性认识的过程。总结应对实践进行全面、深刻的概括。

常用的小结、体会实际上也是总结，只是它所反映的内容较简单、经验不够成熟、时间较短、范围较小而已。

2. 总结的作用

总结的作用是多方面的，其主要作用是：

(1) 总结经验，肯定成绩。

(2) 反思过去，展望未来。

(3) 互通信息，共同提高。

3. 总结的特点

总结的特点主要表现在以下四个方面：

(1) 实践性。总结首先要回顾实践或工作的全过程。自身实践的事实，尤其是典型事例和确凿数据，是一篇总结得出正确结论的基础。

(2) 经验性。总结旨在把实践中的成功经验归纳出来，把教训总结出来。

(3) 说理性。总结不仅要陈述工作情况，更要揭示理性认识。能否进行理性分析，能否找出带有规律性的东西，是衡量一篇总结写得好坏的重要标准。找出带有规律性的东西，用以指导今后的工作，这就是总结的实质。

(4) 简明性。总结通常只作概括叙述、简要说明、直接议论，而不必多方论证。

(二) 总结的类型

总结的分类方法很多，如可按性质、内容、时间、范围等来划分。本书按写法和内容，把总结划分为综合性总结和专题性总结两大类：

(1) 综合性总结。是对一单位、部门工作进行的全面性总结，它要展现该单位、该部门一定时期工作的全貌。综合性总结包括的内容比较广泛，既要反映工作的概况和取得的成绩，存在的问题、缺点，也要写经验教训和今后如何改进的意见等。但写作时也不能面面俱到，而要有所选择，突出主要工作和重要经验。

(2) 专题性总结。是对一定时期的某项工作或某一方面的问题进行的专门性总结。这类总结往往偏重于总结某一方面的成绩、经验，其他方面则可少写或不写。

(三) 总结的结构和写法

总结的结构一般包括标题、正文和落款。

1. 标题

一般包含单位名称、时限、事由和文种，如“××单位××××年度工作总结”。这是“完整式”标题。综合性总结一般都采用这种形式的标题。专题性总结的标题有：

(1) 主题式，如“建设企业文化是加强和改进企业思想政治工作的必由之路”。

(2) 问题式，如“我们是怎样在市场经济条件下坚持党管干部的”。

(3) 正副题结合式，如“加速技术改造，完善宏观调控——正确处理技术改造中的七个关系”。

2. 正文

总结正文的结构形式主要有以下五种：

(1)“三段式”结构。即由工作概况、经验体会、存在问题和今后打算构成。这是综合性总结的基本形式。

1) 工作概况。这是总结的开头部分。通常要简明扼要地说明总结所涉及的时间、背景、任务、效果等，目的在于给人以总体印象，领起下文。

2) 经验体会。这是总结的主体部分，是总结的重点。其中做法与成绩的说明是基础，经验体会的总结是重心。因为抓住了基本经验，总结就有了主题，而从做法和成绩取得的过程中找到规律性的东西则是写好总结的关键。要写好这部分的内容，一定要注意点面结合，详略结合，叙议结合，而且叙议得当。

3) 存在问题和今后打算。这是总结的结尾部分。这部分要说明工作中存在的问题，针对这些问题，结合前面所总结的经验教训及对有关的规律性认识，提出对今后工作的新设想及改进意见。如要发扬什么、克服什么，要采取哪些新的措施和方法，要向什么方向努力、达到什么目标，等等。这一部分内容要力求避免空洞、一般化及八股调。

(2)“两段式”结构。即情况加体会。先集中摆情况，包括基本情况、主要做法、成绩与缺点等；后集中谈体会，包括经验的总结、教训的归纳以及对存在问题的认识等。问题比较集中的专题性总结大多采用这种写法。

(3)“阶段式”结构。即根据工作开展过程中的几个阶段，按时间先后分成几个部分来写。每一部分对每个阶段的工作，都要既讲情况、做法，又讲经验教训及存在问题。这样写便于看出整个工作的开展进程和各个阶段的特点、经验。周期比较长而又有明显阶段性的工作，不管是专题性总结还是综合性总结，都宜采用这种结构。写时要注意抓特点，保证各部分之间的连贯性。

(4)“总分式”结构。即首先概述总的情况，然后分若干项主要工作一一进行总结。综合性总结一般采用这种写法。在每一部分对每一项工作进行总结时，同样要求把做法、成绩、经验、教训等有机地结合在一起写。这种写法要注意抓重点，切忌面面俱到。

(5)“体会式”结构。即以体会(而不是以工作本身)为中心来安排结构。根据体会，把有关情况或有关具体问题，从几个不同的角度进行总结，而寓情况于体会之中，夹叙夹议，讲清问题。各部分之间则体现出某种逻辑关系，或以主次为序，或以轻重为序，或以因果为序。这种结构适用于各种类型的总结，特别是学习总结。这种写法最灵活，但也最难掌握。

3. 落款

以主要负责人的名义所做的总结，署名在标题下；以单位或党政机关名义总结或发表的，署名可在标题下也可在文末；若标题上出现了单位名称或负责人姓名，则可不另署名。总结日期可加括号放在标题下，也可不加括号放在文末。

(四) 总结与计划的区别

计划是在工作之前制订的，总结则是在工作进行到一定阶段或计划完成后进行的。计划的内容是为完成一定任务所设想的具体步骤、方法和措施，重在叙述说明；总结则是对一定阶段的工作或计划执行情况做出的总的分析和评价，重在抽出有规律性的东西，做出理论概括。计划所要回答的问题是做什么，怎样做，做到什么程度；总结要回答的问题则是做了什么，做得怎样，有何规律性的东西。

(五) 总结写作的注意事项

撰写总结时应注意以下几点：

(1) 要有新发现。实事求是，并且注重以计划为依据，对大量的材料认真分析、研究，从而归纳出过去没有或与过去不同的东西来，不能老生常谈。千万不要漏掉好的经验体会和好的材料。

(2) 要找出带有规律性的东西。不能有了一些新发现就匆忙落笔，而应当经过反复研究和证实，找出其中能够揭示事物本质的带有规律性的东西，以指导今后的工作。

(3) 要突出重点。不仅要全篇重点写经验，而且还要写好重点经验，不能眉毛胡子一把抓，更不能写成“流水账”。

(4) 要叙议得当。叙议得当，是总结在表述上的特别要求。应以叙述为主，叙议结合。一般而言，在交代工作的过程、列举典型事例时，以叙述为主；在分析经验教训、指明努力方向时，则多发议论。

第三节　可行性研究报告

一、阅读与析评

【例文 18—5】

××建立钛白粉厂的可行性研究报告

钛白粉 (TiO_2) 是精细化工产品，占世界无机颜料总消费量的 50%以上，占世界白色颜料总消费量的 80%以上，主要用于涂料，其次是塑料、橡胶、化纤等。

钛白粉有金红石型和锐钛型两大类，有硫酸法和氯化法两种生产工艺。

钛白粉历来是世界性的热销商品。我国钛白粉历来短缺，特别是占涂料用量50%以上的金红石型钛白粉，几乎全靠进口，花费了大量外汇。为了满足国民经济发展的需要，要大力发展钛白颜料，重点是发展高档次钛白颜料。

一、××建立钛白粉厂的基本条件

（略）

二、钛白粉市场概况

我国钛白粉工业落后，仅占世界总产量的13%，发展缓慢。（略）

钛白粉工业的落后严重地拖了我国涂料工业的后腿。（略）

按预测，××××年以后，世界钛白粉生产能力将持续下降，而需要量反将大增，将进一步使世界钛白粉供应短缺。（略）

三、生产工艺的选择和技术设备的来源

生产工艺的选择。（略）

技术设备的来源。（略）

主要设备名称。（略）

四、建设规模、物料及动力供应规划

建设规模的选定。（略）

物料及动力供应规划。（略）

五、厂址选择

（略）

六、环境污染的防治

（略）

七、生产组织形式和劳动力定员

投资概算。（略）

资金来源设想。（略）

八、经济分析

工厂产品成本的估算。（略）

利润估算。（略）

净现值分析。（略）

基准投资收益率。（略）

盈亏平衡分析。（略）

敏感性分析。（略）

九、结论

以上分析研究表明：为开发利用××丰富、易采、质优的钛砂矿，引进国外先进设备，以××化工二厂为基地建设年产×吨（第一期）氯化法金红石型钛白粉厂是可行的，若不能引进国外先进技术设备，利用国内现有的技术设备在××化工二厂的基地上建设年产×吨（第一期）氯化法金红石型钛白粉厂也是可行的。

××××年×月×日

［析评］

这篇可行性研究报告写作格式规范。总论部分（即开头部分）文字简短，高度概括地说明了钛白粉的用处，指出我国钛白粉历来短缺，需要大力发展。分论部分即主体部分，分别从“建厂的基本条件”、“市场概况”、“生产工艺的选择和技术设备的来源”、“建设规模、物料及动力供应规划”、“厂址选择”、“环境污染的防治”、“生产组织形式和劳动力定员”、“经济分析”等8个方面加以论证。

文章运用科学的方法，进行客观、全面、深入的分析论证，做到了把经济效益和社会效益很好地结合起来，并以此为基础得出科学的结论，即建立钛白粉厂是必要的和可行的。此外，结论中包含的两点建议也比较具体、明确，为决策者提供了可靠、有用的参考依据。

【例文18—6】

缝纫设备补偿贸易可行性研究报告

一、总论

我厂是初具规模的专业服装生产厂。在改革开放的总方针指导下，1986年开始了外贸生产，1987年领取了外贸生产许可证，××××年落实外贸生产任务200多万元。随着外向型经济的发展，现在生产规模和设备已不适应外贸生产高质量、高速度的需要，进行技术与设备改革已势在必行。为此，厂长×××在香港考察期间与香港××行×××先生就补偿引进关键设备事宜进行了友好的洽谈。双方初步达成了一致的协议，并因此进行可行性研究。

二、项目名称：缝纫设备补偿贸易

主办单位　××青春服装厂

法人代表　×××

企业地址　××市××路××号

项目负责人　×××　×××

三、合作双方简况

甲方　××青春服装厂是初具规模的专业化服装厂，现有职工670人，专业技术人员25人，服装设计师2人；年产衬衫160万件，毛呢服装8万件，产值24 000多万元。

乙方　香港××行是一个既有生产厂又有商店的综合性经济组织，有一定的资金和实力，信誉良好。

四、补偿金额

19.2万美元。

五、补偿方式

利用本厂生产的衬衫直接补偿。

六、补偿期限

19××年9月开始分期进行至200×年年底全部补偿完成。

七、项目申请理由

1. 本项目引进的关键缝纫设备均为日本制造，具有性能好、生产效率高、操作简便等优点，是适合外贸生产的先进设备。

2. 引进项目后，每年可多为国家创汇 100 万美元。

3. 因该项目主要是利用本厂的衬衫作直接补偿，因此，可以扩大我厂产品在国际市场的销路，有利于我厂发展外贸生产。

八、市场需求分析

随着企业改革的不断深化，我厂产品质量越来越高。"北仑港"牌男女衬衫和拷花呢长大衣相继被评为省优、部优产品，畅销上海、南京、西安等 200 多个大中城市，现有销售网点 300 多个。今年已落实销售计划 200 多万件。产品供不应求。今年 1～6 月份，生产衬衫 90 多万件，销售 130 多万件。预计明年可销售衬衫 250 万件。外贸产品销售趋势良好。今年预计可完成外贸收购额 200 万元。

九、原辅材料及水、电供应安排

我厂在上海、常州、无锡、宁波等地已有固定的原辅材料供应网点，因此，原辅材料供应能保证满足生产。

水、电可利用本厂现有设备及水塔，能满足生产需要。

十、项目内容

本项目共引进缝纫设备 160 台，新增衬衫流水线一条，改造老衬衫流水线四条。(见附表二，略)

十一、项目实施进度安排

8 月份进行立项审批与签订购货合同；10 月份设备厂进行验收；11 月份进行设备安装与调试；12 月份进入正常生产。

十二、经济效益分析

该项目建成后，预计每年可增产衬衫 50 万件，产值 425 万元，创汇 100 万美元，创利税 102 万元，一年内可收回全部设备投资总额。经济效益显著。(见附表一、二，略)

××青春服装厂

二〇〇×年×月×日

[析评]

这是一份写得较简明，优缺点都较明显的可行性研究报告。其优点主要有以下三个：

(1) 内容涉及面较广。一项补偿贸易活动能否顺利进行，所涉及的因素很多。报告从补偿贸易双方的情况，补偿贸易的规范、期限，到经济效益、发展前景都做了分析说明。

(2) 数字具体明确。这份报告有效地采用确切的数据来说明问题，既使报告要言不烦，简明有力，又使报告具有较强的说服力。

(3) 结构规范，条理分明，先总后分，可读性强。

这份报告的不足之处主要有二：

其一，对于合作方香港××行的资信凭证、规模、业务、地址、联系方式等情况没有具体说明，这是一个相当严重的不足，会影响上级对项目的最后审批。

其二，对市场需求分析缺乏全面性。报告对市场销售的乐观估计，主要是根据该厂产品质量较好，目前比较畅销而做出的。但对市场的预测，还应考虑到产品款式的更新、顾客需求的变化以及同行业的竞争状况等诸多因素。报告忽略了这些方面的情况，是严重的不足。

二、必需知识

(一) 可行性研究报告的含义和特点

可行性研究报告，又称可行性论证报告，是有关企业、部门或专家组对拟出台的决策、拟上马的项目，经过全面调查、分析、论证，写出的实施该决策或项目的可行性、有效性的文书。可行性研究报告主要特点如下：

(1) 严格的论证性。可行性研究报告是在做出决定前，从经济、技术、资金、市场销售等方面，对决策或项目进行综合分析论证，并就法律、政策、环保以及对整个社会的影响，做出科学的论证与评价的书面表达形式。可行性研究，必须通过全面、系统的分析方法而进行，形成文字，则常常需用介绍、分类、比较、图表、数字说明等方法。大的可行性研究报告，还必须就人们对立项可能提出的质疑进行论辩。如《关于三峡工程必要与可行的论证》，就对水库泥沙淤积、诱发地震、大坝的战争防护、生态环境、移民等人们易产生疑虑的问题进行了深入的论辩，以使人们消除疑虑，接受可行的观点。

(2) 预见性与前瞻性。任何可行性论证都是在决策及项目实施之前进行的，自然需对项目的可行性及可能遇到的种种问题，进行科学的预测和估量。

(二) 可行性研究报告的类型

可行性研究报告根据不同的划分方法可得出不同的种类。

1. 按内容划分

按内容划分，可行性研究报告可分为政策、改革方案可行性研究报告，建设项目可行性研究报告，引进或开发性项目可行性研究报告，中外合资经营可行性研究报告。

政策、改革方案可行性研究报告，主要是对拟议中的经济、技术政策或改革方案的必要性和实施的可行性进行分析论证，为制定政策、深化改革提供依据和建议。

建设项目可行性研究报告，主要是根据国家发改委制定的有关管理办法中的规定，对那些生产建设和基础设施建设项目，以及利用外资、技术改造等项目所作的可行性研究报告。这类可行性研究报告最为常见。

引进或开发性项目可行性研究报告，是对引进新技术、新设备，以及开辟和拓展新市场、开发新产品和新技术、采用新工艺和新管理方法之类的项目作的可行性研究报告，主要从发展前景、技术或设备的先进性、生产需要、市场需求、效益、效率等方面论证其可行性。

中外合资经营可行性研究报告，是对中外合资经营项目可行与否进行研究论证的报告。其研究论证的重点是外国合营者的资信度及产品销路。

2. 按性质划分

按性质划分，可行性研究报告可分为肯定性可行性研究报告、否定性可行性研究报告、选择性可行性研究报告。

肯定性可行性研究报告，即肯定、认可拟议项目实施的必要性和可行性的报告。大多数可行性研究报告属于这一类。

否定性可行性研究报告，即通过分析论证，发现拟议中的项目不具备实施的条件，从而予以部分否定或彻底推翻的报告。

选择性可行性研究报告，即对拟议项目提出两个以上实施方案，通过分析论证，肯定其中一个方案可行，否定其他方案的报告；或者在肯定拟议项目的前提下否定其具体实施方案，再提供两个以上可行方案供决策者选用的报告。

（三）可行性研究报告的结构和写法

可行性研究报告通常都是单独成册上报的。它的一般格式包括：(1)封面；(2)摘要；(3)目录；(4)图表目录；(5)术语表；(6)前言；(7)正文；(8)结论和建议；(9)参考文献；(10)附件。可行性研究报告的封面没有固定的要求，但是项目名称、报告单位、报告时间等内容不可缺少。第(2)、(3)、(4)、(5)、(9)、(10)等项要根据报告的需要进行选择，下面介绍第（6)、(7)、(8)、(10)项的写作要领。

1. 前言

可行性研究报告的前言，主要是使读者了解本报告的来龙去脉和主要内容，因此，前言部分一般需包括项目的来由、目的、范围，以及本项目的承担者和报告人、可行性研究的简况等。

2. 正文

可行性研究报告的正文，是结论和建议赖以产生的基础。要求以系统分析为主要方法，以经济效益为核心，围绕影响项目的各种因素，运用大量的数据资料，以论证拟建项目是否可行，或对各种预选项目的方案进行分析、比较、论证和预测，以得出拟建项目的必要性、可行性以及作用等信息。

企业对拟建项目进行可行性论证的目的，无非是为决策提供科学依据。一般说来，论证要从9个方面进行：需要预测和拟建的规模；资源、原材料、燃料及公用设施情况；建厂条件和厂址方案；设计方案；环境保护、劳动保护与安全防护；企业组织、劳动定员和人员培训；工程实施进度；投资估算和资金筹措；经济效益与社会效益。对于不同项目的可行性研究报告，以上各项内容应有所侧重或增减。

3. 结论与建议

当项目的可行性研究完成了所有方面的分析之后，应对整个项目提出综合性的评价、结论，指出优、缺点，提出建议。

4. 附件

为了说明结论，往往还需提供一些附件，如试验数据、论证材料、计算图表、附图等，以增强可行性报告的说明力度。

（四）可行性研究报告写作的注意事项

撰写可行性研究报告应注意以下几点：

（1）对决策或立项的必要性、可能性、效益性，需作科学的. 全面的论证，以得出可靠的结论。

（2）论点要鲜明，论证要有比较，要实事求是，评价要公正。要用具体数据和有力的事实说话，切忌空话、大话、套话。

（3）语言表述要准确精练，切忌含糊其辞、模棱两可，结构要严谨。

【复习与思考】

一、名词解释

计划　总结　可行性研究报告

二、思考题

1. 计划有哪些类型?
2. 计划写作有何注意事项?
3. 什么是综合性总结和专题性总结?它们在写作内容上有何体现?
4. 总结的正文结构主要有哪几种?各种结构和写法是怎样的?
5. 总结与计划的区别主要表现在哪些地方?
6. 总结写作需注意什么问题?
7. 总结与一般论文在观点的产生和材料的运用上有何异同?
8. 试述可行性研究报告的作用。
9. 试述可行性研究报告的结构和写法。
10. 试结合例子说明何以可行性研究报告要体现严格的论证性和预见性与前瞻性。

第十九章　经济文书

第一节　合　同

一、阅读与析评

【例文 19—1】

购销合同

立合同者：××市肉类联合加工厂（以下简称甲方）

××市食品公司（以下简称乙方）

为了繁荣市场，保证食用猪油供应，经双方协商，签订本合同，以资共同遵守。

一、由甲方向乙方订购食用猪油贰佰吨，按每吨叁仟伍佰元计算，甲方付给乙方货款共柒拾万元。

二、乙方于××××年4月～5月分4次在××火车站向甲方交付完所订购的食用猪油。

三、付款办法采取银行托收承付。甲方在验收第一批货物后5日内先付款50%，在验收全部货物后的5日内付清余下货款。

四、采用铁桶包装，铁桶回空，由甲方运至××站，运杂费由乙方负担。货物发运后的铁路运费及卸车费由甲方负担。

五、质量标准。按食用油规格水分不超过1%为合格，不符合质量标准甲方拒收。

六、双方按规定日期交付货物或货款，逾期不履行合同的，违约方按每天1%的尾款或货物折价款付对方违约金。

七、本合同一式4份，双方各执正副本各1份保存备查。

××市肉类联合加工厂（盖章）　　　　××市食品公司（盖章）

代表人：×××（签名）　　　　代表人：×××（签名）

地址：　　　　地址：

电话号码：　　　　　　　　　　　　　　　　电话号码：
电报挂号：　　　　　　　　　　　　　　　　电报挂号：
开户银行账号：　　　　　　　　　　　　　　开户银行账号：

××××年×月×日

［析评］

这是一份条文式合同，写得简明、具体、完备。第一条明确了购销的标的物、单价及总货款；第二条说明了货物支付的时间、方式和地点；第三条注明了结算付款方式和有关要求；第四条规定了包装方式和包装物处理的要求；第五条规定了质量标准；第六条明确了双方的违约责任和处罚方法；第七条注明合同的执存方式。该合同做到了平等互利，合理合法，执行起来可以避免不必要的纠纷和损失；不足之处在于未写明监证机关。

【例文 19—2】

经营租赁合同

出租单位：××五金公司（以下简称甲方）

承租人：×××（以下简称乙方）

一、甲方同意乙方的要求，将原有“××路五金零部件门市部”租赁给乙方经营使用，经双方协商签订本合同，共同遵守。

二、原“××路五金零部件门市部”共有固定资产 2.3 万元，其中房屋建筑面积 100 平方米，经营面积 65 平方米，货架 11 个，柜台 20 节，保险柜 1 个，办公用具若干。乙方每月按固定资产总额 4%的比例向甲方缴纳固定资产占用费。乙方每月向甲方缴纳占用国家流动资金使用费 800 元。

三、原“××路五金零部件门市部”属微利企业，近 5 年来平均月盈利额千元左右，经乙方充分考虑，同意每月向甲方上缴实现利润的 10%作为统筹基金，每月一般不低于 120 元。

四、本租赁合同有效期为两年，自××××年 6 月 1 日起至××××年 6 月 1 日止。

五、合同履行期间，甲方对乙方的经营方向进行监督，负责对乙方的业务进行指导，组织乙方参加各种政治活动，保障乙方在不违反国家政策和规定的前提下自主经营，盈利除足数缴纳租金外自主使用。乙方要及时向甲方汇报业务经营情况，未能按月缴纳时，按应缴金额每日罚 3%的滞纳金。

六、乙方在租赁经营期间，各种政治待遇不变，拥有自主经营的权利。

七、乙方向甲方缴纳的租金总额为××××元，每月月初前 5 天内向公司财务科缴纳，一般缴纳转账支票，如没有在银行另立账户，也可以缴纳现金。

八、本合同正本 3 份，甲、乙方及监证机关各 1 份，副本 5 份，甲方 3 份，乙方 2 份，分别交有关部门备查。

九、其他未尽事宜，由甲、乙双方协商解决。

甲方：××路五金公司负责人签章　　　　　　乙方：×××（章）
监证机关：（签章）　　　　　　　　　　　　负责人：（签章）

××市工商行政管理局监制合字第10号

××××年五月二十八日

［析评］

这是一则条文式租赁合同。标题标出了合同的性质。“立合同者”项写明了出租单位（甲方）、承租人（乙方）。主体部分分条列款分别标出合同内容。最后为签订合同负责人签字并盖章，同时注明监证机关及编号和日期。

二、必需知识

（一）合同的含义、作用和特点

《中华人民共和国合同法》（以下简称《合同法》）规定，合同是平等主体的自然人、法人、其他组织之间设立、变更、终止民事权利义务关系的协议。本书只介绍合同的书面形式即合同书的写作知识。

合同的当事人，可以是公民（自然人），也可以是法人或者其他组织。

签订合同是一种法律行为，其主要作用是有利于维护合同当事人的合法权益和明确当事人的权利、义务。随着《合同法》的实施及合同的普遍采用，合同必将在发展社会主义市场经济中发挥重大的作用。

合同主要有四个特点：

（1）合法性。合同的内容要符合《合同法》的规定。

（2）平等互利性。签订合同的双方或多方的法律地位是平等的，合同是自愿协商的产物。合同条款中，权利、义务也是相互的、对等的，不能将其建立在损害对方或他方的利益之上。合同内容也应是等价有偿的。

（3）协商一致性。合同的签订是一个协商一致的过程。合同的内容只有表达当事人彼此一致的意愿，其条款才能成立。只有当事人经过充分的协商，将应承担的义务和应享有的权利充分表达出来并形成文字，合同关系才算真正建立。因此，没有充分表达意愿、草率成文的合同，是难以保证实施从而最终实现经济目的的。同时，在履行合同过程中，如需要变更合同条款，也要重新协商补签，任何不经双方或多方协商一致而改变合同者，要承担违约责任。

（4）规范性。规范性具有两层含义：其一，依法成立的合同对当事人具有法律约束力；其二，合同的写法和格式需要规范。

（二）合同的类型

合同的种类有多种分法。按时间分，有长期、中期、短期合同。按形式分，有书面合同、口头合同和其他形式合同。按写法分，有条款式合同和表格式合同。按内容分，有买卖合同，建设工程合同，承揽合同，运输合同，供用电、水、气、热力合同，融资合同，仓储合同，保管合同，租赁合同，借款合同，行纪合同，居间合同，技术合同，赠与合同，委托合同等15类。

（三）合同的结构和写法

尽管合同的种类各异，但一般均包括首部、主部、尾部三部分。

1. 首部

首部主要包括以下各项：

(1) 标题。标题写在合同首页上方正中位置。要明确写出合同的性质，如“买卖合同”、“建设工程合同”。有的合同还在标题下方书写合同的编号。

(2) 合同当事人名称或者姓名。合同当事人名称或者姓名是指签订合同的双方或多方的名称或者姓名。要准确写出签约单位或个人的全称、全名，并在其后注明双方约定的固定指代：“甲方”、“乙方”。如有第三方，可将其称为“丙方”。在对外贸易合同中，有时可指代为“卖方”、“买方”。不论在什么情况下，合同中都不能用不定指代“你方”、“我方”来指当事人。

(3) 引言。引言即合同的开头部分，主要写签订合同的目的或签订合同的依据。常用的表述句式为“为了……”或“根据……”。

若选用“表格式合同”，则依据国家工商总局或有关部门制订的合同的规范文本要求，填写有关内容。

2. 主部

主部是合同的主要部分，其写作一般多采用条文法。按双方当事人的约定，详细写明主要条款和其他条款的内容。

(1) 主要条款。主要条款的内容包括：

1) 标的。标的是合同当事人权利义务所共同指向的对象，没有标的的合同是无效合同。标的可以是物、货币、劳务、智力成果等。签订合同的双方对标的要协商一致，标的要写得具体、明确。

2) 数量和质量要求。是指从数量和质量的角度对标的进行精确度量，它决定双方当事人承担的权利义务的大小、范围。

数量是标的具体的计量，如借款金额、工作量等。要明确标的的计量单位，如吨、米、件等。

质量要求是对标的质的要求，如产品、工程的优劣程度。应明确标的质量的技术标准(如国家标准、行业标准)、等级、检测依据等。

3) 价款或报酬。这是指合同标的的价格，是合同双方当事人根据国家法律、法规、政策和有关规定，对标的议定的价格，是合同一方以货币形式取得对方商品或接受对方劳务所应支付的货币数量。要明确标的的总价、单价、计算标准，付款方式、程序，结算方式，若与外国方面合作，要写明支付币种。

4) 合同履行的期限、地点和方式。履约期限就是合同的有效期限，是合同法律效力的时限和责任界限，过时则属违约。日期用公元纪年，年、月、日书写齐全。地点是指当事人履行合同义务、完成标的任务的地点。履行方式是当事人履约的具体办法，如借贷合同的出资方要以提供一定的货币来履约；劳务合同的某一方要以提供某种具体的劳动服务来履约，如照看小孩、打扫卫生等。

5) 违约责任。是指合同的当事人不能履约或不能完全履约时，所要承担的经济责任和法律后果。具体包括支付违约金、赔偿金和其他承担责任的法律形式等。

“违约责任”是履行合同的重要保证，也是出现矛盾分歧时解决合同纠纷的可靠依据。

(2) 其他条款。是指除主要条款外，经双方当事人协商确定的其他条款。具体包括：

1) 不可抗力条款。该项条款的作用是，如果发生了当事人不能预见、不能避免且不能克服的客观事故(如洪水、地震、台风等)，而导致履行合同困难时，当事人便可根据这一条款，依据《合同法》规定，部分或全部免予承担责任。此条款的内容应包括不可抗力事故的范围、后果等。

2) 解决争议的方法。此条款要约定在履行合同发生争议时解决问题的方式和程序，要明确注明是通过仲裁解决、协商解决还是诉讼解决。

3. 尾部

尾部是指合同的结尾和落款部分。主要包括：

(1) 合同的有效期限和文本保存。有效期限是指合同执行生效、终止的时间。文本保存是注明合同文本的保管方式，即合同一式几份及当事人保管的份数。

(2) 落款。这部分是合同特定的内容和格式。即在合同的有效期限和保管条款下方，依次写上当事人的名称、签章、法定通讯地址、电子邮箱、电话号码、法人代表、银行账号、签约日期及地点等。

有些合同有特殊要求，或有附件，也要在尾部注出。通常是在合同正文“其他条款”之后注明：“合同附件、附表均为本合同的组成部分，且有同等的法律效力”。如工程承包合同要在“附件”中列出工程项目表、工程进度表、工程图纸等。这些附件、附表均标写在合同落款的最下方，即“年、月、日”以后的部位。

由于社会活动多种多样，合同也就有各自的特点和侧重点，拟订一份合同，在遵守国家法律、法规的前提下，还要视实际情况而定。

(四) 合同写作的注意事项

撰写合同应注意以下要求：

(1) 合法。订立合同，必须依法办事。当前存在的较突出的问题是有的合同内容违反国家的法律和政策。这类合同，不仅不受法律保护，而且还有可能依法追究合同订立人的法律责任。

(2) 合理。合同必须贯彻平等互利、协商一致、等价有偿的原则。任何一方都不得把自己的意愿强加给对方。

(3) 合格。即合乎合同的一般写作格式和必备的主要条款。

(4) 完善、明确。合同每一条款的内容要尽量周密严谨，避免发生漏洞。如标的物不仅要写明数量和质量，而且要写明计量单位、质量的技术要求和标准等。有的合同就是因为质量标准和检验手段不明确而发生纠纷。

(5) 做好调查研究。一份合同能否成立、有效，能否全面履行，必须满足基本的有效条件。这些条件包括当事人要有合法资格，订立合同必须遵守国家法律，贯彻平等互利、协商一致、等价有偿的原则，履行法定的手续。而要做到这些，必须在写作前做好充分的调查研究。首先，要调查对方属于何种身份。其次，要调查对方履行合同的能力。可以通过检阅证明文件、当面洽谈、现场考察、从旁调查等多种途径了解，避免不法分子利用合同买空卖空，或由于条件、设备等原因无法履行合同造成损失。再次，要核查本单位履约的能力。签订合同还必须从己方实际出发，才能保证全面履行合同，否则就会招致违约而负违约责任。最后，签订合同前还要对社会、市场进行调查，多掌握一些情况，尽可能使合同订得切合实际，以确保质量。

第二节 市场调查报告

一、阅读与析评

【例文 19—3】

湖北淡水鱼加工业的调查报告

××工业大学 吴××

××省××厅 戴××

淡水鱼是湖北的优势资源。湖北淡水水产品产量连续8年在全国夺魁，××××年湖北省淡水产品总产量高达300万吨，其中青、草、鲢、鳙等低值鱼占80%以上。水产业已成为湖北省农业的一个重要支柱，水产产值已占到大农业的17.5%，2004年，湖北省农民收入新增部分的27%来自水产。但是，湖北省水产业的经济效益很低，湖北省的渔业产值只占全国淡水渔业总产值的9%，居全国第三；渔民的人均纯收入在全国只排13位。长期以来，淡水鱼行业一直维持以“活产活销”为主的传统产销格局，加工转化率极低，深加工和产业化加工更是空白，“鱼贱伤农”和“卖鱼难”问题已十分突出，极大地制约了湖北省农业产业化结构调整的步伐，成为限制湖北省发展农业经济的“瓶颈”问题之一。

1. 湖北省淡水鱼加工业的现状与存在的问题

(1) 产品以粗加工为主，跟风趋同现象严重

…………

(2) 生产不规范，卫生安全性不高

…………

(3) 企业规模偏小，缺乏知名品牌和龙头企业

…………

(4) 鱼糜制品发展缓慢，市场举步维艰

…………

(5) 产品研发能力差，科技含量不高

…………

(6) 综合利用尚未起步，整体效益不佳

…………

2. 做大做强湖北省淡水鱼加工业的建议与措施

(1) 提高准入门槛，扶持龙头企业，培养知名品牌

…………

(2) 提升科技含量，提高研发能力

…………

(3) 加强基础理论研究，注重新技术的应用研究

…………

(4) 加强行业引导，在资金政策上给予扶持

…………

××××年×月×日

[析评]

这是一份市场调查报告。标题点明调查对象是湖北省的淡水鱼加工业。正文导言部分介绍了调查对象的基本情况，提出了淡水鱼加工的产业化问题，以使读者对所调查的对象能形成一个总体印象。

正文主体分两大部分。第一部分从六个方面阐述了湖北省淡水鱼加工业的现状与存在的问题，材料充分，且能注重用数字说明，得出的结论即对存在问题的定性看法，建立在有理有据的分析归纳之上，较令人信服。第二部分为"做大做强"湖北省淡水鱼加工业的"建议与措施"，针对性强，顺理成章，合情合理，具有现实性和可操作性。

文章语言简练、准确，层次分明，内容翔实，针对性强，且具有时效性，是一篇对企业和政府皆有价值的高质量的市场调查报告。

【例文 19—4】

关于当代青年消费问题的调查报告

中国青少年研究中心联合北京、上海、广州、山东、辽宁、黑龙江等6个省市青少年研究所和广西壮族自治区团校，最近在全国9个省、市、自治区对青年人的消费观念、消费现状与趋势、消费结构进行了大规模调查。

一、青年消费观念变化

如今青年人的消费观念正发生变化，以往视"粗茶淡饭"、"勤俭持家"为美德的观念淡化了。许多青年注重："吃要讲营养，穿要讲式样，玩要讲多样，用要讲高档"。因此，在调查中问及青年对这个"四讲"问题怎样评价？来自青年的反馈是：认为"符合现代生活方式"的占42.5%，认为"不合中国国情"的占21.3%，认为"助长好逸恶劳"的占7.2%，认为"容易引入高消费误区"的占23.9%，回答"说不清"的占5.1%。这表明当今相当多青年的消费观念已经发生变化，有42.5%的人向往"四讲"的生活方式，但对"四讲"的生活方式持怀疑和否定态度的人数也多达52.4%。

二、消费现状与趋势

(1) 饮食日益注重营养。在"你对饮食最注重的是什么？"一问中，青年人回答"讲究营养"的人数占40.4%，为"方便省事"的占25.3%，"吃饱就行"的占23.4%。

(2) 穿着注重"方便舒适"和"体现个性"。在青年人回答"你对服饰穿着最注重的是什么？"一问中，"方便舒适"占46.6%，"体现个性"占30.5%，"款式新颖"占16.5%，"讲究名牌时髦"占6.4%。

(3) 住宅舒适被列为改善生活的主要目标。在对“你认为生活改善的主要目标是什么?”一问的回答中，多达55.9%的青年把“住宅舒适”列为改善生活的主要目标，其次才是“旅游”，占21.9%，“家用电器齐全”占16.1%。

在被调查的青年人中，约有1/3的人想买房，但当前许多人却买不到房，有的则认为房价过高。

(4) 沿海地区青年人买大件消费品趋向高档化。据一些大城市及沿海经济发达地区调查，青年高档消费的指向产品，依需求人数比例高低排列的顺序是：立体声音响(46.8%)、空调(40.5%)、彩色电视机(39.7%)、摩托车(37.6%)、电冰箱(31.5%)。

据调查分析，电脑、打字机和小汽车很可能在本世纪末、下世纪初被列入新“三大件”。

广东、上海、北京青年人对彩电的需求已被排在第五六位，排在第三位的是电脑、打字机或摩托车，而广西、山东、吉林、黑龙江等地区彩电仍居“三大件”之首。广东、上海、北京青年今天的消费指向将是其他地区青年明天的消费趋向。

三、消费结构失衡

在调查中发现，现在青年人的消费结构有两个失衡之处：一是物质消费增长很快，精神消费则严重滞后；二是在精神消费中重娱乐消遣，轻读书学习。

据对9省、市、自治区的调查，青年中“基本不买书报”的人占被调查人数的12.6%，“偶尔买点”的人数占26.4%，把“购买书报列为每月固定支出项目”的却只有9.9%；家中基本没有藏书（存书在50册以下）的青年多达34%，而拥有100册以上的人仅占28%。这种情况令人忧虑。消费结构失衡，不利于青年一代健康成长。因此，结合加强爱国主义教育，鼓励和引导青年多读书、读好书，应当受到社会各界的关注。

[析评]

这是一篇有关消费情况的调查报告，尽管是一篇“老文”（写于1994年），仍具借鉴价值。正文的概要部分写调查的发起者、调查地区和调查对象。主体部分采用三个并列横式结构，分别写调查情况或结论。大结论套小结论，结论多以数字作说明，数字与结论互相联系，观点与材料水乳交融，是该文作者写作的突出思路。该例文没有专门的结尾。全文语言简洁，观点鲜明，有理有据，令人信服。

二、必需知识

(一) 市场调查报告的含义和特点

市场是商品买卖的场所。市场调查，就是收集、记录、整理和分析市场对商品的需求状况以及与此有关的资料。将市场调查得到的资料进行分析整理、筛选加工之后形成的文书，就是市场调查报告。

市场调查报告是一种专题调查报告，它除具备调查报告尊重事实、反映问题、总结经验、揭示本质和规律的特点之外，还有如下的自身特点：

(1) 鲜明的针对性。撰写市场调查报告的根本目的，是为了摸清市场行情，指导产、供、销。

（2）注重时间性。市场变化很快，市场调查报告必须快速地反映市场变化，及时为企业决策提供参考意见。对于企业来说，时间就是金钱，只有能够及时通过市场调查报告了解国内外技术经济情报，了解市场价格、需求和同类产品的竞争能力，才能不失时机地在一定范围内调整生产和经营，防止盲目生产、无效劳动，提高企业经济效益。

（3）较强的实用性。市场调查报告，可在一定的程度上反映市场现状及趋势，这对于研制、生产和供应适销对路的产品，实用价值是非常明显的、直接的。它的读者虽然不多，但是它提出的建议一经采纳，立刻会产生经济效益。

（4）依赖调查性。撰写市场调查报告离不开市场调查。目前的市场调查多为侧重对消费者的调查，对消费者的调查又多采用问卷形式。对经营状况、条件的调查根据具体情况也有采取问卷方式的。做市场问卷调查，必须预先制作好问卷调查表。调查表要体现作者恳切的请求和奖励措施，同时，要写清联系地址及领奖方式。

（二）市场调查报告的类型

市场调查的范围很广泛，凡是直接或间接影响市场经营销售的情报、信息，都是市场调查报告的内容。按调查内容，可以将市场调查报告划分成以下三类：

（1）市场需求调查报告。即对市场需求情况进行调查后形成的报告。这类市场调查的内容主要是市场对本企业产品需求量和影响需求量的因素，调查需紧紧抓住购买力、购买动机和潜在需求三方面进行。

（2）竞争对手调查报告。即对竞争对手的情况进行调查后形成的报告。这类调查的内容主要是竞争对手的总体情况、竞争能力及新产品的发展动向等。

（3）经营政策调查报告。即对企业的经营政策的效应进行调查后形成的报告。这类调查的内容主要是本企业的产品、价格、广告和推销政策、销售和技术服务政策等的效应，通过调查了解企业的销售能力是否适应消费者需要，企业的销售策略是否合理，以便及时发现问题，及时改正。

（三）市场调查报告的结构和写法

1. 标题

市场调查报告的标题没有严格的格式。一般带有“调查”二字，并指出调查的对象或内容、范围，如“××小区消费水平情况调查”等。

2. 正文

市场调查报告的正文，分概要、主体和结尾三部分。

（1）概要。概要部分主要为调查的缘起、目的、对象、范围、内容、方法和时间地点等有关调查活动本身的说明。概要部分对提供决策用的市场调查报告是较有意义的，决策部门可据此更准确地把握调查的结果，如对调查方法的了解可以帮助决策者判断调查结果的可信程度。

（2）主体。主体部分是市场调查报告的主要内容，多由情况、分析和建议三部分组成。情况部分应作归纳，分类分问题叙述调查得来的材料，有时可加图表说明，必要时还应对市场背景资料，如地理、气候、政治经济文化社会的变化趋势和政策、法律法规等，作出说明。分析部分表述的是市场调查报告撰写人对调查得来的材料的看法，介绍撰写人对情况的分析归纳，以及从调查中发现的问题、得出的结论等。情况部分和分析部分也可糅在一起写，边介绍情况边进行分析，这种有事实、有数据、有分析的写法，较有说服力。建议部分依据调查材料及对其的分析研究，提出解决问题的方法或应采取的措施、对策等。

(3) 结尾。市场调查报告的结尾没有特定的格式，一般是概括全文的观点，写出总结式的意见，或说明调查中存在的问题及与主要情况、倾向等不同的情况，预测可能遇到的风险和提出相应对策等。有的市场调查报告写完分析和建议则自然收尾，不另加结尾。供决策参考的调查报告，还应在结尾处署上撰写人姓名、部门和报告完成日期，以示负责。如是受委托为他人撰写的调查报告，还应将委托方、调查方分别写清楚。

(四) 市场调查报告写作的注意事项

撰写市场调查报告时应注意以下几点：

(1) 要实事求是。坚持实事求是地进行市场调查，是写好市场调查报告的可靠保证，因此，写作者一定要亲自参加调查。报告中引用的调查资料要翔实可靠，对于重要的数据要反复核实、测算，做到确凿无误。同时，选材时要客观、全面，不能只选对自己观点有利、支持自己看法的材料，如有对自己观点不利、与自己观点相左的材料，也应附带提及，说明清楚，或加以分析，或录以备考，尽可能避免片面性，以免领导或委托方据以决策时导致失误。

(2) 注意观点和材料的统一。撰写市场调查报告不能满足于材料的堆积和数字的罗列，必须既有材料，又有观点，观点统率材料，材料说明观点，切忌观点和材料脱节，更要防止二者相抵触。作者要在反映情况的基础上提出有见地、有说服力的分析意见和相应的建议。

(3) 要突出重点。市场调查的内容较广泛，涉及的问题也较多，在整理和撰写时，要根据主旨的需要来剪裁取舍材料。一份市场调查报告，要突出重点，一般以回答一两个重要问题为宜，切忌面面俱到。如果调查涉及的内容过多，可以分专题写几份报告。这样，每份报告都能突出自己的重点。

(4) 正确把握文体性质和表达方式。市场调查报告是一种兼有说明文、记叙文、议论文特点而又不同于它们的一种应用文体，应偏重于选用比较全面、系统、完整的事实、数据叙述说明问题，并且运用议论的表达方式提出措施建议。市场调查报告的语言要准确、简练、朴实。文中也可运用小标题，各小标题应简洁、醒目。

(5) 要讲究时效。市场调查所得情况要及时地反映和传递。依据过时的信息，不可能作出准确的预测和科学的决策，甚至会产生负效应。文中要写明调查时间。

第三节　招标书　投标书

一、阅读与析评

【例文 19—5】

京九铁路×××编组站通信工程招标书

为了快、好、省地建成京九铁路×××编组站，经铁道部批准，××铁路建设指挥部对京九铁路×××编组站通信工程进行招标。

一、招标工程的准备条件

京九铁路×××编组站通信工程的以下招标条件已经具备：

1. 本工程已列入京九铁路建设计划；

2. 已有经国家批准的设计单位出的设计图和概算；

3. 资金、材料、设备分配计划和协作配套条件均已分别落实；

4. 本工程的标底已报建设主管部门和建设银行复核。

二、工程内容

1. 站场通信工程；

2. 通信站工程；

3. 无线列调工程。

三、工程范围及主要工程数量

1. 工程范围：×××编组站全部通信工程。

2. 主要工程数量：(略)

四、承包方式

1. 中标单位以包工期、包质量、包造价、包材料的原则承包本工程。

2. 中标单位不包的项目及费用：(略)

五、承包工程的工期

(略)

六、工程质量技术安全要求、工程监理、工程验收标准

(略)

七、物资供应

(略)

八、工程价款的支付和结算

详见本工程临时施工合同条款。

九、投标注意事项

1. 投标文件的编制。(略)

2. 投标文件的递交。

标书要加盖企业及其法人代表的印章，密封后，在××××年×月×日下午4点前派专人送到××铁路建设指挥部（××市××路×号）。逾期交送标书作废标论。

3. 开标、评标时间及方式。

(1) 开标时间：×××× 年×月×日。

(2) 评标结束时间：×××× 年×月×日。

(3) 开标、评标方式：建设单位邀请建设主管部门、建设银行和公证处及投标方参加公开开标、审查证书，采取集体评议方式进行评标、定标。

(4) 中标依据及通知：(略)

十、其他要求

(略)

××铁路建设指挥部（章）

地址：×××××

电话：×××××

电报挂号：×××××

邮政编码：××××××

联系人：×××

××××年×月×日

[析评]

这份招标书格式规范。标题直奔中心；正文分为两大部分，即引言和主体。引言直述招标的依据、目的和标的；主体部分先说招标已具备的条件，再说招标工程的内容、范围、质量要求、承包方式、工期以及开标、定标等内容。全文采用分条列项方式写作，思路清晰，内容表达分明。

【例文 19—6】

培训楼工程施工投标书

根据××铜矿兴建培训楼工程施工招标书和设计图的要求，我公司完全具备承包施工条件，决定对此项工程投标，具体说明如下：

一、综合说明

工程简况：（工程名称、面积、结构类型、跨度、高度、层数、设备）培训楼一幢，建筑面积 10 700m^2，主体 6 层，局部 2 层。框架结构：楼全长 80m，宽 40m，主楼高 28m，二层部分高 9m。基础系打桩水泥浇注，现浇梁柱板。外粉全部，玻璃马赛克贴面，内粉混合砂浆幻彩涂料，个别房间贴壁纸。全部水磨石地面，教室呈阶梯形，个别房间设空调。

二、标价

（略）

三、主要材料耗用指标

（略）

四、总标价

总标价为 3 408 395.20 元，每平方米造价为 370.23 元。

五、工期

开工日期：××××年 2 月 5 日

竣工日期：××××年 8 月 20 日

施工日历天数：547 天

六、工程计划进度

（略）

七、质量保证

全面加强质量管理，严格操作规程；加强各分项工程的检查验收，上道工序不验收，下道工序决不上马；加强现场领导，认真保管各种设计、施工、试验资料，确保工程质量达到全优。

八、主要施工方法和安全措施

安装塔吊一台、机吊一台，解决垂直和水平运输；采取平面流水和立体交叉施工；关键工序采取连班作业，坚持文明施工，保障施工安全。

九、对招标单位的要求

招标单位提供临时设施占地及临时设施 40 间，我们将合理使用。

十、坚持勤俭节约原则，尽可能杜绝浪费现象

投标单位：××建筑工程总公司（公章）

负责人：李××（盖章）

电话：××××××　传真：××××××

电报：××××

[析评]

这是一份写得较完整、规范的工程建设项目投标书。正文先介绍了工程简况，然后说明了标价、耗材指标、工期、计划进度等，对招标书做出了明确的回答。这可以说是投标单位的正式报价单，是评标决标的依据。该投标书还包括了保证工程质量的措施和达到的等级、主要施工方法、安全措施和对招标单位的要求等。

二、招标书写作的必需知识

（一）招标书的含义和类型

招标书又称招标说明书，是招标人为了征招承包者或合作者而对招标的有关事项和要求作出解释和说明，利用投标者之间的竞争而达到优选投标人的一种告知性文书。

招标书有各种不同的分类方法：按时间分类，有长期招标书和短期招标书；按范围分类，有面向企业内部、系统内部的招标书和面向全社会的公开招标书，或本地区招标书和外地招标书、非竞争性招标书和排他性招标书等；按计价方式分类，有固定总价项目招标书、单价不变项目招标书和成本加酬金项目招标书等；按性质和内容分类，有工程建设招标书、大宗商品交易招标书、选聘企业经营者招标书、企业承包招标书、企业租赁招标书、劳务招标书、科研课题招标书、技术引进或转让招标书等。

（二）招标书的结构和写法

写作招标书的目的是邀请投标人参加投标。招标书的写法比较概括，不必写得很详尽，具体条件另用招标文件说明，发送或出售给投标人。招标书的内容主要包括：招标单位和招标项目名称，招标项目的具体要求，投标资格与方法以及技术、质量、时间等要求，投标开标的日期、地点和应缴费用等。

招标书的结构一般由标题、正文与尾部三部分组成。

1. 标题

通常由招标单位名称、招标项目名称和文种三部分构成，如“××大学修建图书馆楼的招标通告”；也有省略招标项目或只写文种的。

2. 正文

一般用条文式，有的也可用表格式。对于招标的条件和要求、投标开标的日期等投标人应当知晓的事项，应简要概括，分条列出。商品招标书要求标明商品的名称、数量、规

格、价格等。科技项目招标书则要求写清招标原则，项目名称，任务由来，研究开发目标，研究开发内容，经济技术指标，研究开发的进度要求、成果要求、经费要求，承包单位的条件及要求等。

3. 尾部

要写清招标单位名称、法人代表、签署日期并加盖印章、联系人姓名、招标单位的地址、邮政编码、电话号码、电报挂号等，必要时还可写上开户银行及账号。

（三）招标书写作的注意事项

撰写招标书应注意以下几点：

（1）内容合法合理，切实可行。招标书的要求和应知事项，要符合国家有关法律、法规、政策规定；技术质量标准要注明是国际标准、国家标准、部颁标准还是企业标准；招标方案既要科学、先进，又要适度、可行。

（2）重点明确，内容周密。招标项目（即标的）是招标书的核心内容，对其有关情况、招标范围、具体要求，都要写清楚。如建设项目，应写明工程名称、数量、技术质量要求、进度要求，甚至建筑材料的要求，等等。该写的一定要写全，尽可能周到。

（3）语言表述应简明、准确。无论是定性还是定量说明，都应准确无误，没有歧义，尽可能使用精确语言而少用模糊语言。

三、投标书写作的必需知识

（一）投标书的含义和类型

投标书是投标者为了中标而按照招标书提出的项目、条件和要求提供给招标者的承诺文书。

投标和招标是相对应的，先有招标，后有投标。招标书是投标书的引导，议标、评标、定标等环节的活动，无不是围绕招标书而进行的；中标和签订合同，也要以招标书为凭据。

投标是一个比实力、比技术、比信誉、比价格、比能力、比策略的竞争过程，也是一个限制与反限制的过程。投标是否成功，因素很多，但与投标书撰写得好坏有着直接的关系。

投标书有各种不同的分类：按投标方人员组成情况，可分为个人投标书、合伙投标书、集体投标书、全员投标书和企业（或企业联合体）投标书等；按性质和内容，可分为工程建设项目投标书、大宗商品交易投标书、选聘企业经营者投标书、企业承包投标书、企业租赁投标书、劳务投标书、科研课题投标书、技术引进或转让投标书等。

（二）投标书的结构和写法

投标书的内容与招标书相对应，要对招标的条件和要求做出明确的回答和说明。

投标书一般由标题与时间、正文、尾部三部分组成。

1. 标题与时间

标题一般写上文种“投标书”即可，也可包括投标形式、投标内容和文种，如“租赁××市印刷厂的投标书”。投标的时间可写在标题的右下角，也可写在文末投标人的单位名称下面。

2. 正文

投标书的正文一般可分条列项(也可用表格式)写明投标的愿望、项目名称、技术要求、商品价格和规格、交货日期等。承包经营项目的投标书，其正文一般要阐述对投标项目基本状况的分析，找出优势和存在问题；提出经营方针；说明承包目标、考核指标以及达到目标的可行性分析和拟采取的措施；对招标者提出的要求、条件的认可程度等。

正文部分引用的数据要准确、完整；论述要条理清楚，说理透彻；目标要明确可信；措施要切实可行。

3. 尾部

要写清投标人的单位名称、法人代表以及邮政编码、地址、电话号码、传真号码、电报挂号、电子邮箱等，以便联系。

如果是国际投资，则应将投标书译成外文，写明国别、付款方式以及用什么货币付款等。

有的投标书还要由上级业务主管部门和公证监督机关签名盖章。如有必要，还应附上担保单位的担保书以及有关图纸、表格等。

(三) 投标书写作的注意事项

撰写投标书时应注意以下几点：

(1) 要实事求是。投标方必须在认真研究招标书的基础上，客观估计自己的技术、经济实力和相应的赔偿能力，经过专家的充分论证后，再决定是否投标，并实事求是地填写标单和撰写投标书，切不可妄加许诺，不可徇私舞弊，弄虚作假，害人害己。因为一旦中标，就要在规定期限内与招标方签订合同，按合同办事。如不实事求是，将给国家、招标单位和本单位造成严重的经济损失，或违约或毁约而承担法律责任。

(2) 内容要明确具体。对于投标书的具体内容，如目标、造价、技术、设备、质量等级、安全措施、进度等，都要详细写明，力求具体、明确，一目了然。如果交代不清、笼统含糊，就不会被招标单位认可，也就难以中标。

(3) 要讲究时效性。招标单位之所以招标，是希望利用投标人之间的竞争来达到优选买主或承包、租赁、合作者的目的。招标都规定了明确的时限，过期不候。所以，投标一定要讲究时效性，要在规定的时限内写好并送出投标书，才有中标的可能。

【复习与思考】

一、名词解释

合同　市场调查报告　招标书　投标书

二、思考题

1. 合同的主部主要包括哪些条款?

2. 合同写作有何注意事项？

3. 市场调查报告的正文如何写？

4. 市场调查报告写作有何注意事项？

5. 招标书、投标书各自的正文、尾部主要包括哪些内容？如何写？

6. 招标书、投标书写作各自有何注意事项？

第二十章　诉讼文书

第一节　起诉状

一、阅读与析评

【例文 20—1】

民事起诉状

原告：俞×珍（原名陶××），女，35 岁，汉族，××市人，××市××区服务局幼儿园保育员，住××市××区××路 416 楼 3 单元 15 号。

被告：邹××，男，50 岁，汉族，××市人，××××大学教员，住××市××路 727 弄 46 号。

被告：张××，女，78 岁，汉族，××市人，无业，住××市××路 727 弄 46 号。

请求事项：请依法判决将邹×如的遗产由我继承一部分。

事实和理由：原告和被告邹××系兄妹关系，和张××系继母关系。张××系原告父亲邹×如之妻。张××不能生育，遂收邹××为其养子。因我父亲要亲生子心情迫切，经邹××及其爱人金××（住××市××路 727 弄 34 号）介绍，我父亲与我母亲相识并同居。当时我父母约定：如生子，娶我母亲为二房；如生女，我母亲另嫁，所生之女由父亲抚养。1948 年我出生，一年多后我母亲（现住××市××楼 12 楼 3 单元）便与别人结婚。我父亲找了一间房（××市××路 253 弄 14 号，房主是吕××），并雇一奶妈（名金×）抚养我，每月给奶妈一百斤米作酬金。我的生活费和教育费均由我父亲按月交我母亲，再直接邮寄给我，直至 1966 年（当时我 18 岁），由于“文化大革命”邹家被抄，家庭经济困难，才中断了抚养关系。以上事实，我父亲堂弟邹×熊（现住××市××路 28 号）和沈××（现住××市×××北路 61 号）、施××（现住××市×××北路 159 弄 14 号）均可作证。

我父亲于1971年去世。1979年××床单厂落实政策，将“文化大革命”中查抄我父亲的财物和扣发的工资共三万余元退还。由于当时该厂不了解我和被告的关系，将我父亲三万余元遗产全部交被告继承，被告也未对我提及此事。只在1979年6月给我们母女寄来两百元。

我父亲生前曾和金×珠、陶×雯讲：“我很对不起×珍，她结婚我也没有花钱……等落实政策后我一定分给×珍一部分。”邹××1972年来××市时也当面对我说：等父亲落实政策后让我去××市探望父亲的骨灰。

以上事实证明我是邹×如之亲生女。根据我国《婚姻法》第十九条规定：“非婚生子女享有与婚生子女同等的权利，任何人不得加以危害和歧视。”因此，邹×如的遗产，我和被告均有继承的权利。被告独占邹×如的遗产，显然侵犯了我的合法权益。现提起诉讼，请求人民法院查清事实，依法判决邹×如的遗产由我继承一部分。

此致

××市×××人民法院

原告　俞×珍

一九八三年×月×日

[析评]

这是一份民事起诉状。尽管时间跨度大，事情较复杂，但依然叙述得有条不紊，值得借鉴。该起诉状将被继承人、原告、被告以及关系人之间的关系交代得比较清楚；关键的地方能注意举证，并注明了证人的详细住址，以便法院调查处理；叙述了被继承人对原告的抚养，这样写，增强了诉状的说服力；理由部分虽然文字不多，但由于引用了《中华人民共和国婚姻法》的有关条文，颇有力量。

二、必需知识

（一）起诉状的含义和作用

起诉状（俗称“状子”、“书状”或“状纸”），又称诉状，是当事人（个人或单位）为维护自身（即原告）权益，依法向人民法院提出诉讼，请求裁判的文书。

民事案件的原告（或其诉讼代理人），为维护原告的民事权益，就有关民事权利和义务的争执，或其他民事纠纷，向有权受理本案的第一审人民法院起诉，要求依法处理而送交的书状，称为民事诉状，又叫做民事起诉状。

公民、法人或者其他组织（或其诉讼代理人）认为行政机关和行政机关工作人员的具体行政行为侵犯了其合法权益，向有权受理本案的第一审人民法院起诉，要求依法处理而送交的书状，称为行政诉状，又叫行政起诉状。

被害人（或其法定代理人）直接向人民法院提起诉讼的刑事案件，称为自诉案件。刑事自诉案件的自诉人，根据事实和法律，直接向人民法院控告被告人侵犯自身权益，要求追究被告人刑事责任的书状，称为刑事起诉状。这种刑事起诉状，通常称为刑事自诉状，以区别于绝大多数刑事诉讼案件中由国家公诉机关——检察机关提起公诉时的“起诉书”。

当事人向法院告状，其目的就是通过诉状，把案件的事实（犯罪事实或纠纷事实）记叙清楚，把起诉的理由和法律根据讲明白，把诉讼的目的说清楚，让法院了解刑事自诉人或民事原告人对案件的看法、意见和要求，以便对案件进行审理。因此，刑事诉状、行政诉状和民事诉状是人民法院对案件进行审理或调解的依据和基础，写好诉状对法院了解情况和处理案件有较大的帮助。

（二）起诉状的特点

1. 民事起诉状的主要特点

（1）必须是由与本案有直接利害关系的人提起。

（2）必须是向有权受理本案的第一审人民法院提起。

（3）争执焦点应属民事权益或者其他民事纠纷，例如财产所有权、财产继承权、知识产权、债权、经济合同的纠纷以及婚姻家庭纠纷等属于民法、经济法、婚姻法的调整范围。

2. 行政起诉状的主要特点

（1）必须是由与本案有直接利害关系的公民、法人或者其他组织提起。

（2）必须是向有权受理本案的第一审人民法院提起。

（3）行政诉讼的对象是行政机关和行政机关工作人员的具体行政行为，主要包括涉及行政处罚和行政强制执行引起的纠纷、涉及行政管理行为引起的纠纷。

3. 刑事起诉状的主要特点

（1）必须是被害人或其法定代埋人提起自诉的书状。

（2）被告人(即被起诉、被控告的人)的行为必须构成犯罪。

（3）必须是向对本案有管辖权的第一审人民法院起诉的书状。

（4）必须是对法定的自诉案件提起诉讼的书状，即对经告诉才处理或其他不需要进行侦查的轻微刑事案件提起自诉的书状。

（三）起诉状的结构和写法

起诉状由首部、正文和尾部三部分组成。

1. 首部

首先，写文书的名称，如标题“民事起诉状”。其次，写原告和被告的基本情况。一般先写原告，后写被告。是公民个人的，应写明姓名、性别、出生年月日、民族、职业、工作单位、住址等项；是法人或其他组织的，应写明法人或该组织的名称、所在地址、法定代表人或主要负责人的姓名、职务。被告基本情况的写法与原告相同，如对有的项目不知道，可以不写，但必须写明被告的姓名或名称、住址。因为“有明确被告”是人民法院受理案件的法定条件之一。如果有第三人参加诉讼，则应当在列写当事人之后，再写明第三人的姓名和基本情况。

2. 正文

（1）事实与理由。这是起诉状的核心部分，是请求人民法院裁决当事人之间权益纠纷和争议的重要依据。主要写明：纠纷的由来、发生和发展的情况，争执的主要焦点和争执的具体内容；举出充分的人证、物证、书证及其他对原告起诉有利的证据，并写明证据来源；根据事实和证据，写明认定被告侵权或违法行为的性质和所造成的后果以及应承担的责任；恰当地引用法律条款，说明提起诉讼是具有法律依据的。要注意运用法律术语，力求语言精练。

（2）请求事项。即请求人民法院依法裁决的具体事项，或诉讼要达到的最终目的。如对民事起诉状来说，诉讼请求多为要求赔偿损害、清偿债务、履行合同、归还产权，要求与被告离婚，要求被告给付赡养费、抚养费，要求继承遗产等。诉讼请求，要写得明确、具体，要合理、合法，且文字概括、简练。

3. 尾部

文末先写明“为此（或‘为……’），特依法向你院起诉，请依法判决”一类请求语，接着换行写“此致”，再换行顶格写“×××人民法院”。

若有附件，则应写明名称和件数，如需提交证据，则要写明证据的名称和数量。

最后在起诉状的下端写“原告×××”或“具状人×××”。

如系律师代书，则写明×××法律顾问处或××律师事务所律师×××（姓名）代书，并在下面注明起诉的年月日。

归纳起来，起诉状的基本格式如下：

起诉状

案由：________________

原告人：姓名、性别、年龄、民族、籍贯、职业、工作单位、住址、电话号码

被告人：姓名、性别、年龄、民族、籍贯、职业、工作单位、住址、电话号码

请求事项：____

____

事实和理由：____

____

____

此致

________________人民法院

具状人：______________（签章）

____年____月____日

附：1. 本诉状副本______

2. 物证______

3. 书证______

第二节 上诉状

一、阅读与析评

【例文 20—2】

民事上诉状

上诉人（原审被告）：××市运输站站长王××。

被上诉人（原审原告）：史××，男，28 岁，汉族，本市第一中学教师，住本市×路×号。

上诉人因车祸一案，不服××市××区人民法院××××年×月×日×字×号民事判决，特提起上诉。现将上诉理由和请求陈述如下：

原审判决认定：史××之子史×，8 岁，因扒乘市运输站 4 吨解放牌汽车，司机姜××明明知晓，却不停车予以制止，而是照开快车，致使史×摔断肋骨，判令被告人赔偿史×全部医疗费用。

上诉人认为上述认定与事实真相不符。

一、史×在×日×时×分确曾扒乘原审被告的 4 吨解放牌汽车。司机姜××发现后，曾停车劝其不要扒车，史×当场下车。当车子开动后，史×又偷偷地在后车厢铁杆上吊爬汽车。司机姜××发现后准备刹车，严令其不要吊爬汽车。不料史×害怕受斥，急从车上跳下，摔在地上。此时正逢一男青年骑自行车急驰而过，来不及刹车，撞在史×身上，致使其肋骨折断。而该青年因害怕追究事故责任，骑车飞快逃逸。此事有现场目击者居民施××老太太可以证明。出事时，施××老太太曾喊过："脚踏车撞人！脚踏车撞人了！"

二、根据市第××人民医院检查证明，史×的肋骨折断，是外物严重撞击所致，而非从车上摔到地上所致。

三、为顾惜被上诉人遭此不幸，在史×住院期间，上诉人一方司机姜××曾携带价值伍拾元的营养品去医院慰问。上诉人也派员到医院捐助人民币贰佰元，帮助被上诉人减轻医药费负担。但被上诉人竟将此认定为是上诉人做贼心虚，投诉到××市××区人民法院，控告上诉人，请求法院判令上诉人赔偿全部医药费用。上诉人认为原审原告的请求和原审法院判决是无理的。基于上述事实和理由，恳请××市中级人民法院深入调查，查清事实真相，做出公正而合理的判决。

此致

××市××区人民法院转致

××市中级人民法院

上诉人：××市运输站法定代表人

王××（盖章）

××××年×月×日

［附］人证：施××，女，55 岁，居民，住本市××路×号

［析评］

这份民事上诉状格式完备，合乎规范，叙述了事情发生发展的过程，陈述了充分的理由，列举了人证物证，证明原审人民法院的判决是不正确的。如果辩驳时能引用一些不当的原审判决的词句，再列出一些过硬的证据，使上诉的事实和理由更加充分，那就更容易获得胜诉。

二、必需知识

（一）上诉状的含义和作用

上诉状，是诉讼当事人或他们的法定代理人，不服一审法院的第一审判决或裁定，在

法定的上诉期限内，向原审法院的上一级法院提起上诉，要求重新审理案件的书面请求。

民事上诉状、行政上诉状是民事、行政诉讼当事人及其法定代理人不服一审法院第一审民事、行政判决或裁定，依照法定程序和期限，向上一级人民法院提起上诉，请求撤销或变更原审裁判而提出的书状。

刑事上诉状是刑事诉讼当事人及其法定代理人，不服一审法院的第一审刑事判决或裁定，依照法定程序和期限，向上一级人民法院提起上诉，请求撤销或变更原审裁判而提出的书状。

上诉是法律赋予诉讼当事人的一项诉讼权利。我国刑事、民事和行政三大诉讼法的有关条款对当事人的上诉权都作了明确规定。上诉对维护当事人的合法权益和完善司法制度具有重要意义：一方面，如果上诉符合事实，理由充分，经二审法院审理后，做出正确裁决，可避免错案的发生；另一方面，如果原审裁决正确，经终审裁决后，就可以使正确的裁决得以维持，保证了法律的正确实施。

（二）上诉状的特点

1. 民事、行政上诉状的主要特点

（1）必须是由民事、行政诉讼当事人及其法定代理人提起，其他人无权提起。

（2）必须是对地方各级人民法院第一审裁判不服才提起。

（3）必须依照法定程序和期限，向做出第一审裁判的上一级人民法院提起上诉。

2. 刑事上诉状的主要特点

（1）上诉必须是由刑事诉讼当事人及其法定代理人提起。

（2）必须是对地方各级人民法院(而不能对最高人民法院)的第一审(而不能对第二审，第二审裁判是终审裁判)裁定或判决不服才提起。

（3）必须是按照法定程序和期限提起，即在法定的期限内，向做出第一审裁判的上一级法院提起，不能超期，也不能越级。

（三）上诉状的结构和写法

上诉状由首部、正文、尾部组成。

1. 首部

首先，写明文书名称，如“民事上诉状”、“行政上诉状”。其次，按上诉人、被上诉人、第三人的顺序写明当事人的基本情况，并在“上诉人”或“被上诉人”后用括号注明其在原审中的诉讼称谓（如“原审原告”、“原审被告”等）。

2. 正文

正文要写明提起上诉的原因、上诉事实与理由和上诉请求。

（1）提起上诉的原因。一般可表述为：“上诉人因与×××关于××一案，不服×××人民法院×年×月×日×字第×号××判决（裁定），现提起上诉。”

（2）上诉事实与理由。要明确提出原审裁判在认定事实、适用法律、诉讼程序等方面的错误或不当之处，并运用准确的事实、确凿的证据和有关的法律依据加以反驳、论证，以说明自己的上诉请求是合法的。上诉理由要有的放矢，层次分明，逻辑性强，理由如有几方面，可分条列项来写，使上诉请求得到充分的支持。

（3）上诉请求。写明上诉人请求第二审人民法院依法撤销或变更原审裁判，以及如何解决争议的具体要求。

写上诉状请求要明确、肯定、具体，要有针对性，文字要简洁。一般可考虑从以下三个方面提出上诉请求：

1）事实方面。原判认定的事实不存在；原判认定的事实有出入、遗漏；原判认定的事实证据不足。

2）理由方面。原判不适用于所引以为据的法律条文；原判定性不当；原判过重或过轻。

3）程序方面。原审判决或裁定不合法律程序。

一般写法是：上诉理由写完后，总括一句："为此，特向你院上诉，请依法撤销（或变更）原判。"

3. 尾部

尾部应写明：接受上诉的法院名称，上诉状副本份数（上诉要按照对方当事人的人数提供副本），证据的种类、数量，证人的姓名、工作单位、住址。上诉状还需由上诉人签名、盖章，并写明上诉日期。

归纳起来，上诉状的基本格式如下：

上 诉 状

上诉人（原审　　）：姓名、性别、年龄、民族、籍贯、职业、工作单位、住址、电话号码

被上诉人（原审　　）：姓名、性别、年龄、民族、籍贯、职业、工作单位、住址、电话号码

上诉人因××一案，不服人民法院于××××年×月×日×字×号××判决（或裁定），现提出上诉，上诉请求和理由如下：

上诉请求：____

上诉理由：____

____

此致

____________________人民法院

上诉人：______________（盖章）

____年____月____日

附：

1. 上诉状副本×份

2. 物证×件

3. 书证×件

（四）上诉状与起诉状的异同

上诉状与起诉状都是诉讼文书，都有明确的诉讼对象和明确的案件纠纷，都要遵循法院对诉讼文书的格式及书写的规定，结构也基本相同。其不同之处主要有：

（1）起诉状必须写清事实；而上诉状一般无须写事实，只需明确指出原审判的错误或不当之处，并概括地写出不服原审判的理由即可。

（2）起诉状是针对被告的，写法上多用叙述和说明；而上诉状是针对原审判的，侧重

于据理反驳，讲求事理分析，符合逻辑，故常用夹叙夹议的写法，并要求议论恰当，请求中肯，语气平和恳切。

第三节　申诉状

一、阅读与析评

【例文 20—3】

刑事申诉状

申诉人：陈××，男，21 岁，汉族，原系××市××机修厂工人，现住××市××路×号。

申诉请求：请求撤销编号〔××××〕刑字第××号判决。

申诉事实与理由：××××年×月×日，我被××市××区人民法院按伤害罪，以〔××××〕刑字第××号判决书判处有期徒刑三年。原审所认定的我于××××年×月×日持水果刀将王××手臂刺伤的情况是事实。但是有如下两点不当：

1. 判决书认定的某些事实不清。×月×日晚，因我家与王家发生纠纷，王家兄弟两次冲入我家先动手打人，将我打成右眼下部皮肤裂伤。这些情节在判决书中只字不提，不符合“以事实为依据”的审判原则。

2. 定性不准，处理不当。我与王××同住一层楼，是邻里关系。陈、王两家发生的只是邻里纠纷。双方在扭打中互有伤害，且事后我主动到派出所认错，并拿出一千元作为对方的医药、营养费的补偿，还作了书面检查。本来完全可以调解处理。可是我却被你院以伤害罪判处有期徒刑三年，不符合“以法律为准绳”的审判原则。

为此，特请求人民法院对我的案件重新审查，予以纠正。

此致

××市××区人民法院

申诉人　陈××

××××年×月×日

附：1. 原判决书副本 1 份

2. 证人郑×、刘××的情况简介

[析评]

这篇刑事申诉状篇幅虽然不长，但重点突出。它着重对事实的关键内容进行了澄清，对事实的性质用法律与政策进行了分析，扣得较准。行文条理清楚，语言简洁，语气得体。

二、必需知识

(一) 申诉状的含义和作用

申诉状又称再审申请书，是申诉人对人民法院已经发生法律效力的判决、裁定，认为有错误而向人民法院或人民检察院（只有刑事申诉可以向人民检察院提出）提出申请重新审理予以复查纠正的书状。

民事、行政申诉状是民事、行政诉讼当事人及其法定代理人，对已经发生法律效力的判决、裁定不服，向原审人民法院或其上一级人民法院提出申请复查纠正的书状。

刑事申诉状是刑事诉讼当事人及其法定代理人、被害人及其家属，对已经发生法律效力的刑事判决、裁定认为确有错误，向人民法院或人民检察院提出申请复查纠正的书状。

申诉是法律赋予诉讼当事人、法定代理人、受害人的合法权利。它体现了我国社会主义司法工作依靠群众、发扬民主、实事求是、有法必依、违法必究、有错必纠的原则。使用申诉状既维护了法律尊严，促使司法机关坚持真理，修正错误，也维护了申诉人的合法权益，促使司法机关重新审判，减少冤假错案。

一般情况下，对已发生法律效力的判决、裁定和调解协议不服，应向原终审人民法院提出申诉。

（二）申诉状的主要特点

（1）必须是由与所申诉事件有利害关系的公民、法人或其他组织提出的。

（2）可以向人民检察院（仅指刑事申诉，而民事、行政申诉不能向人民检察院提出）、原审人民法院或原审的上级人民法院提出。

（3）申诉是对已经发生法律效力的判决、裁定不服才提出的。

（三）申诉状的结构和写法

申诉状一般由首部、正文、尾部组成。

1. 首部

首先，写明文书名称，如“民事申诉状”、“行政申诉状”等。其次，写明当事人的基本情况。提出申诉的当事人称“申诉人”，因为申诉是针对原审判决、裁定有误而要求复审改判的，所以没有“被申诉人”一项。

2. 正文

正文要写明申诉的缘由、事实与理由、请求事项等。这部分是申诉状的重点。

（1）申诉缘由。包括原来案件的案由、原处理机关名称、处理时间、处理文书名称及不服处理的表示。一般表述为：“申诉人因××一案，不服××人民法院于××××年×月×日所作的×字第×号一审（或二审）判决（或裁定、决定），提出申诉。”

（2）事实与理由。这是申诉状的核心部分，也是能够引起审判监督程序（或复查）的重要依据，主要针对原判决、裁定（或决定）的错误之处，从认定事实、适用法律和诉讼程序上存在的问题，分别加以阐述，并提出有关证据材料和有关法律规定进行论证，以此来论证所提出的请求事项是合理合法的。

（3）请求事项。要明确、具体写明请求人民法院予以解决什么问题，给予怎样的变更处理等。如请求撤销（或变更）原裁决等。

3. 尾部

应写明接受申诉的机关名称，附原审判决或裁定（决定）书复印件及有关证据材料，由申诉人签名盖章，并写上申诉的时间等。

归纳起来，申诉状的基本格式如下：

申诉状

申诉人：姓名、性别、年龄、民族、籍贯、职业、工作单位、住址、电话号码

申诉人因××一案，不服××人民法院于××××年×月×日所作的×字×号判决（或裁定），现提出申诉。

申诉的事实和理由如下：

根据上述事实和理由，申诉人请求：

1. ______________________________

2. ______________________________

3. ______________________________

此致

××人民法院

申诉人：××（签名或盖章）

____年____月____日

附件：

1. 本状副本×份

2. 物证×件

3. 书证×件

（四）申诉状与上诉状的异同

上诉状与申诉状的性质、目的相同，都是对原审法院的判决或裁定不服，要求纠正错误。但二者又有明显的区别（尽管二者在写作格式上相似）：

（1）上诉状是对未发生法律效力的判决、裁定进行上诉；申诉状是对已经发生法律效力的判决、裁定不服而提出申诉。申诉时，判决、裁定不能停止执行。只有当申诉成功，人民法院改判后，才能根据改判撤销或更换原判决、裁定。

（2）上诉有时间限制，过期失效；申诉没有时间限制。

（3）上诉状只能向上一级人民法院提出，而申诉状可向原审判的法院或原审的上级人民法院、人民检察院（民事、行政申诉不能向人民检察院提出）提出。

第四节 答辩状

一、阅读与析评

【例文 20—4】

民事答辩状

答辩人：××市××××房地产开发总公司代表何××，公关部经理。

案由：上诉人张××因房屋拆迁一案，不服××市××区〔××××〕民字第19号的判决，提出上诉。现答辩如下：

答辩理由：为了适应本市商业发展的需要，我公司于××××年12月向市城建规划局提出申请报告，要求拓宽新建丝绸百货大楼前面场地150平方米。市城建局于12月25日以市城建字〔××××〕71号批文同意该项工程。同年在拓宽场地过程中，需要拆迁租住户张××一户约18平方米的住房，但张××提出的要求过于苛刻。几经协商，不能解决。答辩人不得已于××××年1月××日投诉于××市××区人民法院。××市××区人民法院于××××年2月以〔××××〕民字第19号判决书判处张××必须于××××年3月底前搬迁该屋，并由市房地产开发总公司提供不少于原居住面积的房屋租给张××居住，但张××仍无理取闹。据此，答辩人认为张××的上诉理由是不能成立的。

一、张××说我们拓宽新建丝绸百货大楼前面的场地是未经批准的。这是没有根据的。一审法庭曾审查过房地产开发总公司要求拓宽新建丝绸百货大楼前面场地的报告和市城建局城建字〔××××〕71号的批文，并当庭概述了房地产开发总公司的报告内容，还全文宣读了市城建局的批文。这些均有案可查。张××不能因为要求查阅市城建局的批文，未获准许，而否认拓宽工程的合法性。

二、张××说我们未征得她本人同意，与房主×××订立房屋拆迁协议是非法的。这更无道理。张××租住此屋，只有租住权，并无房屋所有权。所有权理当归属房主×××。我们拓宽场地，拆毁有碍交通和营业的房屋，理当找产权人处理，张××无权干涉和过问。

应当指出，对于张××搬迁房屋一事，我们已作了很大的让步和照顾。我们答应她在搬迁房屋时提供离现居住房屋500米的××新建宿舍大楼底层朝南房间一间，计20平方米，租给她居住。而张××还纠缠不清，漫天要价，扬言不达目的决不搬迁。

综上所述，答辩人认为××市××区人民法院的原判决是正确的，合法而又合情合理，应予维持。

此致

××市中级人民法院

答辩人：××市房地产开发总公司

代表　：何××

××××年四月二十五日

［析评］

这份民事答辩状是被上诉人的答辩，所以属“被上诉答辩状”。状文先说明拓宽新建丝绸百货大楼前面的场地是经市城建规划局批准的；再陈述上诉人不服判决，提出的上诉理由是站不住脚的。这就为下面的答辩奠定了基础。理由部分，先将上诉状的无理和歪曲事实的主要方面扼要地叙述出来；然后提出根据，列条论证，讲明道理，驳斥上诉人的无理要求；最后用“综上所述，……”提出答辩请求，即要求二审法院维持原判。

这份答辩状针对性强，目的明确，表述清晰，文字简洁，格式正确，可供借鉴。

二、必需知识

（一）答辩状的含义和作用

答辩状是被告或被上诉人针对起诉的事实和理由或上诉的请求和理由，进行回答和辩解的文书。

答辩状分民事答辩状、行政答辩状和刑事答辩状三类。答辩状是与起诉状或上诉状相对应的一种诉讼文书。

答辩状的主要作用有如下两个：

(1) 体现诉讼当事人的权利和义务一律平等的原则。被告或被上诉人通过答辩状，可以针对原告或上诉人所提出的起诉或上诉事实、理由和根据以及请求事项，进行有的放矢的回答辩解，阐明自己的理由和要求，并提出事实和证据来证实自己的观点，以保护自身的合法权益。

(2) 有利于人民法院在全面了解案情的基础上，判明是非，作出正确的判决。通过对诉状或上诉状、答辩状的全面了解，人民法院可以全面了解诉讼当事人的意见、要求，对如何进行调查、调解和审理，作出适当的考虑和安排，以保证合法、合理、合情，及时地处理好案件。

此外，根据具体案情，答辩人还可以通过答辩状对刑事诉讼的起诉人和民事诉讼的原告提起反诉。

(二) 答辩状的特点

(1) 作者的特定性。答辩状必须由民事、行政案件的被告或上诉案件的被上诉人、刑事案件的被告人提出。

(2) 写作时间上的规定性。答辩状必须是在法定期限内提出。

(3) 内容上的针对性。答辩状必须针对起诉状和上诉状的内容进行答辩。

(三) 答辩状的结构和写法

答辩状一般由首部、正文、尾部组成。

1. 首部

(1) 标题。应写明标题，如“民事答辩状”或“行政答辩状”，二审写为“民事被上诉答辩状”或“行政被上诉答辩状”。

(2) 答辩人的基本情况。答辩人是公民的，应写明姓名、性别、年龄、民族、职业或工作单位、住址等；答辩人是法人或其他组织的，应写明名称、法定代表人、地址等。

2. 正文

(1) 答辩事由。写明对何人起诉或对上诉的什么案件提出答辩。

一审答辩状一般表述为：“因××所诉关于××纠纷一案，现提出答辩如下”；或写为：“××××年×月×日，收到××（原告姓名）的起诉状副本，现就起诉状所述各点答辩如下”。

二审答辩状一般表述为：“因××不服原审判决而上诉一案，现提出答辩如下”；或表述为：“××××年×月×日，接到上诉人××的上诉状副本，现就上诉的请求和理由答辩如下”。

(2) 答辩理由。如同其他诉状一样，理由是关键性的内容。在这部分要明确地回答对方的诉讼请求，提出自己的主张并阐明理由。答辩的情况有两种：

1) 承认对方的诉讼请求。即表示愿意接受原告或上诉人提出的实体权利请求。当然，在答辩实践中，被告人或被上诉人答应对方的诉讼请求，通常只是部分答应或附有条件地答应。

2）反驳对方的诉讼请求。着重从实体上进行反驳，即针对对方起诉或上诉的事实和理由，依据有关法律条文，从事实和理由上进行辩驳。有时也可从程序上进行反驳，即以诉讼方面的规定为依据，证明其没有具备起诉所发生和进行的条件，从而达到驳倒对方诉讼请求的目的。

（3）答辩请求。在充分阐明答辩理由的基础上，经过综合归纳，明确提出答辩结论，并请求人民法院依法做出公平合理的判决或裁定。

如果起诉状或上诉状的某些内容是可以肯定或接受的，也应表明态度。如果要反诉原告或上诉人，则要提出反诉请求。

3. 尾部

尾部包括以下内容：

（1）呈送的机关。先写“此致”，再另起一行顶格写“××人民法院”。

（2）由答辩人签名盖章，并注明年月日，如系律师代书，还要注明代书人。

（3）附项注明物证、书证的名称和件数。

归纳起来，答辩状的基本格式如下：

答辩状

答辩人：姓名、性别、年龄、民族、籍贯、职业、工作单位、住址、电话号码

因________一案，提出答辩如下：

____

____

此致

________人民法院

答辩人：________（盖章）

____年____月____日

附：

1. 答辩状副本×份
2. 书证×件
3. 物证×件

【复习与思考】

一、名词解释

起诉状　民事起诉状　行政起诉状　刑事起诉状　上诉状　民事上诉状　行政上诉状　刑事上诉状　申诉状　民事申诉状　行政申诉状　刑事申诉状　答辩状

二、思考题

1. 民事起诉状、行政起诉状、刑事起诉状各有何主要特点?
2. 起诉状的首部和尾部写作有何规定?
3. 起诉状的核心是什么?起诉状的事实与理由如何写?
4. 民事、行政和刑事上诉状有何主要特点?
5. 上诉状的首部和尾部写作有何规定?
6. 上诉状的事实与理由应如何写?
7. 上诉请求一般可以从哪些方面提出?
8. 试分析上诉状与起诉状的异同。
9. 申诉状有何主要特点?
10. 申诉状的首部和尾部写作有何规定?
11. 申诉状的正文包括哪几部分?各部分应如何写?
12. 例文 20—3 申诉状的事实与理由部分,对申诉的关键问题首先提出自己的看法,然后用事实加以证明,可谓为“先理后据”式写法。这种写法有何好处?
13. 试分析申诉状与上诉状的异同。
14. 答辩状有哪些主要特点?
15. 答辩状的首部和尾部写作有何规定?
16. 答辩状的正文包括哪些内容?各部分应如何写?

第六部分

The sixth part

学术文书写作

第二十一章　学术文书

第一节　学术论文

一、阅读与析评

【例文 21—1】

“写作思维场”论

杨文丰

当今的写作思维研究，将人类复杂整体联系的写作思维分解为单个的或部分的写作思维来认识。这是敲碎圆镜的方法。笔者认为，客观的研究，应该把写作思维视作一个完整的圆镜系统，从场论的视角进行考察。

一

确立写作思维场的依据是什么？“场”原是物理学概念，是指相互作用的客观存在。我们“可以把思维确定为：人脑对现实的概括、间接的反映；这种反映借助词而实现，并以已有的知识为中介；这种反映是和人对世界的感性认识及其实践活动密切联系着的。”写作是写作主体按照写作思维进行的系统活动，是写作主体各种思维相互作用及其定向运动的活动。我国知名的思维学学者陶同教授指出：“主体大脑贮存的种种信息是通过生理的物质和能围绕统一的思维线索相互作用而形成的。脑中任何一思维的闪现都是思维场中种种因素共时性相互作用的整体功能和结果。”具体来说，写作思维活动中主要存在四种相互作用：一是思维与知识、经验等之间的相互作用。写作是创造性活动，写作思维必然会涉及主体所掌握的知识及写作经验，也得考虑与当时已有的写作经验和理论有什么关系，用什么手法和途径去实现，等等。二是写作思维与思维之间存在着相互作用。写作活动是多种创造性思维活动的结果，其间，至少有两种以上思维会发生相互作用。三是新信息进入思维领域之后，即使不是和所有思维起相互作用，也会与至少一种思维产生相互作用，如对其接纳或拒绝，限制或交流，左右或利用等。四是任何写作新思维都产生于或离不开各种相互依存的思维群整体，因为，正如格式塔心理学指出的："任何一种行为都产生于各种相互依存事实的整体，以及这些相互依存的事实具有一种动力场的特征，这就是场论的基本主张。"

写作思维场的确立，也可从电磁场、引力场等"物理场"的特征得到印证。物理场的基本特征有：(1) 存在于空间区域；(2) 场内因素之间具有相互作用；(3) 场本身具有能量、动量和质量，且在一定条件下可以和实物相互转化。写作思维场也有这些基本特征。首先，写作思维场存在于大脑这一空间区域；其次，写作思维场内各思维之间，思维与知识、经验之间也确实存在着互相影响、互相制约、互相排斥和交融等作用；再次，写作思维场也存在着能量、动量和质量，写成的文字是它们转化为实物的标志。写作思维场的能量，在一定程度上可通过写作主体的表现得到形象的昭示，如诗人写诗时的迷狂、激动、速度及顺畅程度等，便是写作思维场能量大小的表现。物理场中的动量与速度有关，其方向就与速度的方向相同。写作思维场是具有思维流向和思维速度的场。写作思维场的流向，即是思维的指向，思维的速度则表现为写作思维的效率。写作思维场的质量，可看作是写作思维场效应的质量，它也可外化为写作的质量。

确立写作思维场，并不否认个体思维对写作活动的影响，而是将写作活动中的各种思维置于一个客观上存在相互作用的综合环境，即场之系统中去考察。在写作思维场这个系统中，若没有个体思维的作用，也就没有各个体思维之间的相互作用，因而也就没有了超个体的整体写作思维场了。

二

写作思维场，是各种思维、信息以写作为目标指向，共时空性地产生相互作用、整合，从而产生出整体效应的动态功能系统。写作思维场以场的形态存在，是由基础与信息场、发散思维场和收敛思维场三个子场构成的复合场。各子场由本身的构成因素相互作用而形成。各子场的内涵及与写作思维场的关系如下：

基础与信息场主要由写作主体的资质禀赋、观察力、兴趣、情绪、意志、气质、生活经历以及知识等要素构成。知识隶属于信息。其中知识又是一个由经验、理论和方法构成的综合化、整体化、系统化的体系。师承关系等也归入这一体系。写作主体的知识结构，作为中介，对写作思维场起着极大的制约作用。苏联心理学家捷普洛夫指出：一个空洞的头脑是不能进行思维的。缺乏与写作指向有关的知识，等于缺乏思维的原材料，"巧妇难为无米之炊"，难以使思维继续进行；反之，知识越丰富，思路就越灵活，判断也就越准确。可见，知识又是使写作思维场有序进行的基础和保证。情绪则可以通过智力因素间接地影响写作。"情绪是人对客观事物的态度的内心体验，是由客观事物引起的。"能够引起强烈情绪反应的事物，容易记住。情绪愈丰富，写作思维场中的想象就愈活跃。基础与信息场基于本身各构成因素的变化和相互作用，呈现动态变化性。写作主体在时间序列中因受时代氛围、教育等的影响，会推动基础与信息场的重塑。基础与信息场和写作思维场及其他子场之间，亦产生相互作用和影响，产生动态变化，在动态变化中影响着写作主体的写作活动。

基础与信息场对写作思维场的贡献主要是基础作用，而要使写作思维灵活，新思想层出不穷，则不得不依赖于发散思维场。发散思维又名辐射型思维，它围绕某个问题沿多个方向想开去，以求寻找尽量多的解决问题的新思路或新方案。发散思维的基本方法包括逆向思维、侧向思维、想象、联想、灵感、直觉、假说等，它们是发散思维场的构成因素，互相作用、影响、交融。一个写作题材进入写作思维场，写作主体为了确定是否值得写，它既可产生直觉判断，也可产生假说或想象活动；假说之中又同时有想象和直觉在相互作用。正是这些发散思维方法的相互作用、影响和交融，构成了发散思维场。发散思维场根据各构成因素的动态变化和运动，构成了自身的内部运动。发散思维场的能量、动量和质量，皆体现在所产生的思路上。发散思维场最大的特点和功能在于善于冲破思维定式，能积极、主动地开拓出新思路。

收敛思维场由各收敛思维的相互作用、相互影响和相互交融产生。常见的收敛思维有分析与综合、比较与类比、抽象与概括、归纳与演绎、定性与定量等。收敛思维是纯理性思维，它的产生必须以发散思维为前提。有了发散思维提出的诸多新思想、思路，收敛思维场才可进行扬弃、评价、选择、提炼、组织和确认。

复合型的写作思维场中的三个子场，既相对独立，又互相联系、互相制约、互相配合、互相影响。其相互关系可由下图表示：

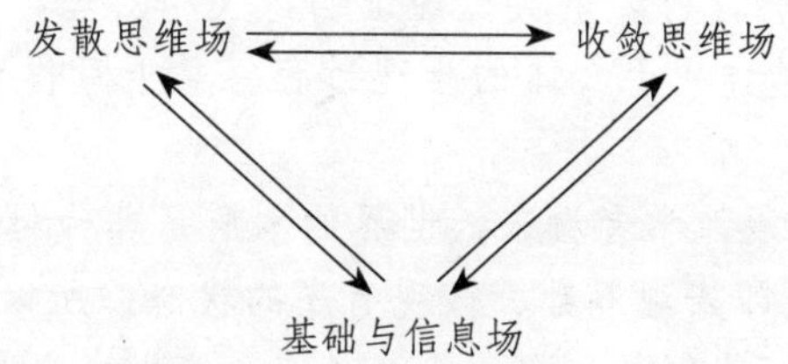

基础与信息场既为发散思维场提供基础信息，也为收敛思维场的决策预备了信息等水准和条件，起着基础场的作用；发散思维场既是收敛思维场的前提，也对其他两个子场起到影响、促进等作用，发散思维场起着“思维发生器”的作用；收敛思维场既是写作思维场的“决策机关”，也对其他两个子场起到影响、促进等作用。三个子场相互联系、影响和作用，不仅构成了写作思维场，也促进着写作思维场的演化，并产生出场效应。

三

写作主体进行写作活动，写作思维场的场效应就产生了。写作思维场的场效应主要表现在以下几个方面：

（一）立意为文。“为文”是指写作思维场以成文为根本指向、目标或结果，还需考虑不同文体的规范体式。“立意”即确立为文的中心思想或基本意向，以及选字、组句、构段、结篇的指导思想。文意的隐显、朦胧、深刻、肤浅等，皆由写作思维场的立意倾向决定。意是写作的前提，通过字句而得以表现。同时，立意也对写作思维场运行起到一定的引发导向作用。朱光潜先生就曾在《作文与运思》一文说道：“写成的字句往往可以成为思想的刺激剂。我有时把一段话预先想好，可是把它写下来时，新的意思常源源而来。”

（二）整体性。写作思维场效应的整体性，主要体现在三个方面：一是写作思维场中的任何一个行为，均是整体效应的结果，而整体效应得靠各子系统或各思维因素的共同作用才能产生。任何单一思维方式（比如想象），都是受思维场中其他思维的作用才能产生。当然，其间有的作用可能转化了，有的也可能中途消失了。二是写作思维场的所有作用均发生在同一相关的空间区域，即因而富有空间整体性，这是必然的。三是写作思维场中的各种相互联系和作用，“具有时间整体性，即在系统整体的演化发展过程中，发展的每一步都具有继承性和延续性。”

（三）能动性。写作思维场效应的能动性，是指促使写作主体进行写作的思维、写作以及对生理反应产生影响的能力和作用。能动性产生的原因，一方面是写作思维场内部各因素、各子场之间，存在着不断的运动和相互作用，促使着写作思维场的演化和发展；另一方面是写作思维场与外界环境之间存在着不断的物质、能量与信息的交换，这些外因通过内因也对写作思维场产生作用，共同构成了写作思维场的能动性。写作思维场的能动性主要体现在三个方面：一是使写作具有明确的目的性和计划性。目的性与立意为文相关，它使主体对所写的作品具有总体构想和实施步骤。二是使写作呈现主动创造性。写作主体面对的写作题材、词语很多，主动地根据最有利于表达写作的中心和文体的需求，做出主动的选择、改造和创造。三是使写作对写作主体的生理活动产生影响。科学事实已经证明，人的心理，一方面依赖人体的生理过程，另一方面又积极地作用于人体的生理过程。对于写作主体来说，“脑越用越灵”是合乎规律的。

（四）混沌性。在混沌学者看来，世界的本质是非线性的，三体相互作用就会进入混沌。“混沌状态，即宏观混乱、微观有序的状态。所以混沌亦不是一片混乱，而是有序和无序的统一，是乱中有治，是决定论系统当中自身产生出来的随机性。”对混沌的描述，学界尚未统一，常见的涉及有序与无序、稳定与非稳定、完全性与非完全性、确定性与非确定性等方面。有的学者已发现了非线性系统由有序向混沌转化的常数为4.669 201 609 0。写作思维场作为系统，也同样存在着混沌性，对写作思维场来说，混沌的主要表现有：整个写作思维场中各子场皆有许多因素、规律在其中起作用，它们相互联系、交互作用、纵横交错，造成了整体无规律或失向性状态；写作思维场中此部分状态有序，另一部分却无序，有序与无序共存互扰，又倾向妥协。对一篇文章的整体如何写有基本倾向，而对文章的局部如何写尚未明晰，或局部如何写明晰，整体如何写尚不明晰，等等。混沌状态有一个最显著的特征，这就是“蝴蝶效应”，意思是说，今天一只蝴蝶在北京挥翅拍动一下空气，可能使下个月纽约的一场暴风雨为之改观。写作思维场效应中确实是存在蝴蝶效应的：一篇散文作品，开篇首句文字高雅或粗犷，影响所致，可使整篇文字风格皆高雅或粗犷。

（五）跃迁性。跃迁性是指写作思维场从常态不经过逻辑推理直接跳跃到高级态或极态状态的特征。写作思维场的跃迁性表现为直觉和灵感。在写作中，直觉是写作主体的写作思维场在一瞬间便判断、理解、把握和领悟出并非刻意追求过的事物的“主要矛盾”，并做出主观结论的场效应。当写作对象与写作主体的内在信息“碰撞”时，便可跳过逻辑推理，立即产生“共鸣”和“理解”，使写作思维场直接跃迁到直觉状态。而灵感的出现，同样没有经过正常的逻辑推理。灵感是写作主体的意识和潜意识高度清晰、敏锐而异常积极地涌现，并与相关的信息实现最佳妙的融合，指向性创造能力突然跃迁到高级态或超常态时的心理状态。灵感是写作思维场中各因素之协同性突然跃迁，创造能力瞬间达到超常发挥，可一气呵成作品或克服创作难关时的场效应。直觉和灵感，绝非个别思维因素的行为，而是整个写作思维场非逻辑性的总体效应。直觉和灵感作为写作思维场的跃迁性效应，说明写作思维场作为非线性系统，在发生演化的继承性和延续性渐变的同时，同样存在着突变。这是写作思维场演化过程中的一种思维跳跃和间断。

（原载《学术研究》，1998（6））

［析评］

这是一篇写作学科论文。论文导论开门见山，提出应该引入场论的视角，将写作思维视作一个完整的系统进行研究。论文正论分为三个部分：第一部分从多个方面论证写作思维场成立的依据、理由；第二部分首先对写作思维场做出理论界定，接着论证作为复合场的写作思维场的三个子场的构成、特点，各子场的相互作用及其对写作思维场的影响、作用；第三部分分别论证了写作思维场的五个场效应，其间，从场的角度对写作思维的有关主要问题，如对直觉、灵感，提出了新的理论认识。论文融合了心理学、创造学、物理学和写作学等学科的知识，立论新颖、有据，论证适当、合理，语言简洁，结构严谨，层次分明，有较强的逻辑性。

【例文 21—2】

浅论企业核心竞争力

吴×× 杨××

【提要】企业核心竞争力是企业经营的根本依托，是企业竞争优势的决定力量，同时核心竞争力又是一个复杂和多元的系统。企业核心竞争力的形成和培育必是一个长期的战略过程。

【关键词】**企业核心竞争力；学习型组织；企业文化**

中图分类号：F270 文献标识码:A 文章编号：1008-2751(2002)04-0040-02

随着市场经济的发展，企业核心竞争力已经成为企业竞争优势的决定性力量。从短期看，企业产品质量、性能和服务质量决定了企业的竞争能力；从长期看，以企业资源为基础的核心能力则是企业保持竞争优势的决定性源泉。在本文中，笔者仅就企业核心竞争力谈一点浅见。

一、核心竞争力的含义

1991 年，普拉汉拉德和哈默在《哈佛商业评论》上发表“The Core Competence of the Corporation”一文，标志着企业核心竞争力理论的正式提出，他们认为，核心竞争力是企业组织中的集合性知识（collective learning)，特别是如何协调多样化生产经营技术和有机结合多种技术流的知识。随着产品生命周期的日益缩短和企业经营的日益国际化，一个企业的差异化竞争优势，来源于企业管理层如何比竞争对手既快速又低成本地将遍布于企业内的各种技术和生产技巧有机结合起来形成核心竞争力的能力。企业的核心竞争力是指企业开发独特产品、发展独特技术能力为基础，通过企业战略决策、生产制造、市场营销、内部组织协调管理的交互作用而获得使企业保持持续竞争优势的能力，是企业在其发展过程中建立与发展起来的一种资产与知识的互补体系，同时企业核心竞争力的强弱在很大程度上受企业所面临的产业技术与市场动态性的影响。

通俗地讲，企业的核心竞争力就是企业在那些关系到自身生存和发展的关键环节上所独有的、比竞争对手更强的、持久的某种优势、能力或知识体系。“企业文化”是企业生存和发展的“元气”，是企业核心竞争力活力主根和动力之源。“创新”是一个企业生存、发展的内在要求和基本形式，也是一个企业不断适应环境、实现自我超越的必然过程。“人才”是企业的核心战略资源，企业之间的较量，归根结底是人才及其综合素质的较量，“能力”作为企业核心竞争力的转换要素，特指企业动员、协调和开发企业内外资源的生产力，这种组合提供了企业潜在的竞争优势。一般来说，核心能力存在于企业中人的身上，而不是存在于企业资产负债本身，核心能力深深地植根于技巧、知识和人的能力之中。

二、核心竞争力的构成

核心竞争力是一个复杂和多元的系统，包含多个层面。归纳起来主要包括以下几个方面：

1. 创新能力。一个企业要保持发展和竞争优势，就必须善于总结和提高，永远追求卓越，不断超越自我，不断进取和创新。所谓创新就是根据市场和社会的不断变化，在原基础上重新整合人才、资本等资源，进行新产品开发和更有效组织生产，不断创造和适应市场，实现企业的更大发展，它包括技术创新、产品和工艺创新、管理创新。在以技术快速更新和产品周期不断缩短为主要特征的现代企业竞争中，创新是保持长久竞争优势的动力源泉。创新能力是一个企业具有核心能力和旺盛生命力的体现。

2. 形象力。这是通过塑造和传播优秀企业形象而形成的一种对企业内外公众的凝聚力、吸引力、感召力和竞争力，是隐含在企业生产经营活动背后的一种巨大的潜在力，是企业新的生产力资源，它包括产品形象、服务形象、品牌形象和管理形象。我们知道，塑造企业形象不是一朝一夕的事，形象力资源要求企业从长远发展角度来审视和制定企业的战略规划，它从企业的发展趋势和运行的前景着眼，能对企业的发展产生长远的、战略性的推动力，带有战略性思考与制度安排的特征。

3. 服务增值能力。现代市场发展的一个重要趋势，就是服务竞争在现代市场竞争中的地位和作用越来越突出。质量概念，不仅包括产品质量，也包括服务质量。国外企业文化研究中首先使用的“服务增值”的概念，值得重视。因为同样质量的产品，可以因服务好而“增值”，也可以因服务差而“减值”。企业形象从根本上说是表现为产品质量和服务质量。服务的永恒主题是企业同客户、用户、消费者的关系问题。这里包括如何使抱怨用户转变成满意用户、忠诚用户进而成为传代用户，包括如何开发忠诚的顾客群，包括不丢失一个老客户而不断开发新客户的问题，包括如何使营销服务成为情感式劳动，真正让用户、顾客引导决策，进而引导产品开发的问题。

4. 管理能力。总理在去年的政府工作报告中指出今年是管理年，要向管理要效益。据统计，生产中有50%的效益来自管理，技术管理中的80%来自管理，可见管理能力的重要性。企业的管理也是生产力，它涉及企业结构组合、信息传递、沟通协调、激励奖惩以及各种生产要素的优化组合，通过高效优势的动作，保障技术优势的发挥，也保障了将生产优势转化为市场优势。

三、核心能力的培养

企业核心竞争力的形成不是一种短期行为，而在于要把企业建设成为一种创新型的学习性组织，在不断学习和积累中形成特有的竞争力，并通过机制来保障这种竞争力的发展。因此，形成并保持企业核心竞争力是一项长期的根本性战略。为此，必须做好以下工作：

1. 建立学习型组织。企业核心竞争力的出现是系统整合的结果，尤其面对日益复杂多变的环境，企业需要比以往任何时候应更重视持续地、更快地获取信息和知识，而且，这种学习必须是全体的、主动的、积极的和创造性的。彼得·圣吉认为，企业是一个系统，可以通过不断学习来提高发展的能力，"第五项修炼"即在组织中实行共同愿景、自我超越、团队学习、改善心智模式和系统思考，在企业中建立一个相互关照、彼此通融的"学习型组织"，使组织形成"学习—持续改进—建立持续性竞争优势"的良性循环。

2. 建立良好的企业文化。从企业文化力的功能来说，它有5个方面：第一，凝聚力。企业文化搞好了是一种"黏合剂"，可以把上下左右、广大员工紧紧地黏合、团结在一起，这是一种凝聚功能和向心功能。第二，导向力。包括价值导向与行为导向。在企业行为中该怎么想？怎么做？企业价值观与企业精神，发挥着无形的导向功能。第三，激励力。企业文化所形成的文化氛围和价值导向是一种精神激励，能够调动与激发职工的积极性、主动性和创造性，把人们的潜在智慧诱发出来。第四，约束力。在企业行为中哪些不该做、不能做，企业文化、企业精神常常发挥着一种"软"约束的作用，是一种免疫功能。第五，纽带力。企业特别是大企业集团，维系发展要有两种纽带：一个是产权、物质利益的纽带；另一个是文化、精神道德的纽带。这两种纽带相辅相成，缺一不可。

3. 建立良好的管理队伍。企业核心竞争力是企业综合实力的表现，是人的主观能动性得以发挥的成果。要产生这样的效果，必须使企业有良好的领导者和良好的运行体系。拿破仑说过"世界上没有无用的士兵，只有无用的将军"。没有良好的领导者和运行体系，就难以建立起人力资源的集群和激励人力资源发挥力量，而没有知识结构合理、能力结构互补、规模相当、人才队伍稳定的集群，是很难发挥出主观能动性的，也很难保持持久的核心竞争力的优势。

4. 坚持技术创新与技术领先。技术能力是企业赖以生存的关键。小平同志说，科学技术是第一生产力。产品与服务的领先其支柱是科技。像英特尔不断推出高性能的微处理器的能力，诺基亚不断推出新功能手机的能力，微软不断推出新的计算机软件的能力等都是保持领先、形成垄断的基础能力。

综上所述，企业核心竞争力是企业综合实力的象征，是决定企业生死存亡的关键。企业应把核心能力的管理放到战略的高度来考虑，在企业的发展过程中逐渐积累、培育领先于对手的核心能力。

资料来源：刘杰、付胜：《经济文书写作范例》，254～257页，北京，人民出版社，2005。

[析评]

这是一篇具有时代感的学术论文。论文导言直陈核心竞争力的重要性，说明选题的缘由、背景，提出该文的题旨是对企业核心竞争力“谈一点浅见”。本论分三大部分：第一部分阐述何谓核心竞争力。文章在探究了“企业核心竞争力”之说的渊源和他人对之含义的界定后，对企业核心竞争力的含义做出了自己的界定，继而阐述了企业核心竞争力与企业文化、人才等因素的关系。第二部分进而提出核心竞争力是一个复杂而多元的系统，它包括创新能力、形象力、服务增值能力和管理能力“四力”，并分别对这“四力”的作用和内涵进行了论述。第三部分提出企业核心竞争力的培育不是一种短期行为，其培育需依靠机制来保障，需依靠做好建立学习型组织、建立良好的企业文化、建立良好的管理队伍和坚持技术创新与技术领先等方面的工作。

论文的末段对本论中的论点进行了综述，并对企业应注重核心竞争力的培育作了强调。

该论文语言简洁、明晰、流畅。本论在整体上以递进法安排三大部分的结构，环环相扣，层层深入。而在其中的第二、第三大部分内则均采用并列法、以展开段旨句的方式而发展段落，显得思路清晰，行文有序。

如果论文在论证过程中，能适当地注意运用比较法和例证法，做到更有理（讲道理）、有据（摆事实），可能会使论点得到更有力的支撑，使文章显得更厚实。此外，文章论证的是“企业核心竞争力”，但多处却出现“核心竞争力”、“核心能力”的提法，前后不统一。

【例文21—3】

建立具有中国特色的国家公务员制度

吉珺

建立国家公务员制度，是我们研究借鉴国外人事行政管理经验的一种探索。如何认真分析国外管理方法，结合我国的实际情况，建立具有中国特色的国家公务员制度，是一个必须深入研究、慎重处理的重大课题。同时，如何完善公务员法规，使国家公务员管理制度化、法制化是直接影响政府行政管理效率和效益，甚至关系到国家兴衰的重要问题。

一、公务员的概念和特征

所谓公务员，简单地讲，就是行使国家行政权力，从事国家公务的人员。

（一）公务员的名称

（略）

（二）公务员的范围

当前各国对公务员范围宽窄的界定不一，大致有以下几种类型：

1. 范围最小的类型。（略）

2. 中等范围的类型。此类型是把政府行政机关中的所有工作人员界定为公务员。包括内阁总理、部长等政府任命的官员和其他法律任命的官员。不包括立法部门的参政员、众议员和国会的雇员，也不包括司法部门的法官。属于这种类型的代表是美国、德国。

3. 介于中范围与最大范围之间的类型。(略)

4. 范围最大的类型。(略)

(三) 我国公务员的范围和特征

根据我国政治、经济和社会情况，依据目前我国拟订的《国家公务员暂行条例》，我国公务员的范围，是指中央和地方各级行政机关中行使国家行政权力，执行国家公务的中国公民。具有以下特征：

1. 必须是在行政机关中任职的在编人员。

2. 必须是行使国家行政权力，执行国家公务的文职人员。

3. 必须是依照法定程序选举或任命的，受宪法、政府组织或公务员法规管理的人员。

4. 具有中国国籍的中国公民。

二、国家公务员制度的含义及建立国家公务员制度的意义

(一) 国家公务员制度的含义

国家公务员制度，是指对国家公务员依法进行科学管理的制度。它既是一种法律制度，又是一种管理制度。公务员制度把公务员的权利和义务、职能和职责、福利和待遇等用法律的形式固定下来，成为公务员的活动准则，所以，它是一种法律制度。同时，公务员制度是国家人事管理制度中的一个组成部分，它通过对公务员的一些法定规定对公务员实施一种有效的管理，因此，它又是一种管理制度。

(二) 建立国家公务员制度的意义

1. 有利于实现国家行政机关工作的高效能。(略)

2. 有利于加强干部人事工作的法制化。(略)

3. 结合公务员制度研究干部的分类管理，有利于加强、改善党对人事工作的领导。(略)

因此，必须建立国家公务员制度。

三、建立的国家公务员制度必须是具有中国特色的国家公务员制度 (略)

接着，让我们从影响国家公务员制度的因素来看问题：

1. 经济基础。(略)

2. 国家的基本政治制度。(略)

3. 民族文化传统。(略)

由于受上述因素影响，我国公务员制度具有以下中国特色的特点：

1. 坚持四项基本原则。(略)

2. 坚持全心全意为人民服务的宗旨。(略)

3. 坚持党管干部的原则。(略)

4. 坚持"德才兼备"的用人标准。(略)

四、逐步建立具有中国特色的国家公务员制度

(一) 建立我国公务员制度的原则

要建立具有中国特色的国家公务员制度，除了坚定不移地坚持四项基本原则、坚

持改革开放的基本路线、坚持为人民服务的宗旨和德才兼备的用人标准之外，主要要严格依法行政、廉洁高效。这是建立我国公务员制度的总原则和总要求。依据这个总的原则，结合我国的实际，主要应遵循以下原则：

1. 高素质原则。

(1) 公开竞争性的录用制度。录用要真正贯彻公平、平等、竞争和择优的原则。

(2) 严格的晋升制度。晋升必须在严格考核的基础上，按照法定程序进行，德才兼备、任人唯贤、注重实绩。

(3) 规范化的培训制度。坚持“先培训，后上岗”的原则，逐步使公务员培训工作制度化。

2. 严格考核原则。(略)

3. 激励原则。(略)

4. 监控制度。(略)

(二) 建立我国公务员制度的方法和步骤

1. 加强公务员管理法规研究队伍的建设。(略)

2. 加强公务员管理法规的宣传教育工作。(略)

3. 建立必要的、专门的国家公务员管理机构，使其根据国家公务员法规，加强对国家公务员的管理。

4. 逐步实施公务员制度。首先，搞好总体设想，并制定切实可行的长远规划和实施步骤，对各项具体方案，在实施前要进行认真充分的可行性论证。其次，搞好试点，从事物的整体性出发，重视区域性（和整个城市、区、镇）、系统性（如整个海关系统、公安系统等）的综合改革和整体改革的试点。再次，要有一个强有力的权威机构，统一规划、协调和具体管理试行的公务员制度工作，建立强有力的组织保证。

总之，建立国家公务员制度必须在借鉴国外先进经验的基础上，从我国的实际情况出发，建立具有中国特色的公务员制度，使其科学化、法制化、现代化，为现代化建设服务。

[析评]

这是一篇写得较好的毕业论文。作者能综合运用所学的理论知识，正确体现党和国家的方针政策，联系工作实际，对平时积累的材料运用科学的方法进行加工整理。论文在简明扼要地说明了公务员的概念和特征、国家公务员制度的含义及建立国家公务员制度的意义的基础上，重点论述了为什么及应该怎样逐步建立具有中国特色的国家公务员制度。该论文分析问题正确、全面，并具有一定的深度，对指导实际工作有一定的意义。文章中心突出，论据充足，结构严谨，层次分明，文笔流畅。

二、必需知识

(一) 学术论文、毕业论文的含义和特点

学术论文，也叫专业论文，是专门探讨和研究某一专业领域中有学术价值或亟待解决的问题，并就此发表自己的创造性的见解，表述科研成果的议论文。

毕业论文是高等院校学生毕业前，根据所学专业，有选择地进行学术研究，所写的一

种学术性论文。毕业论文的写作，是学生进行学术论文写作规范的基本训练；是对学生进行的一次综合性考试；是对学生从事科学研究的初步训练；是发现人才的较好方式；是高等院校教学的一个重要环节。

毕业论文，实际上也属于学术论文。或者说，除了高水平的学位论文，毕业论文是学术论文的“初级阶段”。

学术论文有如下三个特点：

（1）独创性。独创性是衡量学术论文学术价值的基本尺度，是学术论文的生命。所谓独创性，简言之，就是作者的论文，能够提出新理论、新见解或新假说，自成一家之言。

（2）学术性。学术性其实就是科学性，是指学术论文所体现的专门的、系统的学问，是建立在深厚的学理和实践的基础上的理论。学术论文的学术性，要求作者必须从客观实际出发，对客体进行认真、仔细、周密的观察、分析，以获取大量的材料作为立论的依据，从中找出规律，揭示其本质或得出符合客观实际的结论。学术论文的学术性，还要求凡论证都必须具有严密的逻辑性，既不违背生活的常理，又不违反科学，且能经受实践的检验。

（3）体现作者的专业水平及综合素质。一篇学术论文，不但反映了作者的专业水平，还综合反映了作者的学识、思维能力、创造能力、研究作风、研究方法，乃至文字表达水平，总之，是作者综合素质的体现。

对于毕业论文来说，同样具有以上的特点。只是毕业论文的独创性、学术性，多数达不到狭义的学术论文要求的程度而已。

（二）学术论文写作的一般过程和方法

1. 学术论文的选题

即确定“写什么”，亦即确定研究的课题。选题，是关系到专业论文成败的第一关。只有选择了有意义的课题，论文才会有价值。

（1）选题原则。一般来说，选题得遵循两个原则：

1）选择有科研价值的课题。一般来说，符合以下五个条件之一的选题，都属于有科学价值的选题：

- 属亟待解决的课题。
- 属新发现和新创造。
- 属空白的填补。
- 属通说的纠正。
- 属前说的补充，即对前人研究成果的发展性研究，以使之更丰富、更完整。

2）选择有希望成功的课题。有科学价值的课题很多，作者能否圆满完成论文的写作，要受其主观条件的制约。是否有希望成功，要看是否符合以下五个方面的条件：

- 有浓厚的研究兴趣。
- 能发挥业务专长。
- 有充足的资料来源。
- 大小、难易程度适中，与自己的能力相适应。
- 时间和篇幅的长度可以接受。

(2) 选题确立方法。具体选题的确立方法，一般有如下的方法和途径：

1) 通过查阅大量资料触发思考和灵感。可通过进图书馆、阅览室、上网等查阅专业书籍和有关资料（包括字典、辞典、年鉴、手册、文摘、百科全书、各种专业工具书、有关报刊等），了解本学科研究的历史和现状（查已有了哪些研究；这些研究又达到了什么程度），从大量的问题中触发思考，确定选题范围和重点。

2) 通过调查实验印证和启发思考。

3) 发挥想象力进行积极思考。

2. 编拟学术论文提纲

论文提纲是论文的设计蓝图，是作者构思的文字记录。它可以使论文具有一个框架，明确论文的基本层次和论述要点，可以使材料与观点建立有机联系，显示出论文的逻辑关系。

论文的提纲，一般应包括以下内容：

(1) 文章标题；

(2) 中心论点及其提出方式；

(3) 各分论点及其序列；

(4) 各论点配备的论据及其使用的位置；

(5) 各论点之间的衔接；

(6) 考虑各层次的主次及其详略；

(7) 收束每一部分及总结全文的方式。

编拟提纲一般可用标题法或句子法。标题法即以标题形式把论文所要阐述的内容概括出来。用标题法写出的提纲简洁、扼要，但它只是一个粗略的提纲。句子法即以句子形式概括各部分的内容。一个句子概括一个部分的内容。句子法具体、明确，能够勾勒出论文的大体结构。

编拟提纲以详尽为好，以明确为要，特别是重大理论问题的研究，涉及的知识面广，要求有一定的深度，因此，在拟提纲时，设想得越周密越好，写起来才不致有大的反复。提纲编拟后，还要反复推敲，加以修改。

3. 学术论文的撰写

(1) 确定标题。学术论文的标题在选题、搜集整理材料的过程中已反复酝酿，正式写作时应正式确定下来。确立标题，要努力做到确切、简明、新颖。所谓确切，就是要求文题一致，大小切当；所谓简明，即言简意赅，要求文字的简练与内容的概括高度统一；所谓新颖，要求标题新鲜，不落俗套。

(2) 安排结构。学术论文的结构，就是论文材料的组织安排。论文是依据事物的逻辑联系来论证问题，以论为主的文章，安排论文结构，必须从观点的表达要求和材料的具体情况出发，按照客观事物的内在联系和读者的认识规律布局谋篇，做到缜密恰当。

学术论文的篇章结构形式基本上由序论、本论、结论组成。有的论文提出几个相对独立的问题，用数码标明次序，整篇论文就不按序论、本论、结论划分。

1) 序论。又叫引论、绪论，是论文的开头。这一部分一般是提出本文研究的论题、范围、目标，说明研究这一论题的意义，有的还提出中心论点。篇幅较长的论文，可在开头对本论部分作扼要介绍，或揭示所论述问题的结论。序论部分必须写得简明扼要，在整篇论文中只能占较少的篇幅。

2）本论。又叫正论，是学术论文的主体部分。要求详细阐述作者研究的成果，特别是提出新思想、新理论、新做法。它在层次段落之前，或是使用小标题，或是使用数码标明。通常采用的结构形式有以下三种：

● 并列式：亦称横式结构，即围绕总论点并列排出几个分论点，从不同角度、不同侧面对总论点进行阐释、论证。

● 递进式：亦称纵式结构，即由浅入深，一层一层地对总论点进行阐释、论证，后一个层次是前一个层次的深化，后一部分是前一部分的发展。

● 混合式：亦称纵横式或综合式结构，即并列式与递进式同时使用，或者大层次为并列式，而一个层次中又采用递进式结构；或者大层次为递进式，而一个层次中又采用并列式结构；或者并列式和递进式分别用在本论的不同部分。

3）结论。又叫结尾，是全文的归结，一般是对本论中的论点作一个归纳，表明总的看法和意见，或者强调某些要点。此外，还可对问题的进一步深入研究指明方向、提出建议等。不管写些什么，结论都应写得简明扼要。

序论、本论、结论这种常见的结构程序，并非每篇论文都需完全具备。有的一上来就展开本论，而不要序论；有的本论一完，全文也就结束，不需要结论。

(三) 学术论文的写作要求

1. 讲究论证的形式和方法

本书第五章第二节所介绍的应用文书写作的常用思路，对学术论文写作也同样适用。此处结合应用文书写作的常用思路，介绍学术论文的论证形式和方法。

学术论文是议论文的一种，议论文必须由论题、论点、论据和论证四个要素组成。议论文的论述，就是根据论题的范围、需要，将论据与论点结合起来，运用论据来说明、证明论点。论文论述展开的过程，也就是运用论据来说明、证明论点的过程。除了论点必须正确，论据必须充分、可靠和具有说服力外，还应讲究论证的形式和方法。

论证的方法，通俗地说，就是摆事实、讲道理的方法，学术论文常用的论证方法有以下几种：

（1）例证法。又叫举例法，即运用归纳推理进行论证的一种方法，就是用典型的事例作论据来证明论点的方法。这是一般论文常用的论证方法。常言道："事实胜于雄辩。"用这种方法来论证是最富于说服力的。

（2）引证法。又叫引用法，即运用演绎推理进行论证的一种方法，就是用一些权威性的理论作论据来证明论点的方法。必须注意的是：一要正确引用，不能违背原意，更不能断章取义；二不要引用得太多，以别人的观点来代替自己的论述。

（3）反证法。又叫排他法，即不从正面而从反面间接地证明论点的方法。就是先不说论点的正确，而是假设采取与这个论点相反的看法就必然会得到错误的结论，这样也就从反面证明了原来论点的正确。在驳论中运用反证法则恰恰相反，就是说，先不批驳对方论点错误，而先说明与其相矛盾的论点是正确的，这也就自然证明了对方的论点是错误的。

（4）比较法。它是通过事物之间的比较来证明论点的方法。这种方法又可分为类比与对比两种。类比，就是把这一事物与那一事物的某些相同的方面拿来比较，以那一事物的正确或谬误，来证明这一事物的正确或谬误。对比，就是从两种相反情况的比较中得出结论的方法。这种比较又可分为横比和纵比两种：横比，是把发生在同一时间、不同区域的两种性质相反的或有差异的事物拿来比较，辨明正确与错误；纵比，就是把同一事物或不同事物在不同时间、地点的情况拿来比较。

(5) 喻证法。又叫比喻法，它是用容易理解的浅显的具体的事物、道理作比喻，来说明不易理解的深奥的抽象事物或道理。

(6) 因果法。也叫因果互证法，它是通过分析，揭示论点和论据之间的因果关系证明论点正确的方法。既可以用原因作论据证明结果，也可以用结果作论据证明原因。

(7) 归谬法。即先假定对方的论点是正确的，接着以此为前提，进行推理，引出一个荒谬的结论，从而证明对方的论点错误的方法。

论证的方法还可以举出一些，比如演绎法、归纳法也可以作为论证的方法。“以子之矛，攻子之盾”，在反驳中也是经常使用的一种方法。总之，要使论证充分、有力、缜密、完整，就必须运用恰当的论证方法，而且必须把各种方法结合起来灵活地加以运用。

2. 语言必须体现科学语体的特征

学术论文表述的是一种科学研究的成果，它运用的语言必须体现科学语体的特征。所谓科学语体，就是各种科学文献使用的一种有别于文学语体、生活语体的语言。

对科学语体的要求大体上可以归纳成以下几点：

(1) 概括、严密。学术论文是以说理为主要内容的文章，是用逻辑思维来表达思想感情的，不像文学作品是以形象思维来表达感情。因此，它的语言必须具备各种逻辑因素，必须具有逻辑性。这种逻辑性表现在语言的表达上就是概括和严密。

概括，就是从大量同类事物中抽象出共同的东西，而不像文学作品那样着重对事物具体情况的描绘。

严密，不单是个遣词造句的问题，更主要的是思考的周密，辩证地看待事物，而不能片面地、绝对化地看问题。严密要求概念要准确，判断要恰当，推理要合乎逻辑规则。

(2) 精确。科学研究就是要精确反映事物的真实面貌和本质。精确的内容必须用精确的语言才能反映出来。所谓精确，包含了这样几层意思：1）确切。同一种意思，可以用不同的词句来表达，必须从中挑选最能恰如其分地把原意表达出来的那种词句。2）简练。即用最少的话表达出最丰富的内容。3）有条理。即说话是经过组织的，能按照思路和事物发展的顺序，有秩序地把意思表达出来，而不是颠三倒四或丢三落四。

(3) 平易。就是平实自然、通俗易懂的意思。科学研究是实实在在的工作，处处都要实事求是，而不能装腔作势，故弄玄虚。学术论文的语言也必须体现这种特点。学术论文免不了要涉及许多专门知识，运用一些专门术语，但为了解决实际问题，让人一看就懂，就必须力求通俗易懂。

(4) 庄重。科学研究是一件严肃的事，学术论文的写作也必须用严肃的态度对待，说出的话也必须庄重得体。绝不要把生活口语中那些方言、歇后语，以及不符合规范的“新潮”流行语等也塞进论文中。这就要求学术论文的作者，要使用规范化的书面语言，恰当地使用专用语或专业用语，如实地表达思想观点。

3. 采用规范的学术论文格式和技术处理

根据国家标准局发布的《科学技术报告、学位论文和学术论文的编写格式》的规定，凡是学术论文，通常应包括题名、作者姓名及其所在单位、目录和摘要、关键词、引言（序论）、正文（本论）、结论、致谢、参考文献、附录10项。目前报刊上发表的学术论文，项目大大精简了，或删去了某些项目，或几个项目合在一起，以缩短论文的篇幅。具体到一篇学术论文，在内容和格式上通常有以下一些项目和顺序：

（1）标题（题目）与作者署名。多人合作论文署名限为三人，其余参与者或团体作者的执笔人都标注在首页下脚处，排6宋。如“本文的其他作者：朱××、石×、赵×。”或“本文执笔：林××。”

（2）摘要和关键词。摘要要尽量反映研究目的、方法、结论和意义等论文的主要信息，一般不超过200字。关键词是反映论文主要内容的名词性术语，尽可能从《汉语主题词表》中选用，每篇用3～8个词，用黑体字印出。如：

摘要：我国对外贸易环境主要表现为：（1）制度背景，它具有转轨经济、发展中经济和特有的思想文化背景三项典型特征；（2）国际环境，其中世界经济基本格局、世贸组织和发达国家对华政策的影响最为重要；（3）内部条件，包括国内的经济增长、技术进步、发展周期以及本币汇率变动等。它们都对我国的外贸活动产生了明显的推动和制约作用。

关键词：外贸　制度背景　国际环境　内部条件

（3）正文。正文内大段落的标题居中，其余靠左空两格或顶格标题，加不加序号都可以。序号层次不超过5级，即：一、（一）、1、（1）、①。

（4）注释与参考文献。注释亦称注解或附注，它是对文章中的引文出处、语汇、内容等所作的说明。注释的形式和方法有脚注（在本页的正文页脚处加注）、篇末注（亦称附注，写在全篇论文或一章一节的末尾）、夹注（写在正文中间，用圆括号括起来）。注释要准确、完全，作者、书名、出版地点、出版单位、日期、页数都应写出，注释的序码款式也应统一。

参考文献集中排在文末，一般格式如：

杨文丰．实用经济文书写作．北京：中国人民大学出版社，2006年

可以参考文献的贡献大小或作者姓名汉语拼音字母的先后排序。

学术论文还有一些技术处理，必须符合规范的要求。如：

（1）引文。学术论文写作时，为阐明观点，需要引用文献资料。引用有直接引用和间接引用。直接引用是引用原文，头尾加引号；间接引用为意引，是转述大意，不加引号。引文必须准确无误，并注明出处，不能断章取义，牵强附会。

（2）译文。学术论文中，引用或借用外文，一般应译成中文。翻译方法要参照科学出版社的规定译法。如在规定译法中找不到相应的名词，可以创译，但第一次出现时应加括号注明原文词句。

（3）计量单位的使用。计量单位主要指货币计量单位和实物计量单位。国务院1984年发布了《关于在我国统一实行法定计量单位的命令》，自1986年起，所有公开出版的报刊、图书以及公文、宣传出版物等都按规定使用计量单位。

(4) 数字的运用。学术论文中运用数字，要符合国家语言文字工作委员会等七家单位发布的《关于出版物上数字用法的试行规定》。论文的段落、部分的顺序也要用不同类型的序数标明，或选汉语序数字、阿拉伯序数字、罗马数字、英文字母等组合编排，有时加上括号、圈号；或单用一种序数字或英文字母大小写配合使用，如1.1、2.2。

(5) 图表的使用。图表直观简明，一目了然，能清楚地表达用许多文字都难以表达清楚的内容，提高信息传递效率。

学术论文常用的表，多为统计表。根据内容的不同，统计表有单项表、分组表、复合表三种形式。不管哪种表，都要力求简洁、清晰、明白，一个表集中说明一个问题。

学术论文常用的图，有统计图、示意图和网络图等。选择图形，要以其能充分表达论文的意图为前提。

使用图表要坚持两点：一是需要，二是简便。

第二节　毕业论文答辩

毕业论文答辩，是由论文审定小组(或委员会)围绕论文，对论文作者公开审查、检验的一种方式。

一、论文答辩的意义

(1) 考察论文写作的真实性，这是最低层次上的意义。

(2) 对论文质量进行考核评估，这是最基本的也是较高层次的意义。

(3) 可以帮助论文作者修改论文。

二、论文答辩的准备

(1) 资料准备。除精心准备自述提纲外，还应围绕论文内容搜集有关资料，并且要预想答辩教师可能会提出哪些问题。可采取准备资料卡片的方式来完成资料准备工作。

(2) 心理准备。不存侥幸心理，克服怯场，要相信自己，做到从容自信地参加论文答辩。

可以提前到达答辩现场熟悉环境和气氛。只要准备充分，心中有底，就能消除紧张心理。

三、答辩的一般要求

(1) 内容要正确、清晰。自述要体现逻辑性、科学性、理论性；答问要有针对性，避免答非所问。要做到这一点，要做好资料准备和心理准备。

(2) 语言要流畅自然。在自述及答问时，做到语调自然，发音清楚，言语富有节奏感，手势表情自然大方。

(3) 态度要诚恳、谦虚、沉着、冷静、理智。要意识到答辩是一次难得的学习机会，要有求知的诚恳态度，神态和用语都应谦虚、委婉，切忌强词夺理、胡搅蛮缠。

四、答辩的一般技巧

(1) 善于倾听，把握题旨。要专注地听取教师的提问，快速领悟题旨，这样才不会答非所问。

(2) 善于补救，坦诚直言。若一时未能完全领会提问的意图、指向，可以虚心诚恳地以求教的口吻请提问人再重复一遍。若意识到自己回答有误，应立刻勇敢地承认，并主动纠正，获得重新答问的机会。

(3) 化解难度。先易后难。若遇到答辩教师连续发问，可选取容易的问题先答，再攻克难题。这样可以保证自信心不受困扰，充分发挥出水平。

(4) 简洁明快，不枝不蔓。应干净利落，不可随意尽兴发挥和扩展问题。这样才能在有限的时间里完成任务，避免言多失误。

(5) 谨慎试探，善于进退。若遇到难题，如题目过深、范围过广，可谨慎地用“设问法”限制题意，或用“余留法”采用商询式的肯定方式作答，使答问较主动，便于简述自己的见解。答问时还要把握好进退幅度。如答辩教师听得满意，可稍作发挥，进一步阐述，以“扩大战果”；但要注意见好就收，以免画蛇添足。

五、论文答辩的程序

答辩由答辩人(学生)和主答辩者(教师)共同配合进行。它历经如下三个程序：

(1) 自述。答辩开始时，一般先由答辩学生做15分钟左右的自述，简要说明论文的写作意图，课题研究的背景，选用的研究方法，论文的中心论点、分论点、小论点，论文选用的主要材料，全文结构的基本特点，本论文课题研究的发展方向和前景，论文存在的不足等。可采取演讲式或宣读式来完成这部分内容。

自述完毕，即可礼貌地请主持答辩的专家、教授提问。

(2) 问答。问答是指答辩学生就答辩教师所提出的问题一一作答。答辩学生可充分表述自己的学术见解，介绍学术研究成果及其价值，以使答辩教师考察确认论文的真实性和价值。通过问答，促进学术交流，促进论文作者认识的深化。

(3) 宣布结果。答辩结束后，答辩教师经过商议，由主答辩教师当场宣布论文与答辩是否通过的结论。然后，经过“合议评级”程序，为论文评出成绩等级，成绩一般需书面通知答辩学生。一般按优、良、中、及格、不及格标准评定成绩。

答辩结束后，作者根据答辩中发现的问题，可对论文进行修改、完善，进一步提高自己的学术水平和论文的质量。

【复习与思考】

一、名词解释

学术论文　例证法　引证法　反证法　比较法　喻证法　因果法　归谬法

二、思考题

1. 论文选题符合什么条件的，才属于有科研价值的选题？
2. 论文是否有希望写成功，主要看符合哪些条件？
3. 选题的确立，一般有哪些方法和途径？
4. 论文的提纲，一般包括哪些内容？
5. 编拟提纲一般有什么方法？
6. 试述学术论文序论的写作内容。
7. 学术论文的本论通常采用哪些结构形式？
8. 学术论文常用的论证方法有哪些？
9. 学术论文的摘要反映什么信息？摘要不超过多少字？
10. 论文答辩有何必要性？
11. 论文答辩前要做哪些方面的准备？
12. 试述论文答辩的要求。
13. 论文答辩要注重哪些技巧？
14. 试述论文答辩的程序。

主要参考文献

[1] 杨文丰. 实用经济文书写作（第三版）. 北京：中国人民大学出版社，2006

[2] 杨文丰. 现代经济文书写作. 北京：中国人民大学出版社，2002

[3] 杨文丰. 高职应用写作. 北京：高等教育出版社，2006

[4] 朱悦雄，罗烈杰，杨桐. 公文写作教程（修订版）. 广州：广东高等教育出版社，1998

[5] 叶黔达. 应用文写作技巧. 成都：四川人民出版社，2003

[6] 曾昭乐. 现代公文写作. 广州：中山大学出版社，2005

[7] 陈少夫，张振昂. 应用写作教程. 广州：中山大学出版社，1996

[8] 费思. 现代经济写作. 兰州：兰州大学出版社，2000

[9] 刘孟宇，萧德明. 公务文书写作. 北京：中国人事出版社，1991

[10] 陈子典，李硕豪. 应用写作教程. 广州：暨南大学出版社，1993

[11] 彭继良. 新编公文写作大全. 南宁：广西人民出版社，1998

[12] 欧阳周，彭小平. 现代实用经济写作. 长沙：中南工业大学出版社，1997

[13] 郜文斌，褚国刚. 公务员实用写作. 北京：中国人民大学出版社，1997

[14] 罗奇红. 实用商务文书. 南宁：广西人民出版社，1998

[15] 任愫. 公务员应用文写作. 长春：吉林人民出版社，1989

[16] 杨国春. 公务员实用文书写作. 北京：警官教育出版社，2003

[17] 黎赐锦，李红军，岳海翔. 秘书职业技能标准训练指南. 广州：广州经济出版社，1999

[18] 司有和. 大学写作教程. 北京：高等教育出版社，1987

[19] 彭思毛，彭恺奇，胡善修. 文章写作学. 长沙：中南工业大学出版社，1998

[20] 杨文丰. 应用写作“国家精品课程”的建设实践与体会. 应用写作，2005（5）

[21] 杨文丰. 直觉、灵感与创造性写作. 写作，1998（9）

[22] 杨文丰. 公文结构模块模式之建立及其教学. 写作，1997（2）

[23] 杨文丰. 在公文写作教学中质量螺旋法的运用. 中国培训，1997（1）

[24] 杨文丰. “文种对比近似模式”的建立和运用. 高等工程教育研究，1997（1）

[25] 杨文丰. 公文联合行文规则之教学探索. 继续工程教育，1996 (5)
[26] 杨文丰. “写作思维场”论. 学术研究，1998 (6)
[27] 杨文丰. 论创造性写作思维的特质. 学术研究，2001 (12)
[28] 杨文丰. 写作直觉论. 写作，2003 (3)
[29] 杨文丰. 应用写作教学亟待创新问题略说. 应用写作，2001 (6)
[30] 杨文丰. 高职教育实验与实操的内涵研究. 职教论坛，2000 (8)
[31] 杨文丰. 应用写作教师最佳能力结构模式刍论. 应用写作，1997 (4)

图书在版编目（CIP）数据

应用文书写作/杨文丰等主编
北京：中国人民大学出版社，2009
21世纪高等继续教育精品教材
ISBN 978-7-300-11406-4

Ⅰ. 应…
Ⅱ. 杨…
Ⅲ. 汉语-应用文-写作-高等学校-教材
Ⅳ. H152.3

中国版本图书馆CIP数据核字（2009）第205802号

21世纪高等继续教育精品教材
应用文书写作
主　编　杨文丰　方圆
副主编　郭柳华

出版发行	中国人民大学出版社		
社　　址	北京中关村大街31号	**邮政编码**	100080
电　　话	010－62511242（总编室）		010－62511398（质管部）
	010－82501766（邮购部）		010－62514148（门市部）
	010－62515195（发行公司）		010－62515275（盗版举报）
网　　址	http://www.crup.com.cn		
	http://www.ttrnet.com(人大教研网)		
经　　销	新华书店		
印　　刷	三河市汇鑫印务有限公司		
规　　格	185 mm×260 mm　16开本	**版　　次**	2010年1月第1版
印　　张	15.75	**印　　次**	2011年8月第2次印刷
字　　数	336 000	**定　　价**	28.00元
